本专著受第53批中国博士后科学基金面上资助项目（编号：2013M530389）、2013年重庆市博士后特别资助项目（编号：Xm201361）以及2012年重庆市社会科学规划博士项目（编号：2012BS12）资助。

ZHONGGUO CHENGXIANG JINRONG

FEIJUNHENG FAZHAN DE

LILUN YU SHIZHENG YANJIU

中国城乡金融非均衡发展的
理论与实证研究

鲁钊阳 ◎ 著

人民出版社

责任编辑:姜冬红

图书在版编目(CIP)数据

中国城乡金融非均衡发展的理论与实证研究/鲁钊阳 著.
 -北京:人民出版社,2015.10
ISBN 978－7－01－015255－4

Ⅰ.①中…　Ⅱ.①鲁…　Ⅲ.①城乡金融-非均衡经济-经济发展-研究-
中国　Ⅳ.①F832.35

中国版本图书馆 CIP 数据核字(2015)第 224041 号

中国城乡金融非均衡发展的理论与实证研究
ZHONGGUO CHENGXIANG JINRONG FEIJUNHENG FAZHAN DE
LILUN YU SHIZHENG YANJIU

鲁钊阳　著

人 民 出 版 社 出版发行
(100706　北京市东城区隆福寺街 99 号)

北京汇林印务有限公司印刷　新华书店经销

2015 年 10 月第 1 版　2015 年 10 月北京第 1 次印刷
开本:710 毫米×1000 毫米 1/16　印张:16
字数:240 千字

ISBN 978－7－01－015255－4　定价:40.00 元

邮购地址 100706　北京市东城区隆福寺街 99 号
人民东方图书销售中心　电话 (010)65250042　65289539

目　录

绪　　论

要对中国城乡金融非均衡发展问题进行全面系统的深入研究,首先必须明确研究的背景。中国历史源远流长,只有将研究的具体问题置于特定的研究背景下,研究才可能更有说服力。也只有如此,才能够更深刻地挖掘出所要研究的具体问题,探究开展研究的理论意义和现实意义。同时,为全面开展研究,还必须明确研究的基本思路,选择恰当的研究方法,确定具体的各章节的研究内容及框架。在完成上述工作的基础上,可以进一步提炼出研究的特色及创新之处。

第一节　研究的问题及背景

一、研究的问题

本书是关于中国城乡金融非均衡发展问题的研究,研究的基本定位是:以城乡经济发展为中心,以城乡金融协调发展为重点,以城乡金融与城乡经济的协调发展为主线,通过理论与实证分析,探索在经济发展转型期,破解城乡金融非均衡发展问题、实现城乡金融与城乡经济协调发展的对策。选择和研究中国城乡金融非均衡发展问题主要是基于:

第一,城乡金融非均衡发展与国家实施城乡经济统筹发展战略不相适应。作为科学发展观"五个统筹"的重要组成部分,城乡统筹战略高度重视农村的发展,要求全面贯彻和落实"工业反哺农业、城市支持农村"的方针,逐步改变城乡二元经济结构,缩小城乡发展差距,实现农业和农村经济的可持续发展。城乡统筹发展的基本思路,就是要通过城乡产业结构的调整、人力资源的科学配置和金融资源的优化配置,充分发挥城市对农村的带动作用和农村对城市的促进作用,逐步形成各类生产要素在城乡之间的无障碍流动,实现工业与农业、城市与农村发展的良性互动①。很显然,金融资源在城乡之间的优化配置,不仅是城乡统筹发展战略的内在要求,更是全面贯彻落实城乡统筹发展战略的重要基石。唐双宁认为,城乡金融在改革进度、资金投入、网点覆盖、业务发展、风险程度、人员素质、管理水平和经营环境八个方面不平衡,城镇金融与农村金融发展之间存在显著的差异②。很显然,当前中国城乡金融非均衡发展与国家实施城乡经济统筹发展战略是不相适应的。

第二,城乡金融发展与城乡经济协调发展关系原理有待进一步证实。要达成以城乡经济发展为中心,以城乡金融协调发展为重点,以城乡金融与城乡经济的协调发展为主线,通过理论与实证分析,探索在当前经济发展转型期,破解中国城乡金融非均衡发展问题、实现城乡金融与城乡经济协调发展的对策,重要的一点就是要弄清楚城乡金融发展与城乡经济协调发展的关系原理。从现有文献资料来看,研究经济与金融之间关系原理的国内外文献资料极为丰富,但研究城乡金融发展与城乡经济协调发展的文献资料并不多见,研究城乡金融非均衡发展与城乡经济之间关系的文献资料更为少见。在某种程度上,其至可以认为对城乡金融发展与城乡经济协调发展关系原理研究更多的是隐含在经济与金融关系这一宏观主题之内的。作为世界上最大的发展中国家,中国二元经济结构特征表现得极为突出,受此影响,二元金融结构也表现得非常明显,对两者之间的关系原理进行探讨,已经成为经济社会发展的必然要求。

第三,农村金融发展范式应向城乡金融发展范式层面深化。国内外学者对农村金融发展的范式已经作了归纳和总结,主要有农业信贷补贴论、农村金融市场论、不完全竞争市场论和局部知识论等,但对城乡金融发展范式却鲜有直接涉及的③。虽然范式不能等同于理论,但是,范式却可以代表近乎固

---

① 洪银兴:《城乡互动、工农互促的新起点和新课题》,《江苏行政学院学报》2009 年第 1 期。

② 唐双宁:《尽快解决城乡金融的八大不平衡》,《中国经济周刊》2006 年第 31 期。

③ 何广文、冯兴元:《农村金融体制缺陷及其路径选择》,《中国农村信用合作》2004 年第 8 期。

定的解决问题的思路和模式。要全面探究破解城乡金融非均衡发展的具体对策思路,必须首先在城乡金融发展范式方面进行研究。考虑到国内外学者们的研究成果主要是集中在农村金融发展范式方面,因此,需要在借鉴前人研究成果的基础上来展开研究,也就是要将农村金融发展范式向城乡金融发展范式研究层面进行深化,以便在此基础上提出相应的科学合理的对策。

二、研究的背景

任何研究都必须置于特定的背景下进行,并没有放之四海皆准的真理,对中国城乡金融非均衡发展问题的研究也不例外。基于研究的需要,在充分考虑实际数据可得性的情况下,本书主要从时间、空间、理论与现实四个方面来归纳和总结城乡金融非均衡发展的研究背景。

第一,时间背景。若以改革开放为界的话,可以从宏观上把中国经济发展大体上分为两个时期:一个是高度集中的计划经济时期,一个是改革开放以来的经济发展时期。经济决定金融,金融服务经济。相应的,中国金融的发展也可以从宏观上大体分为两个时期:一个是计划经济时期的金融发展,一个是改革开放以来的金融发展。基于研究的实际需要,本书分析了新中国成立初期经济建设全面展开以来中国经济金融发展的各个阶段,以便从历史变迁的角度对中国城乡金融发展的历程进行全面的分析;考虑到研究结论的针对性、时效性和对未来的指导意义以及实际数据的可得性等问题,特别考虑到1992年是中国宏观经济和金融总量数据的"结构断点"①,本书实证的过程中选择的时间段为1992—2010年。

第二,空间背景。在上述时间背景下,若以地级市层面的行政单位或以县级层面的行政单位为研究对象,考虑到行政单位变迁的实际情况,不仅研究难以顺利进行,还会对研究结论的可靠性带来很大的影响;若以国家层面来开展研究的话,又不能很好地兼顾到省级单位间经济社会发展差异的现

---

① 梁琪、滕建州:《中国宏观经济和金融总量结构变化及因果关系》,《经济研究》2006年第1期。

实。基于此,本书主要以省级单位为研究对象,间或从宏观视角出发研究整个中国城乡金融的非均衡发展。同时,考虑到港、澳、台地区经济社会发展的特殊性以及社会性质的特殊性,本书不对其进行研究,而将研究的空间限制为国内的其他所有省级单位。当然,考虑到数据的可得性与完整性,在实际研究过程中,极少数省级单位也不会纳入研究范围内。

第三,理论背景。任何研究都需要有相应的理论支撑,没有理论支撑的研究缺乏足够的说服力,对中国城乡金融非均衡发展问题的研究也不例外。本书的研究以前人的相关研究成果和实践经验为基础,这些研究成果既包括国内学者们继承和发展的西方经济学理论和方法体系,又包括直接吸收和引用的西方经济学理论和相应的方法体系。当然,考虑到中国城乡金融发展的特殊性,特别是各省级单位经济社会发展的显著差异,本书在研究的过程中特别重视对其他学者的理论和研究方法的吸收与利用,力求在实际研究的过程中,努力做到突破和创新。

第四,现实背景。从全面建设小康社会和推进现代化建设的进程来看,"十二五"时期是中国经济社会发展的一个非常重要的历史节点。按照"十二五"规划的要求,全面贯彻和落实国家的各项强农惠农政策,大力支持农村经济的发展,必然要求大量的资金来源。也就是说,在当前农村金融资源难以满足农村经济发展的状况下,需要彻底破解当前的城乡金融非均衡发展局面,科学合理地引导城镇金融资源支持农村经济发展。

三、研究的意义

在上述背景下开展中国城乡金融非均衡发展问题的研究,无论是在理论上还是在实践中都具有十分重要的作用和意义。

第一,理论意义。本书研究的理论意义,主要表现在两个方面:一是在全面系统总结和归纳前人有关城乡金融发展理论的基础上,紧密结合中国当前的实际情况,提出城乡金融非均衡发展的相关论题,有利于促进农村金融学的发展;二是对城乡金融非均衡发展的演变历程进行回顾,对城乡金融非均衡发展的状况进行全面测度,并探究造成城乡金融非均衡发展的原因以及城乡金融非均衡发展的影响,并提出相应的对策和建议,能够为加快农村经济发展、破除城乡金融非均衡发展提供理论支撑。

第二,实践意义。本书研究的实践意义,主要表现为:一是中国当前经济形势下的重要选题。在"十二五"规划的重要历史时期,探究城乡金融非均衡发展的形成机理及破解对策,是加快当前农村经济发展,优化农村产业结构,转变经济发展方式,缩小城乡经济社会发展差距的重要举措。二是在当前全面贯彻落实城乡统筹发展战略的情况下,对城乡金融非均衡发展问题进行全面的研究,通过提供理论支撑的方式,可以加快中国城乡经济一体化进程,缓解经济社会发展中所存在的诸多矛盾。

第二节　研究的思路及方法

一、研究的思路

本书属于问题导向性研究,研究思路是:在借鉴二元经济理论、二元金融理论和城乡协调发展理论的前提下,全面归纳和总结国内外有关城乡金融非均衡发展方面的文献资料,探究国外在破解城乡金融非均衡发展方面的成功经验,科学界定研究所需要的相关概念内涵,剖析城乡金融发展与城乡经济发展之间的关系原理;以此为基础,对中国城乡金融非均衡发展的演变历程进行分析,测度城乡金融非均衡发展的现状,研究造成城乡金融非均衡发展的原因及其影响,并在借鉴农村金融发展范式的前提下,提出调控城乡金融协调发展的范式及相关政策建议。在整个研究的过程中,力求将定性分析与定量分析紧密结合,并结合中国各省级单位经济社会发展差异的现实,提出符合中国经济社会发展实际需要的对策建议。

二、研究的方法

本书属于基于现实背景下的应用性研究,在研究的过程中,力求论据充分,数据翔实,实证有理有据,在具体实证的过程中,针对每一项研究内容都要进行理论分析,在理论分析得出科学结论的基础上,运用定量分析工具,进行实证检验,实现理论与实证的结合。具体的理论论证和实证方法的选择是:

第一,文献分析方法。在搜集国内外相关文献资料的基础上,根据研究的实际需要,对文献资料进行筛选,力求对相关理论的来龙去脉均有较为清晰的认识。特别是对二元经济理论、二元金融理论和城乡协调发展理论等,均是在分析前人研究成果的基础上,进行归纳、总结和创新,对国内外城乡金融非均衡发展的研究成果也进行梳理,力求把握前沿研究动态。

第二,理论分析方法。运用所学金融学、区域经济学的相关理论,特别是城乡金融与城乡经济协调发展相关机理,加以提炼,形成本书研究的理论基础。

第三,实证分析方法。在收集各方面数据资料的基础上,运用现代统计学软件和计量经济学软件,对数据资料进行整理,预测城乡金融非均衡发展在未来的趋势,实证造成城乡金融非均衡发展的原因,探究城乡金融非均衡发展可能造成的影响。

第三节　研究的内容及框架

一、研究的内容

中国城乡金融非均衡发展的理论与实证研究,作为基于理论和实证基础上的应用对策研究,主要由理论研究、实证研究和对策研究三部分构成。

第一部分是"城乡金融非均衡发展的理论研究"。其主要内容是在借鉴二元经济理论、二元金融理论和城乡协调发展理论的前提下,全面归纳和总结国内外有关城乡金融非均衡发展方面的文献资料,探究国外在破解城乡金融非均衡发展方面的成功经验,科学界定研究所需要的相关概念内涵,剖析城乡金融发展与城乡经济发展之间的关系原理。

第二部分是"城乡金融非均衡发展的实证研究"。其主要内容包括在从史学的角度对中国城乡金融非均衡发展演变历程进行回顾的前提下,对城乡金融非均衡发展现状进行综合测度,对未来城乡金融非均衡发展的趋势进行预测;运用门槛回顾模型,对造成城乡金融非均衡发展的原因从定量的角度进行实证分析;运用动态面板模型,对城乡金融非均衡发展可能造成的影响进行实证研究。

第三部分是"破解城乡金融非均衡发展的对策研究"。其主要内容包括"调控城乡金融非均衡发展的基本模型""调控城乡金融非均衡发展的范式选择""调控城乡金融非均衡发展的机制与模式""调控城乡金融非均衡发展的政策建议"。

二、研究的框架

本书以城乡经济发展为中心,以城乡金融发展为重点,以城乡金融与城乡经济的协调发展为主线,通过理论与实证分析,探索在经济发展转型期,破解城乡金融非均衡发展问题、实现城乡金融与城乡经济协调发展的对策。本书遵循了应用经济学研究从"理论→实证→对策"的一般研究过程,其技术路线可以概括为下图。

第四节　研究的特色

本书研究的特色之处在于:一方面,从宏观和微观两个角度着手,对国家层面和区域层面城乡金融非均衡发展的现状进行测度,并对未来发展趋势进行预测。另一方面,本书从定量与定性相结合的视角出发,剖析了造成城乡金融非均衡发展的原因,并对城乡金融非均衡发展的影响及其调控措施进行了研究。具体来说,本书的特色之处主要体现在以下三个方面。

第一,城乡金融制度的变迁历程、演化状况及发展趋势的预测。从史学的视角出发,剖析 1949—1978 年、1979—1992 年以及 1993 年以来中国城

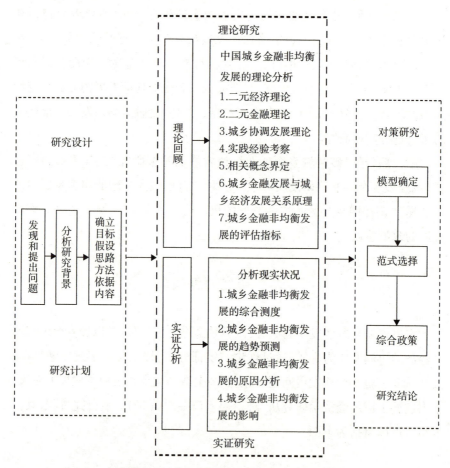

中国城乡金融非均衡发展理论与实证的技术路线

乡金融制度的变迁历程,指明今后城乡金融制度演化的方向;从城乡金融存贷款非均衡、城乡金融资产总量非均衡、城乡经济金融化水平非均衡、城乡金融中介及金融市场发展非均衡等方面全面测度了中国国家层面城乡金融非均衡发展的现状,并运用 ARMA 模型对未来中国城乡金融非均衡发展的趋势进行预测;运用基尼系数(GINI)、对数离差均值(GEO)和泰尔指数(GE1)对中国省际城乡金融非均衡发展水平、东中西部城乡金融非均衡发展水平和八大经济区城乡金融非均衡发展水平进行了全面测度,并运用 R/S 分析方法对中国区域层面城乡金融非均衡发展的变动趋势进行预测。

第二,城乡金融非均衡发展的原因与影响的全面剖析。在探究造成城乡金融非均衡发展原因的研究方面,首先运用制度经济学的原理,从金融供给与金融需求的视角出发,剖析造成城乡金融非均衡发展的原因;其次,运用门槛回归模型,从定量的角度进一步探究造成城乡金融非均衡发展的原因。在探究城乡金融非均衡发展影响方面,运用动态面板数据模型,分别实证了城乡金融非均衡发展对城乡经济增长差距、城乡收入差距、城乡居民消费差距的影响。

第三,城乡金融非均衡发展的调节与控制。在构建调节和控制城乡金融非均衡发展调控模型的基础上,研究了城乡金融非均衡发展调控的范式选择问题,研究了调控城乡金融非均衡发展的机制与模式问题,并从强化城乡商业性金融的功能发挥、重塑农村合作性金融的服务体系和重视农村政策性金融的与时俱进等方面,提出了破解城乡金融非均衡发展的对策建议。

第一章　城乡金融非均衡发展的理论基础

　　要对城乡金融非均衡发展问题进行研究,不仅需要对中国城乡金融非均衡发展的现象进行科学合理的解释,还需要继承和发展前人的研究成果。本章研究的目的在于对既有相关理论进行梳理、整合和分析,对国内外有关城乡金融非均衡发展的相关文献进行归纳、总结和评论,同时还对国外的成功实践经验进行总结,为各章节的展开提供理论创新和实证考察的基础。

第一节　城乡金融非均衡发展的典型理论借鉴

　　经济与金融之间的关系是极为密切的,研究经济问题一般需要考虑金融因素,研究金融问题也离不开对经济因素的分析。要确立城乡金融非均衡发展的理论基础,需要借鉴与城乡金融发展有关的典型经济、金融方面的理论。考虑到城乡金融发展问题不仅涉及经济、金融方面的因素,还涉及城乡之间协调发展的问题。因此,本书拟借鉴二元经济理论、二元金融理论和城乡协调发展理论。

一、二元经济理论

(一)刘易斯等的二元经济理论

1954 年,英国著名经济学家刘易斯(W. Arther Lewis)在《无限劳动供给下的经济发展》一文中,提出了著名的二元经济发展模型①。在模型中,刘易斯假设发展中国家存在两个部门,一个是现代工业部门,一个是传统农业部门。传统农业部门存在大量的剩余劳动力,劳动力的供给是无限的。只要工业部门能够提供高于农村维持生计收入水平的工资,农业部门剩余劳动力将大量流入工业部门。刘易斯将二元经济的发展过程描述为现代工业部门不断扩张和传统农业部门不断缩小的过程。也就是说,对经济发展而言,决定经济增长的关键,在于现代工业部门的扩张,而这种扩张的前提和物质基础便是资本积累。通过资本积累,工业部门可以更快发展,同时也能吸纳农业部门劳动力的转移,这样,资本积累被看作是经济发展和劳动力转移的唯一动力,刘易斯的思想如图1-1所示②。

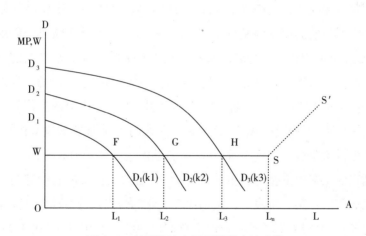

图1-1 刘易斯核心思想模型表达式③

在图1-1中,OD表示劳动的边际产品和工资,OA表示传统农业部门的生存收入,OW表示现代工业部门的现行工资水平,WS表示劳动力无限供给的供给曲线,$D_1(k1)$、$D_2(k2)$、$D_3(k3)$表示不同工资水平下的劳动边

① Lewis,W.A.,"Economic Development with Unlimited Supplies of Labour",*The Manchester School*,Vol.22,No.2(1954),pp.139-191.

② 对刘易斯的思想,高帆和张培刚已进行了深入研究。具体参见:高帆:《二元经济理论的演化与最新发展》,《学术探索》2004年第1期;张培刚:《发展经济学教程》,经济科学出版社2007年版,第353页。

③ 张培刚:《发展经济学教程》,经济科学出版社2007年版,第353页。

际生产曲线。其中,k1<k2<k3。当资本为 k1 时,边际生产率曲线为 D_1,此时的工资为 OL_1FW,资本家的利润为 WFD_1;如果资本家将所获得的利润全部用于投资,则资本总量上升到 k2,相应的劳动边际生产曲线为 D_2,资本家雇佣的工人总量(从农业部门转移的剩余劳动力人数)上升至 OL_2,由于 $OL_2>OL_1$,这意味着资本积累发挥了转移农业部门劳动力的作用。从理论上讲,只要资本家不断地将利润用于投资,农业部门的剩余劳动力将被全部转移到工业部门。显然,刘易斯模型对劳动力无限供给的假定与现实不相符,传统农业部门的重要性也被忽视了。

考虑到刘易斯模型的缺陷,20 世纪 60 年代初期,拉尼斯和费景汉对其进行了完善,他们将农业部门的发展纳入模型中,构建了包含工业部门和农业部门发展在内的二元经济结构模型,即"拉尼斯-费景汉模型"[1]。由于该模型是以刘易斯的模型为基础的,故也被称为"刘易斯-拉尼斯-费景汉模型"。该模型的假设为:封闭性经济、传统农业部门的工资水平固定且边际产出很低甚至为零、工业部门劳动力供给曲线完全弹性、劳动力转移的成本很小或接近于零[2]。在拉尼斯-费景汉模型中,发展中国家的经济发展可以划分为三个不同的阶段(图 1-2)。第一阶段与刘易斯模型基本相同,为劳动力无限供给阶段。在这一阶段,大量劳动的边际生产力为零,工业部门可以在既定的工资率下获得更多的劳动力,劳动力从传统的农业部门流入到现代工业部门。第二阶段中,OA 轴代表农业部门投入的劳动力,OB 轴表示农业总产出,曲线 $ORCX$ 是农业部门总产出曲线。其中,ORC 段上凹,这表示随着农业劳动力投入的增加,农业的边际生产率递减,水平 CX 段则表示当农业部门的劳动力增加到一定程度后,其边际生产率为零。这意味着,如果将 C 点以后的劳动力全部撤出,农业总产出不会受到影响。显然,在第二阶段,存在隐蔽性失业,即为图 1-2 中的 CR'。第三阶段中,OA 代表劳动部门的劳动力,OV 代表农业的平均产出和边际产出,曲线 $VUDA$ 代表农业部门的劳动边际生产率曲线。其中水平部分 DA 表示边际产出率为 0,负斜

---

① Gustav Ranis & John C.H.Fei,"A Theory of Economic Development",*American Economic Review*,Vol.51,No.4(1961),pp.533-565.

② 李晓澜、宋继清:《二元经济理论模型评述》,《山西财经大学学报》2004 年第 1 期。

率部分 VUD 表示边际生产率递减,SU 为不变制度工资线,它与 OA 的距离等于农业部门的平均产出,即等于第二阶段图中 OX 线的斜率。SU 与 VUDA 交于 U 点。在第三阶段,当传统农业部门劳动力边际产量等于制度工资时(U 点),过剩生产力被吸纳到现代工业部门中,整个经济完全被商品化。

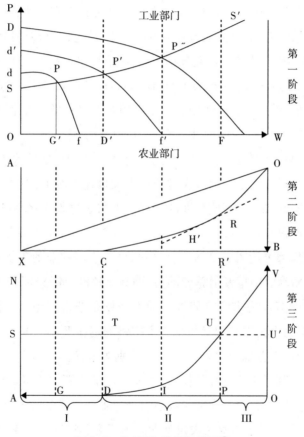

图 1-2　拉尼斯-费景汉模型[①]

(二)托达罗的人口流动模型

刘易斯-拉尼斯-费景汉模型中,都包含着这样一个假定,即工业部门不

---

① 张培刚:《发展经济学教程》,经济科学出版社 2007 年版,第 357 页。

存在失业,任何愿意到工业部门工作的人都能够在城市现代工业部门找到工作。20世纪60年代末70年代初,随着经济的发展,许多国家都开始遭遇严重的城市失业问题。一方面,大批劳动力在城市找不到工作,另一方面,大量农民工从农村涌入城市。显然,刘易斯-拉尼斯-费景汉模型难以解释发展中国家的城市失业问题。对此,美国经济学家托达罗(M.P.Todaro;Harris & Todaro)构建了一个预期收入模型来解释城市人口失业和农村人口涌向城市的现象[①]。他认为,如果农村劳动力预期在城市部门的工资高于在农村的收入时,农村劳动力才会流向城市;反之,劳动力则会留在农村。也就是说,决定劳动力流向的是预期收入,而不是实际收入。如果假设M为农村迁入城市的人口数量,P表示农村劳动力在城市找到工作的概率,W_u表示城市工资水平,W_r表示农村实际收入,若用$f'>0$表示增函数,则有

$$M=f(PW_u-W_r)\quad 其中,(f'>0)$$

上式意味着,只要预期的实际工资大于劳动力在农村的实际收入,农村劳动力就会由农村迁入城市。随着农村劳动力大量迁入城市,根据供求关系原理,城市工资会降低,从而使预期的工资水平与农村收入水平相等时,劳动力的迁移才会停止。

托达罗模型可用图1-3表示。图中,$O_A A$表示农业的工资率,$O_M M$表示工业的工资率,$O_A O_M$表示总劳动力,曲线AA'和MM'分别表示农业部门和工业部门的劳动需求线。如果劳动力市场是新古典市场(市场机制灵活、工资具有完全弹性),那么均衡工资率将确定在$W_A* =W_M*$水平上,此时,农业部门和工业部门雇佣的劳动力分别为$O_A L_A*$、$O_M L_M*$,全部劳动力实现就业。基于工资刚性的作用,工业部门的工资$W_M>W_M*$,从而使得$O_M L_M$的农村劳动力可以得到在城市就业的机会,其余的$O_A L_M$劳动力在W_A*的工资水平下继续留在农村就业。由于有$(W_M W_M* -W_A W_A*)$的工资差异,尽管城市只有$O_A L_M$的劳动力需求,农村劳动力仍然冒险进入城市。

① Todaro,M.P.,"Model of Labor Migration and Urban Unemployment in Less Developed Countries",*American Economic Review*,Vol.59,No.1(1969),pp.138-148;Harris J.R.,Todaro,M.P.,"Migration,Unemployment and Development-2-Sector Analysis",*American Economic Review*,Vol.60,No.1(1970),pp.126-142.

如果就业概率用工业部门就业量 L_M 与城市总劳动力 L_{US} 之比来表示,则农村劳动力流向城市的边际条件为 $W_A = \dfrac{L_M}{L_{US}}(W_M)$;只有当 $\dfrac{L_M}{L_{US}}(W_M) > W_A$ 时,农民才会迁移。

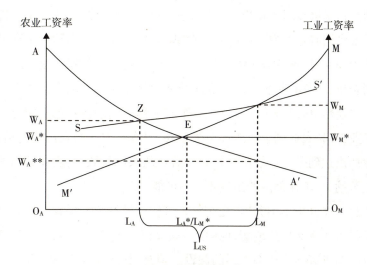

图1-3 托达罗模型①

(三)乔根森的劳动力转移模型

乔根森(Jorgenson)②在抛弃刘易斯-拉尼斯-费景汉模型关于坚持剩余劳动和不变工资假设的基础上,提出了如下假设:发展中国家经济系统由传统农业部门和现代工业部门组成,前者的发展取决于劳动和土地,土地供给固定且边际报酬递减,没有资本积累,而后者的发展则取决于资本和劳动,生产函数规模报酬不变,工资和利润绝对数呈上升趋势,且技术中性,工农业生产都随时间而自动增加。在此基础上,乔根森认为发展中国家的经济发展过程是:人口增长取决于人均粮食的供给;只有当人口增长超过最大人口增长率时,农业剩余才会产生,进而一部分劳动力从土地上解放出来,流向工业部门,农村劳动力流向工业部门的规模与农业剩余的规模呈正相关关系。

在乔根森的模型中,当经济系统中仅存在农业部门的时候,人均农业产

---

① 张培刚:《发展经济学教程》,经济科学出版社2007年版,第360页。

② Dale W.Jorgenson,"The Development of a Dual Economy",*The Economic Journal*,Vol. 71,No.272(1961),pp.309–334.

量的增长过程为:$y(t) = e^{(\alpha-\beta\eta)t}y(0)$,显然,要确保农业产出水平的稳定增长,必须满足条件:$\alpha-\beta\eta>0$,也就是说,当β保持不变时,要实现人均农业产量的增长,必须改变技术进步率(α)或者是改变人口增长率(η)。也就是说,此时,技术进步对农业部门的发展来说是充分条件,而非必要条件。当经济系统中同时存在农业部门和工业部门时,工业总产出和资本存量之间的关系为:$X = (1-\sigma)X+K+\delta K$,其中,$(1-\sigma)X$表示农业和工业部门对工业品的消费量,$K$表示资本积累,$\delta$和$K$分别表示单位资本的产出水平和资本存量。很显然,从经济系统中只有一个农业部门到经济系统中同时出现农业和工业部门,农业剩余的出现至关重要,只有在农业剩余出现的情况下,即农业产出达到了人口最快增长时所需要的农产品数量,农业部门才会出现剩余劳动力,工业部门的出现才成为可能。

　　通过上述分析不难看出,托达罗人口流动模型和乔根森劳动力转移模型属于新古典主义框架范畴,他们在一定程度上弥补了古典主义思路的缺陷,比如,关于劳动生产率为零的假设。但是,托达罗人口流动模型和乔根森劳动力转移模型也具有新古典理论一般性的缺陷。比如,劳动和产出比率不变的假设,两部门工资率一致的假设,劳动力市场配置有效的假设,以及忽视不同部门居民偏好差异的问题等。

(四)二元经济理论的最新研究进展

　　自刘易斯(Lewis)[1]用二元经济理论研究前工业化社会经济发展以来,拉尼斯-费景汉(Ranis & Fei)[2]、托达罗等(Todaro;Harris & Todaro)[3]、乔根森(Jorgenson)[4]等人对二元经济理论进行了极大的发展和补充。进入新世

　　① Lewis W.A.,"Economic Development with Unlimited Supplies of Labour",*The Manchester School*,Vol.22,No.2(1954),pp.139-191.

　　② Gustav Ranis & John C.H.Fei,"A Theory of Economic Development",*American Economic Review*,Vol.51,No.4(1961),pp.533-565.

　　③ Todaro M.P.,"Model of Labor Migration and Urban Unemployment in Less Developed Countries",*American Economic Review*,Vol.59,No.1(1969),pp.138-148;Harris J.R.,Todaro,M.P.,"Migration,Unemployment and Development-2-Sector Analysis",*American Economic Review*,Vol.60,No.1(1970),pp.126-142.

　　④ Dale W. Jorgenson,"The Development of a Dual Economy",*Economic Journal*,Vol.71,No.282(1961),pp.309-344.

纪,随着一系列新问题的出现,二元经济理论得到了再次发展。比如,针对发展中国家出现的二元经济转换与收入分配问题,Somanathan① 通过分析劳动力供给、工资增长、经济增长与劳资利益冲突的关系,认为随着工业化进程的推进,发展中国家劳动力将由农村转移到城市,但在劳动力未全部转移以前,工人要求增加工资会导致无效率和扭曲的分配体制,阻碍劳动力的进一步转移,影响经济增长。Belan,Michel & Wilgniolle② 研究了存在传统与现代部门和两种经济行为人的二元经济中不完全竞争和资本积累的关系。此外,Vera③ 针对二元经济结构模型中所存在的混合产出结构问题,用固定/可变价格框架研究了存在外部约束和财政约束下的准工业化国家宏观经济调节的模型及其相关问题。Wei & Yabuuchi④ 研究了发展中国家工资补贴政策对要素增长和国民收入的效应。Chaudhuri⑤ 研究了投资和贸易政策对工业化进程中发展中国家的影响,有效解释了为什么许多发展中国家自由化体制中经历过的"无就业增加的经济增长"。

　　事实上,与国外学者一样,国内学者们也对二元经济理论进行了多方面的研究。以国外学者们的研究为基础,国内学者们的研究主要体现在以下几个方面:比如,在对中国二元经济结构特征研究方面,李勋来和李国平认为,中国二元经济结构转换具有明显的结构刚性特点,具体表现为中国二元经济结构的转换呈现"凝固化"特点,农业劳动力就业转换严重滞后于产值转换,以及城乡差距难以缩小等方面⑥。高帆通过对中国 31

---

　　① Somanathan E.,"Can Growth Ease Class Conflict?", *Economics and Politics*, Vol.14, No.1 (2002), pp.65-81.

　　② Belan P., Michel P. & Wilgniolle B., "Does Imperfect Competition Foster Capital Accumulation in a Developing Economy?", *Research in Economics*, Vol.59, No.2(2005), pp.189-208.

　　③ Vera L.V., "Macro economic Adjustment Under an External and Fiscal Constrain: A Fix-Price/ Flex-Price Approach", *Metroeconomica*, Vol.56, No.1(2005), pp.126-156.

　　④ Wei, Gu & Shigemi Yabuuchi, "Inperfect Labor Mobility and Unemployment in a Dual Economy", *Review of International Economics*, Vol.14, No.4(2006), pp.698-708.

　　⑤ Chaudhuri S., "Foreign Capital, Welfare and Urban Unemployment in the Presence of Agricultural Dualism", *Japan and the World Economy*, Vol.19, No.1(2007), pp.149-165.

　　⑥ 李勋来、李国平:《我国二元经济结构刚性及其软化与消解》,《西安交通大学学报》(社会科学版)2006 年第 1 期。

个省级单位 1978—2005 年数据的分析,结果发现:中国东部、中部和西部二元反差指数的绝对水平依次增大,西部、东部和中部二元反差指数的内部收敛程度依次递减,东部、西部和中部二元反差指数的长期稳定性依次减弱①。蔡雪雄采用比较劳动生产率、二元对比系数和二元反差系数三个指标对 1978—2007 年中国的统计数据进行分析,结果发现中国城乡二元经济结构呈现出明显的阶段性特征;其中,1978—1984 年,中国城乡二元经济呈现出逐步改善的特征;1985—1997 年,中国城乡二元经济保持相对稳定;1998—2007 年,中国城乡二元经济结构进一步强化的特征明显;且经过预测发现,未来中国城乡二元经济差距会在国家政策的影响下呈现出不断缩小的趋势,但受制度惯性的影响,这种趋势会比较缓慢②。钱德元和滕福星则认为,中国二元经济结构在其自身的演变过程中,在三大区域之间表现出很强的差异刚性,不同区域之间的这种刚性具有自身的区域特色③。

在对中国二元经济结构阶段划分研究方面,高帆采用比较劳动生产率、二元反差指数和二元对比系数等指标对中国 1952 年以来二元经济结构进行了全面的剖析,认为 1952 年以来中国的二元经济结构可以划分为1952—1970 年、1971—1984 年、1985—1993 年、1994—1997 年、1998—2001 年、2002—2004 年六个阶段;从总体上来看,中国二元经济结构转换存在多次反复波动和迂回,其特点主要有纵向上的演进性、横向上的滞后性和空间上的差异性等。要破解中国二元经济结构问题,中国应制定更有效的公共政策,以降低交易费、提高交易效率、促进分工演进,从而推进二元经济结构转化,获取经济继续发展的效应④。张应禄和陈志钢以乡村和城镇两部门为基础,重构城乡二元经济结构的测度方法,并对中国城乡二元经济

---

①　高帆:《中国各省区二元经济结构转化的同步性:一个实证研究——兼论地区经济结构转变与经济增长差距的关联性》,《管理世界》2007 年第 9 期。

②　蔡雪雄:《我国城乡二元经济结构的演变历程及趋势分析》,《经济学动态》2009 年第2 期。

③　钱德元、滕福星:《中国二元经济结构的区域差异化分析》,《当代经济研究》2013 年第 4 期。

④　高帆:《中国二元经济结构转化:轨迹、特征与效应》,《学习与探索》2007 年第 6 期。

结构进行测定,结果发现:1992 年是中国经济上的城乡关系和工农关系的分界点,1992 年以前经济上的城乡关系与工农关系是统一的,而 1992 年以后城乡关系与工农关系则是分离的,经济上的工农关系不能代表城乡关系①。

在中国二元经济结构具体测度研究方面,王颂吉和白永秀综合利用产业和空间两种方法划分城乡部门,在此基础上通过城乡部门劳动生产率差异指标来测度城乡二元经济结构的转化趋向,并且分析了城乡资本产出率差异和资本劳动比差异对于城乡二元经济结构强度的相对影响。研究结果表明,改革开放以来乡镇企业的发展有力地推动了城乡二元经济结构转化,而现代农业发展滞后则对城乡二元经济结构转化起到了阻碍作用;资本劳动比差异是影响城乡二元经济结构强度的主要因素,资本产出率差异的影响呈上升趋势②。马晓强等对中国 1978—2010 年的城乡二元经济结构变动趋势进行了测度,结果发现:改革开放以来中国的城乡二元经济结构呈弱化趋势;并且,认为农业产业快速发展、乡镇企业异军突起、农村剩余劳动力转移等因素的共同作用是中国改革开放以来城乡二元经济结构转化的原因③。

在对中国二元经济结构产生的原因及破解对策研究方面,吴新博认为,1949 年新中国成立后,受优先发展重工业战略的影响,国家通过一系列制度安排,以剥夺农业剩余的办法来实现工业化,以及由此所形成的诸如统购统销、人民公社、户籍等制度,直接导致了中国二元经济结构的形成;要从根本上改变中国的二元经济结构现状,必须根据中国特定的政治、经济环境,积极、稳妥地推进城市化进程以及建立符合中国国情的农业发展模式④。

---

① 张应禄、陈志钢:《城乡二元经济结构:测定、变动趋势及政策选择》,《农业经济问题》2011 年第 11 期。

② 王颂吉、白永秀:《中国城乡二元经济结构的转化趋向及影响因素:基于产业和空间两种分解方法的测度与分析》,《中国软科学》2013 年第 8 期。

③ 马晓强、丁沛文、王颂吉:《中国城乡二元经济结构的转化趋势及其解释》,《开发研究》2013 年第 3 期。

④ 吴新博:《我国二元经济结构的特征、测度及对策》,《华中师范大学学报》(人文社会科学版)2008 年第 6 期。

李昌明和王彬彬认为,转换城乡二元经济结构必须要有新的思路、新的方略,具体来说,就是必须坚持农村基本经济制度长期不动摇,赋予公民自由迁徙权和宅基地、自留地、自留山永久使用权,协调发展三次产业,构建新型城镇体系,统筹城乡建设用地,推进城乡基本公共服务均等化①。袁铖认为要转变中国的二元经济结构,需要以农村土地制度创新为关节点,从宏观制度环境和微观经营两个层面入手,构建二元经济结构转型的内在机制;在宏观制度环境层面,需要实现农业土地资源配置方式由以行政为主向以市场为主转变,创造出有利于农村剩余劳动力转移的强大拉力;在微观经营层面,需要完善统分结合的农村经营制度,创造出有利于农业边际生产力提高的强大推动力②。张桂文和袁晖光认为,中国当前二元经济结构转型面临着诸如产业结构升级与劳动密集型产业发展的两难抉择、资源环境与市场需求的双重约束、市场与政府的双重失灵等问题;要彻底解决中国二元经济结构问题,可以通过工业化、农业现代化与城市化相互促进、良性循环的多元化道路,以及以多元化发展道路为核心的对策体系,化解农业剩余劳动力转移与城市就业的双重压力,解决产业结构升级与劳动密集型产业发展的两难抉择;可以通过技术创新与制度创新突破资源环境与市场需求的约束,防止市场与政府失灵,确保中国沿着多元化发展道路,完成由二元经济向现代化一元经济的转型③。

二、二元金融理论

金融发展理论的创始人爱德华·肖(Edward S.Shaw)和罗纳德·麦金农(Ronald I.McKinnon)指出:在发展中国家,"市场不完全"的一个重要表现就是金融市场的割裂,一个是拥有少数现代化、正规的金融组织的"有组织的金融市场",一个是存在着大量落后的、传统的和非正规金融

---

① 李昌明、王彬彬:《中国城乡二元经济结构转换研究》,《经济学动态》2010年第10期。
② 袁铖:《二元经济结构转型:国外理论与中国实践》,《学海》2011年第4期。
③ 张桂文、袁晖光:《中国二元经济转型的难点及其破解思路》,《当代经济研究》2012年第11期。

组织的"无组织的金融市场";同时,在两个市场之间,存在着明显的壁垒[1]。按照他们的分析框架:在割裂的农村金融市场条件下,金融机构只可能向一部分农户提供低息贷款,在信贷约束下,获得低息贷款的农户才有扩大生产规模、更新生产技术的可能,而那些无法获得低息贷款的农户则往往始终处于资金约束的瓶颈下。也就是说,信贷资金的不平等会导致二元经济结构的出现。同样,存贷款利率也会导致收入分配的恶化。因为当利率低于均衡利率时,大的借款人基于自身多方面的优势,能够获得更多的借款,而小的农户则因无法获得贷款而陷入收入恶化的境地。在此基础上,金融体系和金融政策同时为现代部门的大中型企业和传统部门的小规模生产单位提供服务是促进发展中国家二元经济结构转化的必要条件。很显然,传统部门(农业部门)在金融的支持下,能够迅速突破资金约束的瓶颈,通过引进先进生产技术,扩大生产规模,提高劳动生产力,进而实现向现代部门的转化,最终消除一国内部的二元经济状态,实现经济整体的现代化。也就是说,在某种意义上,二元金融会直接导致二元经济。借鉴曾康霖、Acemoglu 的模型,可以对金融发展的二元性如何导致经济发展的二元性加剧问题进行分析[2]。

考虑代际模型,假设个体存活期为 2,效用函数 U 可以表示为:

$$E_t U(C(t), C(t+1)) = log C(t) + \beta E t log C(t+1)$$

上式中,$C(t)$ 为 t 时期的消费,E 为期望。

若记产出函数 $Y(t)$ 为:$Y(t) = K(t)^\alpha L(t)^{1-\alpha}$,其中,$K$ 和 L 分别为资本和劳动力投入,社会总劳动力为 1。考虑到城市工业部门的资本密集,而农村更多的是人口密集,因而工业部门资本份额要高。记资本无风险储蓄和有风险投资的收益分别为 q 和 $Q+\varepsilon$,其中,ε 为均值是 0 的 iid 分布,而且有

① 爱德华·肖(Edward S.Shaw)和罗纳德·麦金农(Ronald I.McKinnon)的具体研究,参见文献:Shaw E.S., "*Financial Deepening in Economic Development*", New York:Oxford University Press, 1973; McKinnon R.L., "*Money and Capital in Economic Development*", Washington:Bookings Institution, 1973.

② 曾康霖:《二元金融与区域金融》,中国金融出版社 2008 年版,第 27—29 页; Acemoglu, D., "*Introduction to Modern Economic Growth*", Princeton University Press, 2009.

$Q>q$。继续假设初始资本存量为 $K(0)$，那么对于有着劳动力存量 l_i 的个体的劳动收入为 $W_i(0)=w(0)l_i$，其中，$w(t)=(1-\alpha)K(t)^{\alpha}$。从效用函数可得每期用于存储的份额为 $\beta/(1+\beta)$。

重点分析个体投资决策，是个体选择的无风险的储蓄还是选择有风险但收益更高的投资。参与风险的投资必须承担一定的成本 ξ_j，其中，$j=a,m$ 分别代表农村居民的参与成本和城市居民的参与成本，包括监督或信息不对称等原因造成的代理费用，通常有 $\xi_a>\xi_m$，城市金融的效率要高于农村金融的效率。

基于上述分析可知：无风险的储蓄决策所具有的价值是：

$$V_i^N(W_i(t),R(t+1))=ln[W_i(t)/(1+\beta)]+\beta ln[\beta R(t+1)qW_i(t)/(1+\beta)]$$

而对于有风险的投资决策所具有的价值是：

$$V_i^F(W_i(t),R(t+1))=ln[(W_i(t)-\xi_j)/(1+\beta)]+$$
$$\beta ln[\beta R(t+1)q(W_i(t)-\xi_j)/(1+\beta)]$$

对比两种决策的价值可以得到：

$$W^*=\xi_j/[1-(q/Q)^{\beta/(1+\beta)}]>0$$

这意味着第一阶段财富高于此阀值的将会参与有风险的投资决策，而低于此阀值的将选择无风险的储蓄决策。

参与有风险决策的群体的比重为 $g^F(t)$，它由劳动力分布 $G(\cdot)$ 决定，即

$$g^F(t)=1-G(W^*/w(t))=1-G(W^*/((1-\alpha)K(t)^{\alpha}))$$

从而可以得到资本存量积累的方程：

$$K(t+1)=\frac{\beta}{1-\beta}[q(\int_l^{W^*/(1-\alpha)K(t)^{\alpha}}ldG(l)+$$
$$Q\int_{W^*/(1-\alpha)K(t)^{\alpha}}^l((1-\alpha)K(t)^{\alpha}l-\xi_j)gG(l)]$$

上述模型具有多重解释意义。首先，一方面，家庭人力资本存量高低与风险偏好程度呈正相关关系。初始具有更高人力资源水平的家庭会选择更多的有风险投资，从而使他们的资产增加；初始人力资源水平低的家庭会选择无风险的储蓄。另一方面，从模型中还可以看出，如果初始阶段两个区域存在着二元格局，在模型中可以认为是人力资源水平不同造成的，那么在发达的城市有更多的家庭选择有风险的投资，从而获得更高的

收益,而农村的家庭初始人力资源水平较低,能承担风险的家庭很少,不能获得更高的投资收益,二元格局将进一步拉大。其次,二元金融可以简单地视为参与成本不同造成的,比如,城市参与的成本要低,因为城市金融相对发达,具有规模效应,而农村由于金融发展相对落后,参与成本相对较高,这就直接导致即使同样的人力资源,在城市相对发达的金融服务状况下,也会选择更多的风险投资,并通过金融系统来分散风险,从而获得更好的收益。城乡之间的收入差距在不同的金融系统中被拉大。最后,由于参与成本不同,最终导致的资本积累也不同。参与成本少,导致了更多的家庭参与风险投资,整体的资本积累要高,从而最终的产出也要高。通过分析不难看出,二元经济格局和二元金融格局存在着相互交叉和相互促进的内在机制。

事实上,除上述学者们的论述外,对于二元金融问题学者们也进行了相关方面的研究。比如,在二元金融结构存在的优势研究方面,周天芸和李杰认为正规金融与非正规金融的优劣势比较明显,前者的存在具有明显的扶持农业政策倾向,而后者则侧重于商业性考虑,可以为农户融资提供便利,两者的有机结合可以促进农业经济的发展①。朱信凯和刘刚以中国南方农村广泛存在的轮会(合会的一种形式)为例,研究了非正规金融与正规金融共生互存的优劣势,认为非正规金融是制度变迁的必然产物,是当前农户信贷消费的主渠道,其在缓解流动性约束、降低不确定性、启动与扩大农户信贷消费方面具有当然优势,在降低信贷消费的违约风险方面具有内生调节机制;因此,即便是农信社不存在"惜贷"现象,农户还是愿意组成互助性的民间金融合会来进行储蓄和消费②。在二元金融结构存在的原因研究方面,徐小怡和卢鸿鹏认为,中国城乡金融二元结构的存在除了从经济发展差别寻找原因之外,更应该从城乡之间其他的差别之中寻找根源,农村产业生产组织特性、城乡之间的金融安排差别、农村金融脱媒等均会在一定程度上

---

① 周天芸、李杰:《中国农村二元金融结构的实证研究》,《中国软科学》2005 年第 7 期。

② 朱信凯、刘刚:《二元金融体制与农户消费信贷选择:对合会的解释与分析》,《经济研究》2009 年第 2 期。

导致城乡二元金融结构的形成①。徐璋勇和郭梅亮在研究非正规金融生成逻辑时,认为中国农村非正规金融存在的外在原因在于地方政府的强行介入,并造成农村正规金融组织的低效率以及市场规模的萎缩,其产生的内生性原因则在于农村中长期积淀的乡土文化能有效地解决由于市场信息不对称所引发的逆向选择和道德风险问题②。仇娟东和何风隽、王志强和孟丽莎认为,经济决定金融,金融服务经济,城乡二元经济与城乡二元金融是互为因果的,城乡二元金融的形成是城乡二元经济直接作用的结果,是城乡二元经济在金融领域的现实表现③。江源和谢家智认为,工农部门产出差异的扩大不仅没有加剧二元金融矛盾,反而抑制了城乡金融反差的扩大,经济转型、产业融合发展背景下经济效率的提升有助于缓解城乡二元金融结构矛盾④。在二元金融结构存在的影响研究方面,卢亚娟、吴言林在设定模型的基础上,研究了二元金融结构对宏观金融政策的影响,结果发现:二元金融结构会对传统的社会货币供给总量模型产生影响,即当中央银行实行紧缩性货币政策时,非正规金融市场的活跃会提高货币的流通速度,抵消紧缩的效应;当国家启动经济、采取扩张性货币政策时,由于非正规金融的存在,使有限度的放松变成超限度的扩张,增加了通货膨胀的压力⑤。俞伯阳和沈庆劼认为城乡二元金融结构的存在对于不同类型企业的影响是不一样的,大型企业与国有企业主要从正规金融获得信贷资金,中小企业主要从非正规金融获得信贷资金⑥。在破解二元金融结构的对策研究方面,秦建群

---

① 徐小怡、卢鸿鹏:《我国城乡二元金融结构及其原因探析》,《农村经济》2007 年第 8 期。

② 徐璋勇、郭梅亮:《转型时期农村非正规金融生成逻辑的理论分析:兼对农村二元金融结构现象的解释》,《经济学家》2008 年第 5 期。

③ 仇娟东、何风隽:《中国城乡二元经济与二元金融相互关系的实证分析》,《财贸研究》2012 年第 4 期;王志强、孟丽莎:《我国城乡二元金融与二元经济关系的实证研究》,《中南财经政法大学学报》2014 年第 4 期。

④ 江源、谢家智:《我国城乡二元金融结构形成机制的区域差异:基于变截距模型的影响因素研究》,《财经研究》2013 年第 7 期。

⑤ 卢亚娟、吴言林:《二元金融结构对宏观金融政策的影响分析》,《数量经济技术经济研究》2006 年第 5 期。

⑥ 俞伯阳、沈庆劼:《金融自由化条件下我国非正规金融问题研究:兼论二元金融之间关系及其经济影响》,《财经问题研究》2012 年第 4 期。

等认为,应该着重从强化金融生态建设层面着手,构建基于金融功能观的多元化有序竞争的农村金融体系,加大多层次的金融支农投入,才能破解民生性金融难题和农业产业化经营中的资金难题,进而有效破解二元金融结构问题①。郭峰和胡金炎认为,应该着重从正规金融与非正规金融合作的层面着手,通过充分发挥两者的各自优势才可能有效解决二元金融结构的问题②。张永升等认为,要彻底破解二元金融体制下金融资源的非均衡配置问题,需要大力发展多层次多性质的金融服务机构,需要支持、鼓励和引导农村小微金融机构的发展,还需要通过财政补贴等政策支持地方性金融机构的发展③。

三、城乡协调发展理论

城乡统筹问题作为处理城乡关系的重要组成部分,一直以来都备受学者们的关注。自 Ricardo 最早对农业与工业、农村与城市的关系问题进行研究以来④,学者们围绕这一主题进行了大量研究并形成了相关理论。比如,霍华德(E.Howard)提出的"田园城市理论"、莱特(Frank Lloyd Wright)提出的"广亩城理论"、沙里宁(E.Saarinen)提出的"有机疏散理论"、芒福德(L.Mumford)提出的"城乡发展论"、麦吉(T.G.Mcgee)的"亚洲城乡一体化发展模式论"等从社会学和城市经济学的角度对城乡统筹发展问题进行了系统研究。

第一,霍华德的田园城市理论⑤。1898 年,霍华德在他的著作《明日:一条通向真正改革的和平道路》(再版时更名为《明日的田园城市》)中认

---

① 秦建群、吕忠伟、秦建国:《农户分层信贷渠道选择行为及其影响因素分析:基于农村二元金融结构的实证研究》,《数量经济技术经济研究》2011 年第 10 期。

② 郭峰、胡金炎:《农村二元金融的共生形式研究:竞争还是合作——基于福利最大化的新视角》,《金融研究》2012 年第 2 期。

③ 张永升、冉霞、谷彬、马九杰:《二元金融体制金融资源配置的定量分析》,《金融理论与实践》2014 年第 4 期。

④ 李嘉图:《政治经济学及赋税原理》,周洁译,华夏出版社 2013 年版,第 1 页。

⑤ 霍华德:《明日的田园城市》,金经元译,商务印书馆 2010 年版,第 20—27 页。

为,与农村相比,城市具有无可比拟的优点,正是这些优势吸引了大量农村人口流向城市,在此过程中,也出现了一系列不可避免的问题;为此,霍华德认为,要正确处理工业化背景下的城乡发展道路,城市的设计必须考虑到健康、生活及产业等问题,城市外围必须保持有相当面积的永久性绿地。霍华德的田园城市理论对世界上大多数国家的城市规划,特别是第二次世界大战后西方国家的新城建设和城市理论产生过很大的影响,被城市规划学家和史学家视为城市规划史上最有影响的理论之一。

第二,莱特的广亩城理论与沙里宁的有机疏散理论[①]。莱特认为,现代城市所带来的弊端非常明显,并不能代表和象征人类的愿望,应该取消大城市,代之将城市重新分散在地区性农业的网络上。同时期,针对大城市病问题,另一位学者沙里宁在 1942 年出版的《城市:它的发展、衰败与未来》一书中系统阐述了有机疏散理论。沙里宁在全面考察中世纪欧洲城市和工业革命以后城市的发展历史,深入分析了有机城市的形成条件,系统揭示了城市兴起和衰落的根源。沙里宁认为,要缓解大城市病,需要将大城市分成不同的集镇,集镇之间用绿化的方式连接起来,成为既相互独立又相互分割的小城镇。

第三,芒福德的城乡发展论[②]。芒福德在 1961 年出版的《城市发展史:起源、演变与前景》一书中,明确提出,"城与乡,不能截然分开;城与乡,同等重要;城与乡,应该有机结合起来。如果要问城市和农村哪一个更重要的话,应当说自然环境比人工环境更重要。"很显然,芒福德对莱特的广亩城理论与沙里宁的有机疏散理论在很大程度上是赞同的,都觉得随着大城市病的出现,要实现城市的可持续发展,必须考虑到城市的实际承载力问题。芒福德认为,对现有的大城市,要进行合理规划和改造,要在延伸大城市辐射功能的同时,将城市和农村紧密结合起来,在追求城乡之间平衡的同时,

---

① 莱特的广亩城理论与沙里宁的有机疏散理论,具体参见:Frank Lloyd Wright, "Broadacre City:A New Community Plan", *Architectural Record*, LXXVII(April, 1935), pp.243 - 254;伊利尔·沙里宁:《城市:它的发展、衰败与未来》,顾启源译,中国建筑工业出版社 1986 年版,第 1 页。

② 芒福德的城乡发展论,具体参见:芒福德:《城市发展史:起源、演变与前景》,宋俊岭、倪文彦译,中国建筑工业出版社 2005 年版,第 1 页。

实现城市的可持续性发展。

第四,麦吉的亚洲城乡一体化发展模式论[①]。20 世纪 80 年代,麦吉在考察亚洲印度尼西亚、泰国、印度、中国等城市的基础上,通过对比中西方城市发展的发展背景与空间结构,提出了"Desakota"模式。"Desa"指乡村,"Kota"指城市,"Desakota"模式也就是城乡一体化发展模式。麦吉认为,亚洲国家的城乡间关系越来越紧密,城乡间在地域结构上出现了农业活动与非农业活动并存的趋势。基于此,麦吉认为,在大城市发展规划中,应该将农村地区考虑进来,可以将农村地区作为城市转移劳动密集型产业、服务业和其他非农产业的重要基地。

以上述学者们的研究为基础,近些年来,国内外学者们进一步深入研究了城乡关系问题。比如,在国外,Bolay and Rabinovich 分析了不同规模城市群之间的共生问题,指出城市群的划分需要考虑到城市间的乡村发展问题[②];Moren-Alegret 认为传统的城乡划分方法在一定程度上人为割裂了城市(城镇)和农村的联系,应该采取超越城乡二分法的新思路来探究城镇化问题[③];Kontuly & Tammaru 研究了人口对于新型城镇化进程的影响,认为人口的流动能够在一定程度上加快城镇化进程,但也会带来城镇周边郊区发展滞后的现实问题[④];Andersen 等认为城镇化比例达到 85% 以上时,通常意义上的城镇化已经走到了尽头,分析城镇化的传统手段也不再起作用,需要对城镇化问题进行重新反思[⑤]。在国内,根据学者们研究内容的不同,可

[①] 麦吉的亚洲城乡一体化发展模式论,具体参见:Mcgee T. G., "The Emergence of Desakota Regions in Asia:Expanding A Hypothesis", In Nginsburg B, Koppel, T. Mcgee, eds., *The Extended Metropolis:Settlement Transition in Asia*, University of Hawaii Press, Honolulu, 1991.

[②] Bolay J.C., Rabinovich A., "Intermediate Cities in Latin America Risk and Opportunities of Coherent Urban Development", *Cities*, Vol.21, No.5(2004), pp.407-421.

[③] Moren-Alegret R., "New Forms of Urbanization:Beyond the Urban-Rural Dichotomy", *Cities*, Vol.2, No.3(2006), pp.80-82.

[④] Kontuly T. & Tammaru T., "Population Subgroups Responsible for New Urbanization and Suburbanization in Estonia", *European Urban and Regional Studies*, Vol. 13, No. 4 (2006), pp. 319-336.

[⑤] Andersen H.T., Moller-Jensen L.and Engelstoft S., "The End of Urbanization? Towards a New Urban Concept or Rethinking Urbanization", *European Planning Studies*, Vol.19, No.4(April, 2011), pp.595-611.

将其归为以下几个方面:在城乡发展一体化概念方面,杨荣南、应雄、陈雯从生产力发展的角度①、甄峰和朱志萍从系统与整体的角度②、石忆邵、洪银兴和陈雯从融合与合作的角度③提出了各自的看法;在城乡发展一体化内容方面,黄祖辉等、韩俊、洪银兴、厉以宁、任保平、白永秀、顾朝林和李阿琳等基于历史与现实的角度,也不断对城乡发展一体化赋予新的内容④;在城乡发展一体化指标测度方面,袁政、完世伟、冯云廷、董晓峰等、焦必方等、汪宇明等分别建立相应的城乡发展一体化指标体系,对中国及相关地区城乡发展一体化问题进行了全面的测度⑤;在城乡发展一体化影响因素方面,刘红梅等、朱金鹤和崔登峰分别以全国和新疆为例,探究了影响城乡发展一体

①　从生产力的角度研究城乡一体化概念的文献,具体参见:杨荣南:《关于城乡一体化的几个问题》,《城市规划》1997 年第 5 期;应雄:《城乡一体化趋势前瞻》,《浙江经济》2002 年第 13 期;陈雯:《"城乡一体化"内涵的讨论》,《现代经济探讨》2003 年第 5 期。

②　从系统与整体的角度研究城乡一体化概念的文献,具体参见:甄峰:《城乡一体化理论及其规划探讨》,《城市规划汇刊》1998 年第 6 期;朱志萍:《城乡二元结构的制度变迁与城乡一体化》,《软科学》2008 年第 6 期。

③　从融合与合作的角度研究城乡一体化概念的文献,具体参见:石忆邵:《关于城乡一体化的几点讨论》,《规划师》1999 年第 4 期;洪银兴、陈雯:《城市化和城乡一体化》,《经济理论与经济管理》2003 年第 4 期。

④　对城乡一体化具体内容研究的文献,具体参见:黄祖辉、刘慧波、邵峰:《城乡区域协同发展的理论与实践》,《社会科学战线》2008 年第 8 期;韩俊:《中国城乡关系演变 60年:回顾与展望》,《改革》2009 年第 11 期;洪银兴:《城乡互动、工农互促的新起点和新课题》,《江苏行政学院学报》2009 年第 1 期;厉以宁:《走向城乡一体化:建国 60 年城乡体制的变革》,《北京大学学报》(哲学社会科学版)2009 年第 6 期;任保平:《城乡发展一体化的新格局:制度、激励、组织和能力视角的分析》,《西北大学学报》(哲学社会科学版)2009 年第 1 期;白永秀:《城乡二元结构的中国视角:形成、拓展、路径》,《学术月刊》2012 年第 5期;顾朝林、李阿琳:《从解决"三农问题"入手推进城乡发展一体化》,《经济地理》2013年第 1 期。

⑤　对城乡一体化指标测度的研究文献,具体参见:袁政:《中国城乡一体化误区及有关公共政策建议》,《中国人口·资源与环境》2004 年第 2 期;完世伟:《城乡一体化评价指标体系的构建及应用:以河南省为例》,《经济经纬》2008 年第 4 期;冯云廷:《我国城乡经济关系的评价及分析》,《中国软科学》2009 年第 10 期;董晓峰、尹亚、刘理臣、刘琼琪:《欠发达地区城乡一体化发展评价研究:以甘肃省为例》,《城市发展研究》2011 年第 8 期;焦必方、林娣、彭婧妮:《城乡一体化评价体系的全新构建及其应用:长三角地区城乡一体化评价》,《复旦学报》(社会科学版)2011 年第 4 期;汪宇明、刘高、施加仓、蔡萌:《中国城乡一体化水平的省区分异》,《中国人口·资源与环境》2012 年第 4 期。

化的因素①；在推进城乡发展一体化措施方面，杨继瑞、夏永祥、陈锡文、白永秀和王颂吉、李冰结合中国城乡发展一体化不同时期的特点，提出了相应的对策建议②。

第二节　城乡金融非均衡发展的
国内外文献综述

从现有国内外文献资料来看，虽然直接研究城乡金融非均衡发展的文献资料并不多，全面系统研究城乡金融非均衡发展问题的更少，特别是国外在此方面的研究更少见；但是，国内外在有关金融与经济之间关系的文献资料则较为翔实。本节在全面系统梳理国内外学者们研究成果的基础上，夯实研究中国城乡金融非均衡发展问题的研究基础。

一、国内关于城乡金融的研究进展

自党的十六大起至今，基于进入工业化中期阶段和统筹城乡经济社会发展战略，中国在"三农"政策上作出了第四次选择③，城乡金融的概念屡屡见于报端，学者们对其也进行了一系列的研究，但基于多方面原因的制约，城乡金融方面的研究文献资料相对来说较少。总体来看，可以将国内学者有关城乡金融方面的研究文献划分为四类，即城乡金融非均衡发展的原因

---

① 对城乡一体化影响因素的研究文献，具体参见：刘红梅、张忠杰、王克强：《中国城乡一体化影响因素分析：基于省级面板数据的引力模型》，《中国农村经济》2012 年第 8 期；朱金鹤、崔登峰：《新疆城乡一体化进程的影响因素与评价研究》，《干旱区资源与环境》2012 年第 12 期。

② 推进城乡一体化具体措施的研究文献，具体参见：杨继瑞：《城乡一体化：推进路径的战略抉择》，《四川大学学报》（哲学社会科学版）2005 年第 4 期；夏永祥：《政府强力推动与城乡一体化发展："苏州道路"解读》，《农业经济问题》2011 年第 2 期；陈锡文：《推动城乡发展一体化》，《求是》2012 年第 23 期；白永秀、王颂吉：《城乡发展一体化的实质及其实现路径》，《复旦学报》（社会科学版）2013 年第 4 期；李冰：《城乡一体化：二元经济结构理论在中国的延续》，《人文杂志》2014 年第 2 期。

③ 郑有贵：《新中国"三农"政策的四次重大选择》，《中国经济史研究》2009 年第 3 期。

（条件论）、城乡金融协调发展要达到的目标（目标论）、城乡金融非均衡发展的影响（影响论）、城乡金融协调发展的措施（实现论）。

城乡金融非均衡发展的原因（条件论）。王永龙认为城乡金融分割是任何发展中国家都无法回避的经济现象，即使是在完成了农村工业化与城市化进程的发达国家，这一现象也会在特定范围内长期存在；从制度抑制的角度来看，造成中国城乡金融非均衡发展的原因主要是金融干预失衡、金融利率管制、金融市场进入管制、进入程式化倾向、非正规金融缺乏有效规范、政策性金融定位偏差和金融风险主体缺位等[①]。王千六通过研究则认为，城乡金融非均衡发展的原因，既有国家初始战略的原因，又有农村金融抑制的原因，也有地方政府对农村金融控制导致农村金融难以壮大的原因，还有城乡经济发展水平和产业结构差异造成的原因；城乡金融非均衡发展局面的形成是多方面原因的共同结果[②]。郑洋和魏国江的研究成果表明，银行业市场结构与城乡金融发展效率、规模和结构等高度相关，银行业市场结构对于城乡金融发展的影响具有长期性，银行业的市场结构趋于分散可以缩小城乡金融非均衡发展的水平[③]。

城乡金融协调发展要达到的目标（目标论）。蔡四平认为在建设社会主义和谐社会的伟大进程中，金融的发展具有举足轻重的作用，城乡金融协调发展的目标和方向是建成城乡和谐金融体系，不仅需要保持金融与经济的和谐，还需要保持金融和社会发展的和谐，更需要保持金融自身的和谐[④]。葛红玲等从金融与经济关系的角度出发，认为金融始终要为经济服务，金融与经济协调发展应该是经济发展、运行寻求的良性状态[⑤]。城乡金融协调发展进一步从空间的维度追求金融与经济的协调发展，由此决定了

---

① 王永龙：《城乡金融的非均衡性及其后续效应》，《改革》2009 年第 10 期。

② 王千六：《基于城乡经济二元结构背景下的城乡金融二元结构研究》，西南大学博士学位论文 2009 年，第 87—98 页。

③ 郑洋、魏国江：《中国银行业市场结构对城乡金融发展的影响研究》，《山东科技大学学报》（社会科学版）2014 年第 1 期。

④ 蔡四平：《构建和谐城乡金融体系研究》，《湖南商学院学报》2007 年第 3 期。

⑤ 葛红玲等：《城乡金融协调发展的目标体系及路径选择》，《中国流通经济》2008 年第 12 期。

城乡金融协调发展的目标是多重的，其终极目标是城乡经济的协调发展，而城乡经济的协调发展取决于城乡金融与城乡经济的协调发展。因此，城乡金融与城乡经济协调需要具备两个前提，一是城市金融与城市经济的协调，二是农村金融与农村经济的协调。

城乡金融非均衡发展的影响（影响论）。张前程等运用 1978—2007 年的时间序列数据研究城乡金融非均衡发展对城乡收入差距的影响，结果发现金融发展规模非均衡和效率非均衡都在一定程度上拉大了城乡收入差距[①]；杨德勇等也认为城乡金融非均衡发展加剧了城乡收入差距[②]；张鹏等从城乡金融资源的角度着手研究城乡金融非均衡发展对城乡收入差距的影响，认为中国农村金融资源严重匮乏，农村金融资源未能有效促进农民收入增长，城乡金融资源非均衡配置导致中国城乡收入差距不断扩大[③]。同时，郭福春等以浙江为样本，通过研究发现，金融资源在城乡之间的非均衡分布制约了浙江经济的快速发展[④]。此外，王永龙研究了城乡金融非均衡性的增长效应和收入效应，认为城乡金融非均衡性抑制了经济增长的实际效果，扩大了收入差距[⑤]。魏丽莉和马晶以双重滞后型城乡关系的典型区域甘肃省 1978—2009 年数据为例，实证了城乡金融非均衡发展对城乡收入差距的影响，结果发现：甘肃省城乡金融发展规模的非均衡与城乡居民收入差距之间存在长期协整关系，且两者呈现出显著的正相关关系；城乡金融发展规模的非均衡对城乡居民收入差距的拉大作用更为明显，城乡金融发展效率的非均衡对城乡收入差距的拉大作用则比较弱[⑥]。

---

① 张前程、范涛：《城乡金融非均衡发展与城乡收入差距：基于 1978—2007 年数据的实证分析》，《铜陵学院学报》2008 年第 5 期。

② 杨德勇、初晓宁：《我国城乡金融发展不平衡与城乡收入差距拉大的实证研究》，《经济与管理研究》2009 年第 11 期。

③ 张鹏、梁辉：《城乡金融资源非均衡对我国城乡收入差距影响的实证分析》，《大连理工大学学报》（社会科学版）2011 年第 2 期。

④ 郭福春、周建松、郭延安：《金融资源集聚与扩散视角下浙江城乡金融和谐发展研究》，《浙江金融》2008 年第 4 期。

⑤ 王永龙：《城乡金融统筹的制度抑制与对策分析》，《经济学家》2009 年第 10 期。

⑥ 魏丽莉、马晶：《双重滞后型区域城乡金融非均衡发展对城乡收入差距影响的实证分析》，《兰州大学学报》（社会科学版）2014 年第 1 期。

城乡金融协调发展的措施(实现论)。潘晓江认为随着改革开放以来中国经济的发展,中国国家财政已具有"撬动"市场资金流向农村金融市场的实力,实行涉农借款费用的财政直接补贴制度,有利于城乡金融市场的健康发展和融合,并可减少上市类金融机构从事农村金融服务的资本收益劣势和市场门槛障碍①。郭庆平通过对冀晋蒙三省区 36 县城乡金融发展状况的调查,从金融机构网点数量、信贷资金差异、金融业务和产品种类、金融资产质量、融资成本和民间借贷等方面分析了城乡金融的非均衡发展,得出统筹城乡金融发展的重点和难点在农村的结论,认为需要采取"多予、少取、放活"的方针来发展农村金融②。陈利等运用金融生态理论构造生态金融链的循环系统,围绕生态金融链,认为要统筹城乡金融资源,需要从资金链、服务链、产业链、价值链、风险链等方面作出努力③。田霖认为实现城乡金融的协调发展,必须反对以割裂的视角看待城乡金融排斥问题,反对抑制城市金融发展的做法,而代之以城乡统筹的视角,借鉴城乡金融地域系统的耦合机制与规律,在充分利用城市金融的扩散力,实现农村金融外部性的内部化的同时,加快农村金融的发展④。洪利和梁礼广认为,收入不平等、信贷可得性差异、保险覆盖及资本市场资源配置等差异既是中国城乡二元金融非均衡发展的直接表现和客观结果,也是进一步拉大城乡金融差距的内在原因;为此,要破解城乡金融非均衡发展问题,需要优化财政税收体系,发展农村微观金融,推进覆盖城乡的风险管理和社会保障体系建设,完善城乡资本市场体系,并推进城乡一体化发展,强化城市金融对农村地区的辐射能力⑤。周昌发和周宏璐认为,要破解城乡金融非均衡发展问题,需要补强新型金融机构,完善农村金融体系,需要营造良性法治环境,培育农村金融市

　　① 潘晓江:《创新财政金融政策组合融聚城乡金融二元市场》,《农村金融研究》2007 年第 6 期。

　　② 郭庆平:《统筹城乡金融发展的重点和难点在农村:关于加快农村金融发展的调查报告》,《浙江树人大学学报》2008 年第 6 期。

　　③ 陈利、谢家智、吴玉梅:《统筹城乡金融资源促进农村生态金融链的良性循环》,《生态经济》2009 年第 5 期。

　　④ 田霖:《我国金融排斥的城乡二元性研究》,《中国工业经济》2011 年第 2 期。

　　⑤ 洪利、梁礼广:《金融民主化视角下我国城乡金融差异及包容性发展对策分析》,《上海金融》2012 年第 8 期。

场,需要培育农村保险市场,促进金融社会化,还需要利用城镇化契机,加速城乡金融的协调发展①。

二、国外关于城乡金融的研究进展

与国内学者不同的是,国外学者对城乡金融问题的研究更多的是体现在对正规金融与非正规金融、现代部门与传统部门的研究中。比如,明特在其1964年出版的著作《发展中国家的经济学》中率先对发展中国家的金融市场进行研究,认为发展中国家金融市场呈现出典型的二元性,金融资源在此市场环境下不能在传统部门和现代部门之间顺利流通②。Mckinnon在费雪两时期分析框架下研究了金融发展与二元经济结构的关系,认为金融抑制会导致并助长二元经济结构的出现③。Galbis在此研究基础上,建立了两部门金融发展模型,论述了金融部门在传统部门和现代部门中的中介作用,有力地解释了金融抑制对二元经济增长的影响④。Banerjee & Newsman,Andrew F.从信息经济学的视角出发,研究了金融发展与二元经济转换的关系,认为随着经济增长和金融发展,二元经济将会向一元经济转型⑤。此外,Mude等解释了在正规金融组织缺失的情况下,为什么非正规金融组织不愿意为穷人提供贷款原因,他们认为基于人口流动性的考虑,穷人在不同区际之间迁徙的可能性大,非正规金融组织基于风险考虑为穷人提供贷款的可能性相对较小⑥。

---

①　周昌发、周宏璐:《城乡金融服务均等化保障机制研究》,《湖南科技学院学报》2014年第4期。

②　明特:《发展中国家的经济学》,商务印书馆1978年版,第1页。

③　Mckinnon R.L.,"*Money and Capital in Economic Development*",Washington:Bookings Institution,1973.

④　Galbis V.,"Financial Intermediation and Economic Growth in Less Developed Countries:A Theoretical Approach",*Journal of Development Studies*,Vol.13,No.2(1977),pp.58-72.

⑤　Banerjee A.& Newsman,Andrew F.,"Information,the Dual Economy,and Development",*Review of Economic Studies*,Vol.65,No.4(1998),pp.631-653.

⑥　Mude A.G.,Barrett C.B.,McPeak J.G.,Doss C.R.,"Educational Investments in a Dual Economy",*Economica*,Vol.74,No.2(2007),pp.351-369.

　　需要特别说明的是,作为二元经济和二元金融重要体现的区际间(城乡)收入差距问题也引起了学者们的极大兴趣。比如,Greenwood & Jovanovic 最早直接对金融发展与收入分配问题进行正式研究,他们通过建立经济增长、金融发展与收入分配之间的关系模型(简称 GJ 模型)来进行分析,认为金融发展与收入分配差距之间呈现出"倒 U 型"关系①。这一研究具有重要意义,以此为基础,后续相关研究日益丰富。Aghion & Bolton、Matsuyama 等分别通过对资本市场和信贷市场"涓流效应"(Trickle-Down Effects)的分析,得出了相同的结论②。Townsend & Ueda 通过对 GJ 模型的动态化改造,证实了金融发展与收入差距之间的"倒 U 型"关系③。当然,也有相当多的学者并不赞同上述学者的观点。比如,Jalilian & Kirkpatrick、Jeanneney & Kopdar、Dollar & Kraay、Beck、Demirguc-Kunt & Levine、Honohan & Yoder 等并不认为金融发展与收入差距之间存在"倒 U 型"关系,而是存在一种单向的关系,即金融发展要么扩大收入差距,要么缩小收入差距④。此外,对于城乡收入区际间(城乡)收入差距问题还有学者从农业科技进步的视角开展研究。比如,David & Otsuka、Cunguara & Darnhofer 实证了农业科技进步与农户收入增长及其分配之间

---

　　① Greenwood J. & Jovanovic B., "Financial Development, Growth, and the Distribution of Income", *Journal of Political Economy*, Vol.98, No.5(1990), pp.1076–1107.

　　② Aghion P. & Bolton P., "A Trickle-Down Theory of Growth and Development with Debt Overhang", *Review of Economic Studies*, Vol.64, No.2(1997), pp.151–172; Matsuyama K., "The Rise of Mass Consumption Societies", *Journal of Political Economy*, Vol.11, No.10(2002), pp. 1035–1070.

　　③ Townsend R. & Ueda K., "Financial Deepening, Inequality and Growth", *Review of Economic Studies*, Vol.73, No.1(2006), pp.251–273.

　　④ Jalilian H. & Kirkpatrick C., "Does Financial Development Contribute to Poverty Reduction?", *Journal of Development Studies*, Vol.41, No.5(2005), pp.636–656; Jeanneney S.G. & Kopdar K., "Financial Development, Financial Instability and Poverty", *Csae Working Paper*, Oxford: Centre for the Study of African Economies, 2005; Dollar D.& Kraay A., "Neither a Borrower Nor a Lender: Does China's Zero Net Foreign Asset Position Make Economic Sense?", *Journal of Monetary Economics*, Vol.53, No.5(2006), pp.943–971; Beck T., Demirguc-Kunt A.& Levine R., "Finance, Inequality and the Poor", *Journal of Economic Growth*, Vol.38, No.12(2007), pp.27–49; Honohan. & Yoder S., "Financial Transactions Tax: Panacea, Threat, or Damp Squib?", *Policy Research Working Paper*, The World Bank, No.5230, 2010.

的关系[1]，Otsuka、Moyo et al、Minten & Barrett、Alene & Coulibaly、Becerril & Abdulai 实证了农业科技进步的反贫困效应[2]。

三、国内外关于城乡金融的研究述评

通过上述分析不难看出，虽然国内外学者都对城乡金融及其相关问题进行了研究，但是都还有待进一步完善的地方。

首先，城乡金融的概念框架存在一定的缺陷，有待进一步发展和完善。任何一个成熟的研究领域都应该具有让人充分认可的概念框架，概念框架已经成为判别研究领域成熟度的重要标志。虽然国内外学者对城乡金融进行了一定的研究，但是迄今为止还没有可以被广泛认可的城乡金融的概念。城乡金融的概念是基础，建立了城乡金融的概念基础，与城乡金融相关的各方面研究才能够顺利开展。

其次，城乡金融的研究内容及相关研究不够充分，有待进一步发展和完善。作为一个研究领域，城乡金融不仅需要构建自己的概念框架，还需要充实自身的研究内容。目前，在城乡金融研究内容方面，国内学者侧重从农村金融制度缺陷的角度来开展研究，国外学者则侧重从正规金融与非正规金融、现代部门与传统部门的角度来开展研究，国内外学者在研究

---

[1] David C. & Otsuka K., "*Modern Rice Technology and Income Distribution in Asia*", Boulder and London: Lynne Riener Publishers, 1994; Cunguara B. & Darnhofer I., "Assessing the Impact of Improved Agricultural Technologies on Household Income in Rural Mozambique", *Food Policy*, Vol. 36, No.3(2011), pp.378-390.

[2] Otsuka K., "Role of Agricultural Research in Poverty Reduction: Lessons from the Asian Experience", *Food Policy*, Vol.25, No.4(2000), pp.447-462; Moyo S., Norton G.W. & Alwang J., "Peanut Research and Poverty Reduction: Impacts of Variety Improvement to Control Peanut Viruses in Uganda", *American Journal of Agricultural Economics*, Vol.89, No.2(2007), pp.448-460; Minten B. & Barrett C.B., "Agricultural Technology, Productivity and Poverty in Madagascar", *World Development*, Vol.36, No.5(2008), pp.797-822; Alene A.D. & Coulibaly O., "The Impact of Agricultural Research on Productivity and Poverty in Sub-Saharan Africa", *Food Policy*, Vol.34, No.2(2009), pp.198-209; Becerril J. & Abdulai A., "The Impact of Improved Maize Varieties on Poverty in Mexico: A Propensity Score Matching Approach", *World Development*, Vol.38, No.7(2010), pp.1024-1035.

城乡金融问题时更多的是将农村金融与城市（城镇金融）割裂开来进行研究。

再次，城乡金融的研究方法有待多样化。研究方法是研究的逻辑，是探索事物的途径。正确的研究逻辑能够提高研究工作的效率和质量。目前城乡金融研究一般采用的是定性、定量和混合三种方法，在一定程度上呈现了研究方法多元化的特征，但是，案例研究和文献计量分析是使用最多的方法。这些方法背后蕴含的重要假设是，文献资料能够反映城乡金融研究演进的过程。这些方法虽已被证明具有一定的有效性，但是对于紧跟经济社会发展的城乡金融的研究来说是不够的，因此，有必要进一步拓展新的研究方法，如采用多案例分析法、文献资料分析法和访谈法等。

最后，城乡金融的研究需要拓展新的视角。研究视角是研究的重要主观基础，直接关系到最终研究成果水平的高低甚至是整个研究的成败。在研究中，注重科学的独特的研究视角的运用已成为广泛的共识。实际上，城乡金融问题不仅是一个经济问题，涉及众多的学科，如政治学科、法学学科等，需要学者们从不同的学科背景和立足点来全面地展开研究。

第三节　城乡金融协调发展的实践经验考察

实践已经证明，与其他产业相比，农业具有不稳定性、弱质性、外部性等一系列不利的条件，这直接决定农业的发展需要投入大量的资金，也表明以为农业发展提供资金支持为主要职责的农村金融在整个国家金融体系中的极端重要性。基于此，在解决城乡金融非均衡发展的问题上，国外更多采取的是支持农村金融发展，或以其他方式支持农业发展，通过农村经济发展来逐步缩小城乡金融非均衡发展问题①。

---

①　应寅锋、赵岩青：《国外的农村金融》，中国社会出版社 2009 年版，第 32—121 页。

一、城乡金融协调发展的北美洲模式

北美洲包括美国、加拿大等拥有世界上农业发展程度最高的国家。以美国为例,美国是世界上最发达的资本主义国家,农业基本上是以大规模专业化生产的农场和牧场为主,农业人口仅占总人口的 2%,但其农业生产能力和农业竞争力却在国际社会中独占鳌头。这与美国健全完善的农村金融组织体系、科学合理的农村金融组织制度和高瞻远瞩的农村金融法律体系是紧密相关的。

农村金融组织体系视角。为了矫正农业自身发展的缺陷,美国政府本着为农业发展提供充足资金支持的原则,逐步建立了健全完善的农村金融组织体系(图 1-4)。美国的农村金融组织体系以农业政策金融组织和合作农业信贷组织体系为主体,以支农私营金融组织体系为辅,以农业发展保险组织体系为保障,多种不同的金融机构形成了一个分工协作、相互配合的农村金融体系,极大地满足了美国农业和农村发展所需要的资金需求。在整个农村金融组织体系中,每一家农村金融组织都有自己独立的组织结构、业务范围、资金来源和资金管理办法,它们在美国农村经济社会发展中都扮演着十分重要的角色。以农民家计局为例,由美国农业部直接管辖,其组织机构由各州办事处和设在全国各县的办事处构成,县办事处通常设有由农民(2 人)和商人(1 人)共同组成的 3 人委员会,其业务范围主要体现在四个方面,即农民家计、农村住房、社区设施和乡村工商企业,其资金来源主要有承保贷款、保证贷款和国会拨款三方面,在资金运用方面也都严格按照业务范围来使用,资金被挪用或者是滥用的现象基本上不会出现。

农村金融组织制度视角。美国农村金融组织制度在某种程度上是美国政治体制的延伸,联邦制的理念基本上都被贯彻到农村金融组织制度当中。在美国,农业信贷的方针政策均由联邦农业信贷委员会负责制定,全国总共设有 12 个农业信贷委员会,各区农业信贷委员会根据联邦农业信贷委员会的方针政策,结合本区的实际情况制定具体的政策,各区农业信贷管理局具体负责执行、日常监督和全面协调。在所有的农村金融机构中,除了商业金

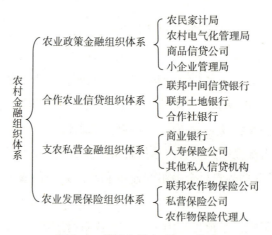

图1-4　美国农村金融组织体系

融机构,其他均要接受农业信贷管理局的监督和管理,并要在日常工作中全面贯彻执行联邦政府的宏观调控措施。

农村金融法律体系视角。作为当今世界上最发达的资本主义国家,美国的农村金融法律体系极其完善,既有以《联邦农业信贷法案》《农业信用法案》《联邦农作物保险法》等为代表的专门法律,也有其他支持农业金融发展的法律体系。以农业信贷方面的法律制度为例,早在20世纪初期,针对美国农业信贷几乎被私营机构和个人垄断的情况,美国政府就开始制定并逐步完善一系列农场信贷法律制度,到目前为止,美国农业信贷法律主要有《农场与农村共同发展法》、1936年《农村电气化法》、1942年《农业贷款的妥协、调整和取消》、1971年《农场信贷法》和1987年《农业信贷法》等。比如,《农场信贷法》对美国合作金融机构的经营准则等作了原则规定,其后经过修订,逐步设立了以农贷专业银行为核心的信贷系统,建立了完善的合作金融法律制度。

二、城乡金融协调发展的欧洲模式

欧洲拥有发达的农业经济、众多农业经济强国以及独具特色的农业发展扶持体系,以法国最为典型。法国是世界农业大国之一,也是欧盟最大的农业生产国和世界上主要的农副产品出口国。在支持农村经济发展、发展农村金融服务方面，法国有其特殊的经验和做法。

农村金融组织体系视角。与其他国家不一样，法国开展农村金融信贷业务的银行主要有4家，即法国农业信贷银行、互助信贷联合银行、大众银行和法国土地信贷银行。这些银行要么是直接归政府所有，要么是受政府控制。法国的农村金融体制是典型的合作金融型制度，核心机构是农业信贷银行。需要特别说明的是，法国农业信贷银行是法国最大的银行，由省农业互助信贷银行和法国农业信贷银行联合组建而成，是一个上官下民复合组成的全国性农村信贷银行。其最基层机构是地方金库，也称地方农业互助信贷合作社，中层是省农业互助信贷银行，这两层属于私人性质；最高层是总部，也就是法国农业信贷银行，是政府机构，属于国家银行性质。这种上官下民的银行与其他国家的涉农金融机构有着明显的区别。

农业财政资金投入视角。与其他国家不一样的是，法国的农业财政资金投入政策独具特色。法国的农业财政资金投入主要有三大类，每一类财政资金投入均有自己严格的使用范围。

第一类是财政农业投资。法国政府财政农业投资表现在三个方面：一是政府通过直接投资农业基础设施建设和农村社区发展，这部分资金具体投向水利工程和土壤改造、道路建设、生活供水、农村用电、农村社区的整治等方面。二是政府通过投资来促进土地的集中化、规模化和专业化生产经营。法国政府通过财政支出的方式建立专业的土地调整公司，由其收购土地，然后将其出售或租赁给大农场主，通过土地的大规模生产经营来提高土地的使用效率。三是政府通过财政投入大力支持农业科研教育和技术推广，有力推动了农业专业化和一体化发展，并且通过投资治理生产环境，保证农业资源的可持续利用。

第二类是直接的财政农业补贴。法国的农业补贴政策先后经过了按照产品价格补贴、按照生产规模直接补贴和按照环境、农村发展、农产品质量及动物生存条件直接补贴的过程，目前法国农业补贴主要采用公共财政补贴、税收和社会分摊金减免、农业贴息贷款三类。

第三类是财政农业转移支付。目前法国政府财政农业转移支付,主要采取四种方式,即一般性补助、专项补助金、退税和中央财政直接代替某些企业或自然人纳税。大量的农业财政投入确保了法国农业生产的发展,有力地弥补了农村经济发展资金困境问题,为城乡金融非均衡发展问题的缓解夯实了经济基础。

农村金融法律体系视角。作为欧洲大陆的传统农业大国,法国设立农村金融体制历史相对较长。早在19世纪,法国政府就颁布了《土地银行法》,着手建立农业信贷机构,以融通农业资金支持农业的发展;1900年7月,法国政府颁布《农业互助保险法》,明确了农业互助保险社的法律地位、权利和风险范围;1920年法国政府依据法令成立国家农业信贷管理局;1966年法国政府在大区范围内创立农业再保险机构,其后又制定《农业保险法》,对保险责任、再保险、保险费率、理赔计算等都作了规定,使承保者与投保者的行为有法可依;1986年,依法成立了农业互助保险集团公司,专门经营农业保险及相关业务,其承保范围可扩大到人身保险。很显然,随着农村经济发展中问题的出现,法国政府总是及时制定出相应的法律法规,为农村金融的发展夯实法律基础。

三、城乡金融协调发展的亚洲模式

与欧美等发达地区国家相比,亚洲国家中除了日本以外,其他国家农村金融发展都略显滞后一些。无论是所提供的金融服务种类,还是贷款的规模都不能有效满足农民的实际需要,但在发展农业经济方面,亚洲国家普遍都实施了经济的财政金融政策,给予了农业生产更多的支持和保护。

农村金融组织体系视角。日本农村金融体系是在第二次世界大战后逐步建立起来的,是典型的政府扶持下的合作金融模式,主要由合作金融和农业政策金融两部分组成。合作金融指的是日本农协,又称为农业协同组合,其按照会员相互扶持原则,为会员(主要是农户)提供资金支持;政策金融是由日本政府推动或直接管理的金融事业,其主要任务是由政府直接财政拨款或由地方自治团体筹集地方财政资金,对农林渔业的贷款利息给予补贴,或由作为政府专门金融机构的日本农林渔业金融公库依据国家政策对农林渔业进行低利率的贷款供给。需要特别说明的是,日本农协在整个日本农村经济社会发展中具有举足轻重的作用,农协的主要职责有:生产指导、农产品销售、集中采购生产生活资料、信用合作、共济和社会福利等,还负责为农户办理国家对农业发放的补助金和长期低息贷款业务,利用"政策金融"导入国家资金等。目前,全日本基层农协有 4500 多个,支店 11000 多个,办事处 2200 个,事务所 4800 个。

农业保险制度发展视角。日本是一个自然资源匮乏、自然灾害频发的国家,这些灾害主要有风灾、旱灾、虫灾、病灾和夏季低温等。为了避免自然灾害,经过多年的发展,日本逐步建立了稳固、持久和覆盖面广的农业保险体系。与其他国家不一样的是,日本的农业保险具有一定的强制性,对具有一定生产规模的农户实施强制保险。为了减轻农户的保险费用,日本政府对农业保险进行补贴。一般来说,费率在 2% 以下政府补贴 50%,费率在 2%—4% 政府补贴 55%,费率在 4% 以上政府补贴 60%。同时,为了降低农业保险运营单位的营运成本和风险,日本政府还对农业保险的经营者提供业务费用补贴,政府承担共济组合联合会的全部费用和农业共济组合的部分费用。此外,政府还提供再保险业务,由都、道、府和县的共济组织联合会和中央政府为市、畸、村的农业发展共济组合提供两级再保险①。

农村金融法律体系视角。第二次世界大战后,日本颁布了一系列农村金融方面的法律。1945 年、1947 年、1950 年和 1953 年,日本政府先后颁布了《农业渔业金融公库法》《复兴金融公库法》《国民金融公库法》《日本输出银行法》《日本开发银行法》,这些法律的颁布为当今日本农业经济的发展夯实了法律基础。近些年来,日本又在农业合作经济组织、农村金融与灾害方面颁布了一系列法律。在农业合作经济组织方面,日本政府颁布了《农协法》和《农林渔业团体职员互助会法》;在农村金融与灾害方面,日本政府颁布了《农业改良资金补助法》《农业现代化资金补助法》《农林渔业金

①　应寅锋、赵岩青:《国外的农村金融》,中国社会出版社 2009 年版,第 32—121 页。

融公库法》《农水产业协会存款保险法》《农林渔业者受灾等有关资金融通暂行措施法》《农林水产业设施灾害重建事业费国库补助暂行措施法》《农业灾害补偿法》等相关法律。这些法律的颁布为日本农村金融的发展扫除了障碍,为日本农村经济的发展创造了条件,不仅有利于日本城乡发展差距的缩小,也基本上解决了日本城乡金融非均衡发展问题。

第二章　城乡金融非均衡发展的
理论分析框架

要全面剖析城乡金融非均衡发展问题,首先必须构建相应的理论分析框架,不仅需要弄清楚城乡金融发展的相关概念内涵,还需要弄清楚城乡经济发展与城乡金融发展的关系原理,构建城乡金融非均衡发展的评价指标。基于此,本章的内容主要包括三个方面,即相关概念的界定、城乡金融发展与城乡经济发展关系原理、城乡金融非均衡发展的评价指标。

第一节　基本概念

作为对事物本质的认识、逻辑思维的最基本单元和形式,概念对于研究的开展具有十分重要的作用和意义。要全面系统地研究中国城乡金融非均衡发展问题,必须要对相关概念进行科学界定。

一、城乡金融的界定

对于什么是城乡金融,国内外学者并未给出明确的定义。之所以出现这种情况,田霖认为原因可能在于两个方面,一是受农村经济社会发展的制约,农村地区信贷与城市信贷相比存在显著的缺陷,如信贷双方信息不对称、缺乏适宜的担保物和交易成本高等,这就要求农村地区必须有不同于城市的单独的金融安排,而长期以来城乡金融分割的客观存在及体制和行政上的原因,也强化了学者对城乡金融系统相互独立、自我循环、沿着封闭道路发展的理解;二是由于主流金融学者的金融观均是基于时间维度的,其分析的假设前提均是区际之间金融同质的假说,忽视了金融的空间维度,没有很好地将"金融性"和"地域性"有机结合。基于此,她界定了城乡金融地域系统的概念,认为城乡金融地域系统就是指在开放的动态环境下,城乡金融系统在时间上的积累和深化,在地理空间上的落实与融合,以金融资源禀赋差异为特征,以金融产业为物质载体,以金融效率(微观金融效率、宏观金融效率与金融适应效率)为本源驱动力,相互联系、相互依赖、相互作用、相互促进、相互转化,不仅体现为货币、资金的双向流动,也表现在金融工具、金融组织体系、整体功能性金融资源等方面的地域运动①。此外,葛红玲和杨德勇、韩正清、王永龙还分别界定了与城乡金融相关的城乡金融协调发展、金融发展的城乡二元性和城乡金融统筹的概念②。虽然这些概念并没有界定什么是城乡金融,但却给本研究提供了启发。如果将"城""乡"看作两个区域的话,很显然,城乡金融则是一种特殊的区域金融。借鉴李敬关于区域金融的概念③,可将城乡金融的概念界定为:所谓城乡金融,是指在特定的地域(城镇和农村)内,以面向地区经济社会发展为目的,主要面向地方经济发展,对区域内金融基础设施进行整合,建立的相对独立而又与国家金融发展和整个国民经济发展具有密切联系的金融制度。

二、城乡金融非均衡发展的界定

金融发展理论是关于金融发展的动因、功能及其与经济发展相互关系的理论集合体。事实上,20 世纪以前,有关金融发展的问题就已经引起了西方学者们的高度关注;20 世纪中后期,有关金融发展的理论逐步成熟起来。20 世纪 50 年代,随着学者们对发展中国家经济发展问题研究的深入,

---

① 田霖:《金融地理学视角:城乡金融地域系统的演变与耦合》,《金融理论与实践》2009 年第 4 期。

② 葛红玲、杨德勇:《城乡金融协调发展的目标体系及路径选择》,《中国流通经济》2008 年第 12 期;韩正清:《中国城乡金融二元结构强度分析》,《农村经济》2009 年第 5 期;王永龙:《城乡金融统筹的制度抑制与对策分析》,《经济学家》2009 年第 10 期。

③ 李敬:《中国区域金融发展差异研究:基于劳动分工理论的视角》,中国经济出版社 2008 年版,第 5 页。

以研究发展中国家金融与经济关系为特征的"金融发展理论"迅速成为金融发展理论的重要逻辑起点。

(一)金融发展理论的产生:金融结构理论

对于金融发展理论的思想渊源,不同的学者有不同的看法。王少国认为,历代经济学家关于货币金融因素对经济发展重要性的阐述都应该成为金融发展理论的思想渊源[①];孙颖则认为,有关金融对经济发展重要性的思想和观点都属于金融发展理论的渊源[②],这种渊源至少应该从美籍奥地利经济学家 Schumpeter 开始算起,其在《经济发展理论》一书中,强调金融发展在经济发展中的重要性,认为企业家只有先成为债务人,然后才有可能成为企业家,信贷对于促进企业的发展壮大意义重大[③]。第二次世界大战后,一批新独立的国家,在经济发展过程中都不同程度地面临储蓄不足和资金短缺的问题,经济学家们也逐步认识到金融发展滞后和金融体系运行的低效是制约经济发展的客观事实,并开始在此方面进行深入研究。比如,Gurley 和 Shaw 先后发表了《经济发展中的金融方面》和《金融中介机构与储蓄—投资》等论文,他们通过建立一种由初级到高级、从简单到复杂逐步演进的金融发展模型,证明经济发展阶段越高,金融作用越强的命题,由此正式揭开了金融发展理论研究的序幕[④]。随后,Gurley 和 Shaw 在专著《金融理论中的货币》一书中,试图建立一个以研究多种金融资产、多样化的金融机构和完整的金融政策为基本内容的广义货币金融理论。他们认为,货币金融分析的对象应该多元化,不能将货币作为唯一的分析对象,货币只是无数金融资产中的一种,且各种非货币金融中介体在储蓄—投资过程中扮演着十分重要的作用;同时,他们还区分了"内在货币"和"外

---

① 王少国:《金融发展理论的渊源与发展概述》,《学习与探索》2007 年第 4 期。

② 孙颖:《金融发展理论的演进及我国学者的创新》,《黑龙江金融》2010 年第 1 期。

③ Schumpeter Joseph, "*The Theory of Economic Development*", Cambridge, Harvard University Press, 1912.

④ Gurley 和 Shaw 的研究,具体参见:Gurley J. G. & Shaw E. S., "Financial Aspects of Economic Development", *The American Economic Review*, Vol.45, No.4, 1955, pp.515-538;Gurley J. G. & Shaw E. S., "Financial Intermediaries and the Saving-Investment Process", *Journal of Finance*, Vol.11, No.2, 1956, pp.257-276.

在货币"①。与以往的研究相比,他们的研究已经初步涉及金融制度变革等金融发展的深层次制度性因素,为后续的相关研究夯实了基础②。随后,Patrick 在论文《欠发达国家的金融发展和经济增长》中,率先研究金融发展与经济增长之间的因果关系,并提出了两种金融发展模式,即供给引导模式(Supply Leading)和需求追随模式(Demand Following);前者指金融发展能促进经济增长的金融发展模式,后者则是指金融发展只是经济增长对金融服务需求的被动反应的金融发展模式③。

在上述学者们研究基础上,Goldsmith 在《金融结构与发展》(*Financial Structure and Development*)一书中对金融结构相关问题进行了深入具体的研究。他认为,基于历史和现实的原因,不同国家的金融结构是存在显著差异的,不同国家在金融工具的种类设计、金融机构的设立存废等方面存在差异,且不同国家间金融机构和金融工具的实际特征和相对规模、各种金融中介分支机构的密集度、金融工具数量和金融机构资金量等具体指标间的相关关系也是存在差异的,这些差异造成了不同国家金融发展和经济发展的不同特征④。在该书中,他还建立了衡量一国金融结构和金融发展水平的基本指标体系,该指标体系包括金融相关率、金融中介比率、金融机构发行需求的收入弹性、变异系数等,在此基础上,他研究了 35 个国家近 100 年的数据资料,得出了金融相关率与经济发展水平正相关的基本结论。总的来说,该研究开创性地确立了研究一国金融结构与金融发展问题的基本框架,奠定了传统金融发展理论的基础;但是,他的研究并没有涉及金融对经济增长的作用机制这一重大议题,存在明显的缺陷。

---

① Gurley J.G. & Shaw E.S.,"*Money in a Theory of Finance*",Washington D.C.:The Brookings Institution,1960.

② 陈晓枫、叶李伟:《金融发展理论的变迁与创新》,《福建师范大学学报》(哲学社会科学版)2007 年第 3 期。

③ Patrick H. T.," Financial Development and Economic Growth in Underdeveloped Countries",*Economic Development and Cultural Change*,Vol.14,No.2(1966),pp.174−189.

④ Goldsmith R.W.,"*Financial Structure and Development*",Newhaven,CT:Yale University Press,1969.

（二）金融发展理论的建立：金融深化理论

以发展中国家（或地区）为研究对象的金融发展理论的形成标志是Mckinnon 和 Shaw 分别提出的金融抑制论和金融深化论[1]。虽然他们的理论有显著差别，但是，他们的模型即"麦金农—肖内在货币模型"的共同核心观点却是一样的，可以用图 2-1 表示出来[2]。从图 2-1 来看，假如上限利率水平从 FF 线提高到 F'F'，即是说利率从 R_0 提高到 R_1，则储蓄和投资水平会相应提高。在这种非均衡的条件下，实际利率的变动描绘出储蓄函数。提高利率上限还会影响企业家的投资决策行为，低于 F'F'区域，因为在较高的利率上限 R_1 水平上，投资的效率或者平均收益得以提高。在这个过程中，经济增长的速度加快，使得储蓄函数移动到 Sg_1。因此，实际利率是更高的投资水平的关键推动力，也是提高投资效率的有效工具。投资数量和质量的提高会对经济增长产生正的积极效应。在那些金融受到抑制的经济中，储蓄和投资都是萎缩的，而在金融不断自由化和深化的国家中，投资和储蓄活跃，经济增长的速度加快。基于上述分析，"麦金农—肖内在货币模型"的主要政策建议是应该在金融抑制的国家提高机构利率水平或降低通货膨胀率，放弃利率上限会产生最大化投资的最优结果并提高投资的平均效率。很明显，"麦金农—肖内在货币模型"中的金融发展是指金融市场的形成和完全化的过程。

以金融发展理论研究为基础，20 世纪 70 年代中期到 80 年代末期，国外部分学者进一步深入研究了金融深化理论。比如，Kapur 重点研究了劳动力过剩且固定资本闲置的欠发达封闭经济中金融深化问题，他认为在固定资本闲置的前提条件下，企业能获得多少流动资金便成为决定产出的关键因素，企业流动资本净投资部分往往来自商业银行，且在欠发达封闭经济体中，在控制其他因素影响下，实际通货膨胀率还受通货膨胀预期

---

①　Mckinnon R. L. , "*Money and Capital in Economic Development*" , Washington：Bookings Institution，1973；Shaw E. S. , "*Financial Deepening in Economic Development*" , New York：Oxford University Press，1973.

②　王曙光：《新型农村金融机构运行绩效与机制创新》，《中共中央党校学报》2008 年第 2 期。

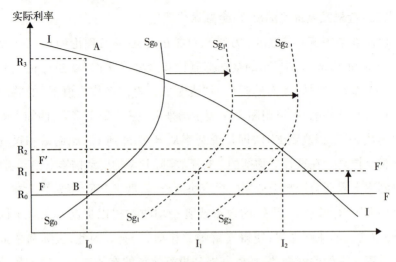

图 2-1　利率上限下的储蓄和投资①

的影响②。Galbis 基于发展中国家经济分割性假设出发,认为在发展中国家,低效部门占用的资源无法向高效部门转移,这就使得不同部门的投资收益率长期不一致,进而导致资源的低效配置;同时,他还认为,与发达国家相比,发展中国家金融资产实际利率过低,这不利于经济的发展③。Fry 的研究成果表明,经济增长取决于投资规模和投资效率,在发展中国家,这两者又在很大程度上受制于货币金融因素的影响;同时,在静态均衡和动态均衡条件下,经济增长的实际增长率与正常增长率是不一样的,静态均衡条件下的两者相等,动态均衡条件下则未必相等④。Mathieson 的研究倾向于取消利率管制,实施金融自由化⑤。

①　王曙光、乔郁:《农村金融学》,北京大学出版社 2008 年版,第 30 页。

②　Kapur B.K.,"Alternative Stabilization Policies for Less-developed Economies",*Journal of Political Economy*,Vol.84,No.4(1976),pp.777-795.

③　Galbis V.,"Financial Intermediation and Economic Growth in Less Developed Countries:A Theoretical Approach",*Journal of Development Studies*,Vol.13,No.2(1977),pp.58-72.

④　Fry 的具体研究可参见:Fry.M.,"Money and Capital of Financial Deepening in Economic Development?",*Journal of Money*,*Credit and Banking*,Vol.10,No.4(1978),pp.464-475;Fry.M.,"Saving,Investmet,Growth and the Cost of Financial Repression",*World Development*,Vol.8,No.4(1980),pp.317-327.

⑤　Mathieson,D.J.,"Financial Reform and Stabilization Policy in a Developing Economy",*Journal of Development Economics*,Vol.7,No.3(1980),pp.359-395.

（三）金融发展理论的深化：金融内生理论

金融发展理论于 20 世纪七八十年代被应用于拉丁美洲发展中国家，结果发现金融自由化尝试成效并不明显。在实践基础上，部分经济学家逐步认识到金融发展理论的缺陷。比如，研究过于重视经验的主观判断，对金融发展与经济增长的关系刻画脱离实际，政策主张可操作性并不强。进入 90年代，经济学家们开始批判地继承金融发展理论，并尽可能地采取措施克服这些理论的诸多弊端问题。一方面，经济学家们进一步深刻地认识到金融与经济之间存在"经济决定金融，金融服务经济"观点的正确性，认为金融发展既会对经济增长产生影响，反过来又会受到经济增长的影响。另一方面，经济学家们逐步抛弃主观经验做法，更多地采用数理化的方法来研究金融发展的相关问题。基于研究的实际需要，可将学者们的研究成果归纳为以下几个方面。

第一，在论述金融中介和金融市场内生机理研究方面，学者们建立了各种各样具有微观基础的模型，他们在模型中引入了诸如不确定性、不对称信息等因素，全面论述金融中介和金融市场存在的合理性。Bencivenga &Smith 在论文《金融中介和内生增长》中，认为金融中介形成的原因，主要在于它能有效防范因消费需求带来的流动性冲击所造成的不确定性问题[1]，Dutta & Kapur 也从不确定性的视角出发，论述了金融中介存在的必然性[2]。Leland & Pyle 在论文《信息不对称、金融结构和金融中介》中，认为金融中介可以有效降低搜寻和甄别"好"的投资项目的成本，并将好项目的信息让众多的贷款人共享，这无疑具有很强的规模经济效应，这也是金融中介存在的重要理由[3]。此外，Boot 和 Thakor、Greenwood 和 Smith 还专门论述了金融市场存在的必要性。前者认为，金融市场自身在信息搜索和汇总方面的优势使得金融市场无可替代；后者则认为，金融市场是经济发展的必然产

---

[1]　Bencivenga V. & Smith B.，"Financial Intermediation and Endogenous Growth"，*Review of Economic Studies*，Vol.58，No.2(1991)，pp.195-209.

[2]　Dutta J. & Kapur S.，"Liquidity Preference and Financial Intermediation"，*Review of Economics Studies*，Vol.65，No.3(1998)，pp.551-572.

[3]　Leland H.E.& Pyle D.H.，"Informational Asymmetries，Financial Structure and Financial Intermediation"，*Journal of Finance*，Vol.32，No.2(1977)，pp.371-387.

物,是随经济发展而内生的①。

第二,在金融发展和经济增长相互作用关系的研究方面,学者们多是以内生增长理论为基础,从金融中介、金融市场(多指股票市场)、行业成长、企业资本结构等视角展开研究。比如,在金融中介影响经济增长研究方面,King & Levine 采用 80 个国家 1960—1989 年的面板数据进行实证分析,结果发现:金融中介与经济增长正相关,且金融中介的发达程度还分别与未来的资本积累率、未来的投资率以及未来经济效率的提升正相关②。在金融市场影响经济增长研究方面,Demirgüc-Kunt & Levine 的研究成果表明,国家人均实际 GDP 的水平与股票市场的发展程度是正相关的,人均实际 GDP 较高的国家,其股票市场的发展程度也较高③,Levine & Zervos、Rousseau et al 也得出过相类似的研究结论④。此外,Hansson & Jonung、Nieuwerburgh et al 分别采用个案分析方法研究了金融发展和经济增长之间的关系⑤。

第三,在金融结构、金融体系和金融功能的研究方面,学者们也进行了多方面的探索。不同的金融工具结构、金融市场结构、金融机构结构和金融体系结构等对于信息、交易成本和风险的影响是不同的,研究金融发展和经

---

① Boot A. & Thakor A.,"Financial System Architecture",*Review of Financial Studies*,Vol. 10,No.3(1997),pp.693-733;Greenwood J. & Smith B.D.,"Financial Markets in Development,and the Development of Financial Markets",*Journal of Economic Dynamics and Control*,Vol.21,No.1 (1997),pp.145-181.

② King R.G. & Levine R.,"Finance,Entrepreneurship and Growth:Theory and Evidence", *Journal of Monetary Economics*,Vol.32,No.3(1993),pp.513-542.

③ Demirgüc-Kunt A. & Levine R.,"Stock Market Development and Financial Intermediaries:Stylized Facts",*The World Bank Economic Review*,Vol. 10,No. 2(1996),pp. 291-321.

④ Levine R. & Zervos S.,"Stock Markets,Banks,and Economic Growth",*American Economic Review*,Vol. 88,No. 3(1998),pp. 537-558;Rousseau P. & Wachtel P.,"Financial Intermediation and Economic Performance:Historical Evidence from Five Industrialized Countries", *Journal of Money Credit and Banking*,Vol.30,No.4(1998),pp.657-678.

⑤ Hansson P. & Jonung L.,"Finance and Economic Growth:the Case of Sweden 1834- 1991",*Research in Economics*,Vol.51,No.3(1997),pp.275-301;Nieuwerburgh S.V.,Buelens F., Cuyvers L.,"Stock Market Development and Economic Growth in Belgium",*Explorations in Economic History*,Vol.43(2006),pp.13-38.

济增长的关系问题不可避免地会涉及金融结构和金融体系功能①。比如，银行主导型金融体系优势论者 Hellmann et al 就认为，长期紧密的银企关系，有利于避免信息不对称问题，有利于银行对企业的深入了解，也有利于企业及时快捷地获取贷款②，Allen et al 更是认为，银行主导性金融机构国家在推动经济增长的诸多领域同样甚至是更加具有效率③。市场主导型金融体系优势论者 Rajan 和 Zingales 认为，基于信息获取成本的考虑，银行业会在实际贷款过程中转嫁成本，增加企业的负担，以至于部分企业甚至不愿意从事有创新性、有利可图的投资④，Weinstein 和 Yishay 也得出过类似的研究结论，Ergungor 甚至认为市场主导的金融体系比银行主导的金融体系更有效率⑤。

（四）金融发展理论的进一步发展：金融资源学说和金融可持续发展理论

　　20 世纪 90 年代以后，随着阿根廷金融危机、亚洲金融危机和俄罗斯金融危机的先后爆发，传统金融理论面临严峻挑战。特别是作为最大的发展中国家，中国金融发展转型问题日益引起国内外学者们的广泛关注和高度重视。从现有学者们的研究成果来看，白钦先教授的研究成果尤为引人注目⑥。他

　　①　韩国文、江春：《金融发展理论国外研究的最新进展》，《广东金融学院学报》2008 年第 23 卷第 1 期。

　　②　Hellmann *et al.*, "*Financial Restraint: Toward a New Paradigm*", New York: Oxford University Press, 1996.

　　③　Allen F.& Santomero, Anthony M., "The Theory of Financial Intermediation", *Journal of Banking and Finance*, Vol.21(1997), pp.1461-1485.

　　④　Rajan R. & Zingales L., "The Great Reversals: the Politics of Financial Development in the Twentieth Century", *Journal of Financial Economics*, Vol.69, No.1(2003), pp.5-50.

　　⑤　Weinstein, David & Yishay, Yafeh, "On the Costs of a Bank Centered Financial System: Evidence from the Changing Main Bank Relations in Japan", *Journal of Finance*, Vol.53, No.2 (1998), pp.635-672; Ergungor O.E., "Financial System Structure and Economic Development: Structure Matters", *Working Paper*, *Federal Reserve Bank of Cleveland*, No.03-05, 2003.

　　⑥　在此研究方面，白钦先教授的代表性成果有：白钦先：《再论以金融资源论为基础的金融可持续发展理论：范式转换、理论创新和方法变革》，《国际金融研究》2000 年第 2 期；白钦先：《论以金融资源学说为基础的金融可持续发展理论与战略：兼论传统金融观到现代金融观的变迁》，《广东商学院学报》2003 年第 5 期；白钦先：《以金融资源学说为基础的金融可持续发展理论和战略：理论研究的逻辑》，《华南金融研究》2003 年第 3 期。

在国内外率先提出金融资源理论学说,并以此为基础,提出了金融可持续发展理论。金融资源学说认为,金融本身就是一种稀缺的资源,是一国最基本的战略性资源。这种资源可以划分为三个层次,分别是基础性核心金融资源(广义的货币资产)、实体中间性资源(金融组织体系和金融资产体系)和整体功能性金融资源。金融资源学说在突出货币资产地位的同时,强调金融体系的整体性功能。金融资源不仅具有自然属性,即稀缺的社会性战略资源;同时,金融资源还具有社会属性,对其他资源可以起到配置调节作用。以金融资源学说为逻辑起点,金融可持续发展理论,不仅要求高度重视金融自身功能的充分发挥,还要求高度重视金融发现效率的提升,在确保金融促进经济健康快速可持续发展的同时,切实规避金融风险,减轻直至杜绝金融危机对经济发展所带来的负面影响[1]。

上述金融发展观点,虽然有其显著差异,但是,都不否认所谓的金融发展最终表现形式仍然是金融资源和金融资产相对规模的扩张。基于此,多数学者在研究金融发展问题时,主要研究的是金融发展在数量上的表现,即金融发展的水平。本研究对于城乡金融非均衡发展的研究,主要从研究城镇和农村金融发展水平差异着手;若无特殊说明,文中城乡金融非均衡发展指的是城乡金融发展水平的差异。当然,衡量金融发展水平的指标较多,本书会根据实际研究的需要灵活选择衡量指标。

第二节　城乡金融发展与城乡经济发展的关系原理

一、城乡经济发展决定城乡金融发展

经济与金融之间的关系最早可以追溯到古希腊时期,古希腊哲学家柏拉图(公元前427—前347年)、亚里士多德(公元前384—前322年)分别

---

① 具体研究文献可参见:崔满红:《金融资源理论研究》,中国财政经济出版社2002年版,第1—15页;杨涤:《金融资源配置论》,中国金融出版社2011年版,第20—35页;张荔、姜树博、付岱山、李红梅:《金融资源理论与经验研究》,中国金融出版社2011年版,第7—15页。

在《理想国》和《政治学》中对货币和高利贷以及货币流通、价值形成和信用等基本原理进行过深刻分析①。近代以来,对经济与金融之间关系的研究成果更为丰富,内容涉及经济学、金融学的各个领域、各个方面。尽管如此,对于城乡经济发展与城乡金融发展之间的关系探讨的却并不多,本书认为城乡经济发展决定着城乡金融发展,主要体现在城乡经济发展决定城乡金融存贷款额、城乡金融资产总量、城乡经济金融化水平、城乡金融中介及金融市场发展状况等方面。

首先,城乡经济发展直接决定着城乡金融存贷款额的多寡。一方面,城乡经济的发展在很大程度上直接决定着城乡金融存款额。当城乡经济发展繁荣时,城乡居民就业充分,可支配收入增多,对宏观经济形势预期要好,银行也能够吸收更多的存款额;而当城乡经济不景气时,城乡居民失业率提高,可支配收入下降,对宏观经济形势预期要差,银行所能够吸收的存款自然减少。另一方面,城乡经济发展程度也在很大程度上决定着城乡金融贷款额。当城乡经济发展迅速时,国家大规模建设的开展需要大量的资金来源,各类企业的发展壮大也需要夯实的资金支持,城乡金融贷款额会增多;当城乡经济发展低迷时,无论是从国家层面来看,还是从企业层面看,各方面建设规模急剧萎缩,相对所需要的贷款额自然会减少。

其次,城乡经济发展直接决定着城乡金融资产总量的大小。作为城乡实物资产的对称,城乡金融资产的总量直接受制于城乡经济的发展程度。当城乡经济发展充分时,宏观经济形势景气,无论是流通的货币、各项存款、金融债券、保费收入,还是各类贷款、国债(内债)、企业债券、财政借款均会处于一种稳定发展的状态,城乡金融资产总量会增多;而当城乡经济发展不充分时,国家更多的是采取切实有效的宏观调控政策稳定经济局面,企业和个人也会采取措施尽量减少投资不当所带来的损失,宏观经济将会处于不景气状态,各类存贷款会减少,各类理财产品的市场也会萎缩,保费收入也会减少,城乡金融资产总量会减少。

---

① 柏拉图:《理想国》,郭斌和、张竹明译,商务印书馆 1996 年版,第 1—20 页;亚里士多德:《政治学》,吴寿彭译,商务印书馆 1965 年版,第 10—21 页。

再次,城乡经济发展直接决定着城乡经济金融化水平的高低。所谓经济金融化,指的是包括银行、证券、保险、房地产信贷等广义的金融业在一个经济体中的比例不断上升,并对经济体的经济、政治和社会产生深刻影响的过程。经济金融化的进程,始于 20 世纪 70 年代中后期,80 年代得到快速发展,90 年代异军突起,当前发达国家的股市市值已普遍是国内生产总值的 3 倍以上。西方发达国家的实践已经证明,经济金融化的根本动因是经济增长,这主要表现在股份制和政府国债增长、金融创新、非银行金融机构的发展等方面,城乡经济金融化的动因也不例外。当城乡经济发展迅速时,横跨城乡的股份制经济会得到有效发展,能够导致股票资产的大量供给,作为政府干预宏观经济运行的大批国债也会被发行。与此同时,为了满足日益出现的各类新型融资需求,金融创新和非银行金融机构也会得到快速发展;最终城乡经济金融化水平也会得到相应的提高。

最后,城乡经济发展直接决定着城乡金融中介及金融市场发展状况。城乡金融中介指的是在金融市场上资金融通过程中,在资金供求者之间起媒介或桥梁作用的人或机构,一般由银行金融中介及非银行金融中介构成,具体包括商业银行、证券公司、保险公司以及相应的信息咨询服务机构等中介机构;而城乡金融市场则指资金供应者和资金需求者双方通过信用工具进行交易而融通资金的市场,广而言之,是实现货币借贷和资金融通、办理各种票据和有价证券交易活动的市场。从上述概念不难看出,城乡金融中介与城乡金融市场的产生根植于城乡经济发展过程中,是城乡经济发展到一定阶段的产物;当然,城乡金融中介与城乡金融市场的发展又会有力促进城乡经济的发展。

二、城乡金融发展制约城乡经济发展

经济决定金融,金融是现代经济的核心;城乡经济决定城乡金融,城乡金融作为城乡经济的核心,制约着城乡经济的发展,对城乡经济的发展产生深刻的影响。这种影响,主要表现在城乡金融发展制约城乡经济发展中的资本形成、资本配置、技术创新和区域协调四个方面。

首先,城乡金融发展直接制约着城乡资本形成,影响着城乡经济的发展。储蓄总量的增长和储蓄—投资转化率的提高,是资本形成的两个最基本的条件;城乡金融的发展,不仅可以有效动员城乡储蓄,还可以提高城乡储蓄—投资转化率。从理论上来讲,城乡金融可以实现城乡资本的原始积累,缓解城乡经济发展的压力,促进城乡经济的快速发展;城乡资本不仅可以调剂城乡资金在不同资金需求主体之间的有效流动,促进城乡经济发展,还可以通过投资来有效缓解城乡经济发展的融资困境问题,更快地促进城乡经济发展。

其次,城乡金融发展直接制约着城乡资本配置,影响着城乡经济的发展。随着城乡金融的发展,城乡资金将通过城乡金融体系配置到资本边际效率最高的项目中去,促进城乡经济的发展。一般来说,在成熟的金融市场,资金供给者能够通过有效的信息评估机制和信息甄别机制,有效识别资金需求者,更科学合理地评估资金需求者的项目,降低信贷风险,促进经济发展。但是,考虑到城乡金融市场逻辑的四大基本问题(严重的信息不对称、缺乏可抵押物、特殊性成本与风险、非生产性借贷为主)的存在,对发展中国家来说,随着城乡金融的发展,绝大部分城乡资金被配置到非农行业或产业,城乡金融发展真空问题难以避免,城乡经济发展困难。

再次,城乡金融发展直接制约着城乡工业的技术创新,影响着城乡经济的发展。从现实条件来看,中国城乡发展的方向是城乡工业化和城镇化,而城乡工业的技术创新则是连接城乡金融发展和城乡经济增长的桥梁和纽带;反过来,城乡金融的发展、城乡金融体系的完善,不仅可以在源头上为城乡工业的技术创新夯实资金基础,而且更重要的是通过融资支持促进整个城乡工业技术创新成果应用的推广与普及。也就是说,城乡金融的发展在很大程度上制约着城乡工业技术创新的力度,影响着城乡经济的发展。

最后,城乡金融发展制约着区域的协调发展。基于历史和现实的原因,中国不同地区之间、城乡之间金融发展水平存在较大的差异,这种差异近些年来还有不断扩大的趋势。经济决定金融,金融服务经济;在城乡金融发展差距不断扩大的情况下,区域间经济发展差距也越来越大;反过来,区域间经济发展差距的扩大,也会进一步导致城乡金融发展差距的扩大。很显然,城乡金融发展的差异与区域的不协调发展是相吻合的,城乡金融差异的扩大,影响着区域的协调发展。

三、城乡金融与城乡经济一体化发展

城乡经济发展决定城乡金融发展,城乡金融发展制约城乡经济发展。在城乡经济协调发展背景下,城乡金融与城乡经济应该实现一体化发展。也就是说,追求城乡经济与城乡金融一体化发展是处理城乡经济与城乡金融关系的最根本目的。为此,必须弄清楚城乡金融与城乡经济一体化发展的基本目标、机制与模式。

城乡金融与城乡经济一体化发展的基本目标。首先,需要有健全和完善的城乡金融组织体系,这既是实现城乡金融与城乡经济一体化发展的重要保障,也是城乡金融与城乡经济一体化发展的重要目标。城乡金融组织作为城乡金融供给的主体,其自身的多样性和创新经营能力对城乡金融、经济的发展起着举足轻重的作用。从目前中国城乡金融组织发展的实际情况来看,特别是在广大农村,金融组织的发展难以满足金融发展的实际需要。一般来说,基于资本逐利性和安全性的考虑,大型金融机构主要追求规模经济,其金融服务主要提供给农村大中型企业。小企业和农户金融需求规模小,服务成本高,信息收集困难,其融资需要难以得到大型金融机构的重视。而企业与农户作为农村金融需求的重要主体,其自身的发展壮大,对当地经济社会发展的影响尤为显著,应该予以高度重视。当然,这离不开农村金融组织体系的完善。其次,需要有良好的城乡金融生态环境。城乡金融生态环境是一个极为复杂的概念,不仅包括城乡经济体内政府、居民和企业等金融产品和金融服务的消费群体,还包括与城乡金融主体紧密相关的经济、社会、法治、文化、习俗等体制、制度和传统环境。具体而言,城乡金融与城乡经济一体化发展的金融生态环境包括人才环境、信用环境、政府支持环境、金融经营环境和市场治理环境等①。人才环境要求城乡金融服务体系不仅

---

① 关于此方面的研究,具体参见:杨福明:《金融生态环境视角的非正规金融生态状况研究》,《经济学家》2008 年第 5 期;傅江媛、汪发元:《农村金融生态环境的困境与出路分析:以法律视角看农村金融生态环境的改善》,《农村金融研究》2010 年第 10 期。

要有高素质的创新性技术人才来满足城乡金融发展的需要,还需要通过多种方式和途径培养和造就大量的城乡金融消费者。信用环境要求在城乡经济体内构建和完善征信体系建设,一方面,可以有效规避银行贷款过程中可能出现的道德风险,另一方面,通过金融消费者自身的自律,也可为其自身的融资提供便利。政府支持环境要求城乡经济体内城乡金融发展的各项政策制定透明、科学,并且有有效的监督机制进行监督,能够切实为城乡经济体金融经济发展发挥激励作用。金融经营环境要求城乡金融机构经营人员素质、农村金融机构全员劳动生产率、农村金融产品丰富程度、农村金融产品推广接受度等都能够稳步提升,能够切实提高和拓展城乡金融发展的深度、广度和质量。市场治理环境要求监管当局的执法能力与水平不断提升,监管效率得到不断改善,整个金融市场的秩序有条不紊。

城乡金融与城乡经济一体化发展的机制选择。第一,城乡金融与城乡经济一体化发展的动力机制。金融行为归根到底决定于经济状况和经济利益①,利益驱动原则是动力机制的基础和核心。一般来说,城乡金融与城乡经济一体化发展的动力机制包括三个层级的内容,分别是供求驱动、竞争驱动和创新驱动。供求驱动要求充分挖掘现有城乡金融政策下的潜力,竭力为城乡金融的融资主体提供便利,对利息进行补贴,有力推动城乡经济发展。竞争驱动要求对城乡经济体内的各类金融机构采取科学合理的激励机制,鼓励、支持和引导各类金融机构服务城乡经济发展。创新驱动要求国家从全方位多角度采取措施,鼓励和支持城乡各类金融机构创新金融产品,创新金融服务,竭力为城乡经济的发展夯实资金实力。第二,城乡金融与城乡经济一体化发展的激励机制。激励机制包括制度性激励、物质性激励、精神性激励三个方面的内容②。制度激励,主要是要求城乡金融机构在制度上完善和规范各类激励措施和办法,要求国家从宏观层面出台专门的政策文件。城乡金融机构服务城乡经济,要求各种微型金融机构不断创新,更好地服务当地经济。物质激励,主要是对为城乡金融与城乡经济一体化作出努

---

① 詹花秀:《农村金融资源配置问题研究综述》,《湖南行政学院学报》2004年第3期。

② 胡元聪、杨秀清:《农村金融正外部性的经济法激励:基于完善农村金融法律体系的视角》,《农业经济问题》2010年第10期。

力的城乡金融机构,通过税收减免、利润返还等方式进行激励。精神激励,主要是通过金融道德文化建设与金融企业文化建设相互影响、相互作用,潜移默化地向着定向的激励目标逐步贴近的激励方法。第三,城乡金融与城乡经济一体化发展的约束机制。城乡金融与城乡经济一体化发展的约束机制,指城乡金融在服务城乡经济发展过程中,因受内外环境制约而规范自我行为的一种机制。在两者相互作用的过程中,政府可以通过从国家宪法到公司法、税法、银行法、证券法、保险法、信托法、票据法、会计法等一系列法律法规的约束,以及从保证社会稳定和经济有效增长之目的出发,制定实施一系列方针政策对金融业的经营活动进行规范①。第四,城乡金融与城乡经济一体化发展的自我调节机制。城乡金融与城乡经济一体化发展的自我调节机制,指的是城乡金融与城乡经济在相互作用的过程中不断进行自身机体完善和行为完善,以实现其目标的一种自制力。在两者协调发展的过程中,要特别重视将两者相互影响过程中产生的作用引向协调发展面,杜绝和避免金融抑制现象的出现和发生。

城乡金融与城乡经济一体化发展的模式选择。城乡金融与城乡经济一体化发展的模式,主要有两种,即纵向联动模式和横向联动模式。纵向联动模式指的是,按照国家行政区划,构建从中央到地方的融资体系,强化同级政府的经济发展能力和金融发展能力,通过两者的相互促进,来带动区域经济社会的发展模式。当然,在此过程中,特别强调国家对经济社会发展区域的投入力度,通过宏观调控的方式,实现区域间经济金融的一体化发展。横向联动模式则更为注重中央层次政府对基层的扶持力度,要求如国家开发银行等政策性银行,通过对地方经济社会发展具有重大影响的项目的审批和扶持,直接促进地方经济社会的发展,在县域层面实现经济与金融的有机结合,更好地服务地方经济。

---

　　①　关于此方面的研究,具体参见:杨军:《农村金融市场规范化发展研究》,《农业经济问题》2001年第7期;王曙光:《新型农村金融机构运行绩效与机制创新》,《中共中央党校学报》2008年第2期;陆智强、熊德平、李红玉:《新型农村金融机构:治理困境与解决对策》,《农业经济问题》2011年第8期。

第三节　城乡金融非均衡发展的评价指标

一、衡量金融发展的基本指标

从目前国内外文献来看,衡量金融发展水平的指标可以划分为两大类,即总量指标和结构指标。总量指标主要包括目前使用极为广泛的麦氏指标和戈氏指标。麦氏指标由 Mckinnon 在研究发展中国家的金融抑制与金融深化时提出,主要衡量一国经济货币化程度,用 M_2 与 GDP 之比来表示[1]。其中,M_2 表示广义货币,在国际上,广义货币(M_2)= 狭义货币(M_1)+储蓄存款(包括活期和定期储蓄存款)+政府债券,狭义货币(M_1)= 流通中的现金(M_0)+支票存款(以及转账信用卡存款),货币(M_0)= 流通中的现金,也就是流通于银行体系外的现金。考虑到中国的特殊情况,中国对 M_2 的定义与国际上的定义有一定程度的差异,即广义货币(M_2)= 狭义货币(M_1)+城乡居民储蓄存款+企业存款中具有定期性质的存款+信托类存款+其他存款,狭义货币(M_1)= 流通中的现金(M_0)+活期存款(企业活期存款+机关团体部队存款+农村存款+个人持有的信用卡类存款),货币(M_0)= 流通中的现金。戈氏指标由 Goldsmith 提出,又被称为金融相关率(Financial Interrelations Ratio,FIR),用一定时期内社会进入活动总量与经济活动总量的比值表示,金融活动总量一般则用金融资产总额表示[2]。一般来说,FIR 完整计算公式可表述如下:

$$FIR = \frac{F_r}{W_r} = \beta_r^{-1} \left[(\gamma + \pi + \gamma\pi)^{-1} + 1 \right] \left[k\eta + \varphi(1+\lambda) + \xi \right]^{-1} + \theta \left[1+\varphi \right]^{\frac{n}{2}} - 1$$

其中,r 表示截止时间,F_r 表示一定时期内金融活动总量,W_r 表示国民财富

① Mckinnon R.L., "*Money and Capital in Economic Development*", Washington: Bookings Institution, 1973.

② Goldsmith R.W., "*Financial Structure and Development*", Newhaven, CT: Yale University Press, 1969.

的市场总值,β 表示平均资本产出率,γ 表示 GNP 实际增长率,π 表示物价变动率,k 表示资本形成总值对国民生产总值比率,η 表示外部融资比率,n 表示非金融部门金融工具发行量对资本形成总值比率,φ 表示金融单位发行的金融工具对国民生产总值的比率,λ 表示分层比率,用某类金融机构对其他金融机构发行的金融工具与它们对非金融部门的发行总额之比表示,ξ 表示海外净债权率,用外国发行量与国民生产总值比表示,θ 表示受价格波动影响的金融工具净发行额的比例,φ 表示价格敏感资产的价格平均变动比率。

　　衡量金融发展结构的指标,又可以分为四大类[①]。第一类是用金融机构资产相对规模来衡量金融发展结构。比如,可以采用证券市场交易额与广义货币存量之比来衡量银行中介与非银行中介的相对规模,由于证券市场作为重要的银行中介,其交易额的大小,能够很好地反映银行中介的发展,也符合 Shaw 对金融中介的分类[②]。再比如,可以用金融资产与 GDP 或总金融资产之比衡量各类金融机构的相对规模等,这一指标也能够从宏观角度对国家各类金融机构的相对规模进行很好的衡量。第二类用证券规模指标与银行中介相关指标比值来表示金融体系中融资结构的变化。证券规模指标包括股票发行总额/GDP 和私人长期债券发行总额/GDP 两个指标,它反映社会通过证券市场实现直接融资的规模。通常与银行信贷/GDP 指标相结合,反映直接、间接融资的结构以及国外源融资的总规模。第三类是关于金融资产配置状况的指标。比如,King & Levine 就用非金融私人部门的贷款总额与国内总的信贷总量之比来衡量有限金融资产的配置问题,这一指标能够有效地区分总的信贷额中分配给私人部门和国有部门的比重[③]。一般来说,私人部门的资金使用效率相对较高,这一比重越高说明资金配置的效率越高。第四类是用存款银行与中央银行相对地位的变化来衡

---

　　①　董金玲:《江苏区域金融作用机制及发展差异研究》,中国矿业大学博士学位论文 2009 年,第 128—129 页。

　　②　Shaw E.S.,"*Financial Deepening in Economic Development*",New York:Oxford University Press,1973.

　　③　King R.G. & Levine R.,"Finance,Entrepreneurship and Growth:Theory and Evidence",*Journal of Monetary Economics*,Vol.32,No.3(1993),pp.513-542.

量金融发展结构的变化,具体指标多用存款银行国内资产所占比重及存款银行存款总额与中央银行国内资产总额的比值来表示。当然,随着经济周期的波动,这一指标会相应发生变化。

二、非均衡发展理论与城乡金融非均衡发展

要研究中国城乡金融非均衡发展问题,有必要科学认识非均衡的概念。从现有文献资料来看,虽然研究经济金融领域非均衡问题较多,但是,几乎所有的学者都是在既定的非均衡发展态势基础上来开展研究的,对非均衡本身并没有作过多的解释。笔者力图在弄清楚非均衡理论渊源基础上,全方位、多角度地考察中国城乡金融非均衡发展的问题,更有针对性地提出破解中国城乡金融非均衡发展的对策建议。

(一)瓦尔拉斯的一般均衡理论

法国经济学家 Walras 在《纯粹经济学要义》(*The Mere Economics to Iustice*)一文中,率先提出一般均衡的数学模型,并试图解决一般均衡的存在性问题①。他认为,基于市场经济中理性经济人假设,如果市场中存在一组非负的商品价格,则每个企业均会从自身利润最大化的角度出发来决定自己的产量组合,每个消费者也会在满足自身效用最大化的前提下来决定购买的消费品组合,这两大组合集无疑就会构成瓦尔拉斯均衡。在分析过程中,他由易到难,逐步构建一般均衡的理论体系。他首先考察产品市场,分析交换的一般均衡,其次从要素市场的角度来考察包括生产过程的一般均衡,再次对资本积累进行一般均衡分析,最后他还运用一般均衡分析方法考察货币交换和货币窖藏的作用,最终把一般均衡理论由实物经济推广到货币经济。当然,瓦尔拉斯均衡的实现是需要一定的前提条件的。第一,消费者收入既定,在既定的收入约束条件下,消费者会选择使自己效用达到最大化的商品数量;第二,企业成本既定,在既定的成本约束下,企业会选择生产能够使自身利润最大化的产品组合;第三,消费者对某种商品的消费总量

---

① [法]瓦尔拉斯:《纯粹经济学要义》,蔡受百译,商务印书馆 1989 年版,第 15—20 页。

不能超过市场所能够供给的商品总量;第四,一旦某种商品的消费总量小于供给总量的话,则假定该商品的价格为零。

尽管瓦尔拉斯的一般均衡理论具有开创意义,但是,其结果说服力不够强。因为对方程组来说,在未知量的个数等于方程个数条件下,方程组解的个数有无问题和多少问题是无法准确判断出来的。随着数学理论在经济学领域的广泛使用,Hicks、Arrow & Debreu 进一步继承和发展了一般均衡理论,他们给出了一般均衡存在性的精确论述①。

(二)西方经济学中的非均衡经济理论

与瓦尔拉斯一般均衡不同的是,西方的非均衡学派(简称"非均衡学派")是通过批判瓦尔拉斯一般均衡理论发展起来的。非均衡学派的基本假设是:市场非出清、价格刚性或价格黏性、数量信号和价格信号同时发挥作用等。非均衡学派基于现实考虑,认为仅依靠价格机制是无法实现不同市场同时出清的,市场出清需要通过数量调节和价格调节的共同作用来实现。在非均衡学派中,Barro 和 Grossman、Benassi、Malinvand 均作出了突出贡献②。Barro 和 Grossman 建立了一个固定价格的非市场出清模型,区分了总体超额供给状态和总体超额需求状态,即两种不同的非均衡状态。Malinvand 主要研究古典失业和凯恩斯失业状态,认为除传统意义上的非均衡状态外,还存在第四种非均衡状态,即商品超额供给和超额劳动需求(也就是消费不足)状态。Benassi 在 Barro 和 Grossman 研究基础上,将其模型推广到了多个家庭、厂商和商品的情形,并证明了非瓦尔拉斯均衡的存在。

与传统均衡分析方法相比,非均衡分析的优越性主要体现在以下几个方面:第一,在非均衡分析方法中,消费者效用函数和厂商目标函数中都包

---

① Hicks J.,"The Foundations of Welfare Economics",*The Economic Journal*,Vol.49,No.196 (1939),pp.696-712; Arrow K. & Debreu G.,"Existence of An Equilibrium for A Competitive Economy",*Econometrica*,Vol.22,No.3(1954),pp.265-290.

② 遗憾的是,受研究条件的限制,笔者未能找到并阅读 Benassi、Malinvand 的原著,文中对其观点的阐述转引自袁志田和刘厚俊所著的论文,详见:袁志田、刘厚俊:《两种非均衡分析方法及其在中国的应用》,《当代经济研究》2007 年第 9 期。Barro & Grossman 的具体文献可参见:Barro R.J. & Grossman H.I.,"A General Disequilibrium Model of Income and Employment",*American Economic Review*,Vol.61,No.1(March,1971),pp.82-93.

含了微观主体能够感觉到的或者能够预期到的数量约束,因而微观主体最优化目标中,所谓"最优"其实是"次优"。第二,在非均衡分析方法中,市场行为主体会根据价格信号和数量信号进行决策,但数量调节和价格调节所发挥的作用对其决策具有重大影响。第三,微观非均衡分析是与宏观非均衡紧密相关的,微观非均衡分析是在宏观非均衡的前提条件下,分析有效需求不足的情况下微观主体的决策和市场均衡问题的。

(三)本书研究中的城乡金融非均衡发展

本书认为城乡金融非均衡发展的"非均衡"特指城镇金融发展水平和农村金融发展水平的不对等。依据经济决定金融,金融服务经济的基本原理,充分考虑到中国城乡经济社会发展的现实,虽然不可能也不必要求城镇金融发展水平和农村金融发展水平的整齐划一,但是,两者的发展水平应该与两者经济体自身发展的需要相适用,农村经济发展的融资困境问题应该在城乡金融协调发展中得到妥善解决。同时,无论是从世界其他国家城乡金融发展的历程来看,还是从中国城乡金融发展的历程来看,城镇金融发展水平与农村金融发展水平不对等是常态,并且会一直存在下去,除非城乡差别完全消失;也正是基于此,本书研究城乡金融非均衡发展的最终目标是追求城乡金融的协调发展,而不是追求城镇金融发展水平与农村金融发展水平的对等。本书研究所暗含的重要前提就是中国自古以来并且在今后很长时期内,城镇金融发展水平与农村金融发展水平不对等是会长期存在的,城乡金融非均衡发展是客观存在的,破解城乡金融非均衡发展问题的目标是通过城乡金融的协调发展促进城乡经济的协调发展。

三、衡量城乡金融非均衡发展的指标选择

在衡量金融发展水平方面,虽然上述学者们提出了诸多观点,但是,每一种衡量金融发展水平的指标都或多或少存在一些缺陷,基于中国国情的特殊性,直接采用他们的指标衡量金融发展水平显然不妥。城乡金融发展水平作为金融发展水平的重要组成部分,考虑到中国城市和农村经济金融实际数据资料的可得性以及中国金融统计口径的变化,直接采用上述学者

的指标,显然不符合中国的实际。基于研究的需要,考虑到数据的可得性,本书将在借鉴上述学者研究成果的基础上,在研究过程中从以下两个维度来衡量城乡金融非均衡发展。

从国家层面来看,要全面测度城乡金融非均衡发展,特别是要全面测度改革开放以来中国城乡金融非均衡发展,可以从城乡金融存贷款非均衡、城乡金融资产总量非均衡、城乡经济金融化水平非均衡和城乡金融中介及城乡金融市场发展非均衡等方面来进行。

从省级单位来看,由于不同省级单位间经济社会发展的差距极为明显,若从城乡金融存贷款、城乡金融资产总量、城乡经济金融化水平和城乡金融中介及城乡金融市场发展等方面来衡量城乡金融非均衡发展,不够科学。同时,在使用省级单位面板数据衡量城乡金融非均衡发展成因及影响的过程中,为了更有效研究问题,本书拟从城乡金融发展规模、结构和效率的差异方面来进行。

第三章 国家层面城乡金融非均衡
发展水平的测度及趋势

研究城乡金融非均衡发展问题,不仅需要从理论上弄清楚城乡金融非均衡发展的形成机理,还需要从整体上科学地对城乡金融非均衡发展的状况进行测度,把握其进一步发展的趋势。本章将从史学的视角出发,对新中国成立以来中国城乡金融制度的演变历程进行剖析,从城乡金融存贷款非均衡、城乡金融资产总量非均衡、城乡经济金融化水平非均衡、城乡金融中介及金融市场发展非均衡等维度考察中国城乡金融非均衡发展的演化状况,并对未来一段时间内中国城乡金融非均衡发展的趋势进行预测。

第一节 城乡金融制度的变迁演化历程

一、计划经济时期的城乡金融制度:1949—1978 年

从 1949 年中华人民共和国成立到 1978 年改革开放之初,中国整个金融制度的变迁经历了从"无序性"向"有序性"、"有序性"向"单一性"转变的历程。从 1949—1952 年,随着国民经济的恢复和发展,中国金融制度从"无序"走向"有序",全国统一的金融制度开始逐步建立;从 1953—1978 年,随着一系列"五年计划"的实施,中国金融制度逐步从"有序"走向"单一","大一统"金融制度开始形成。

第一,1949—1952 年:统一有序的城乡金融制度开始逐步形成。1949 年 10 月,依据中国人民政治协商会议第一届全体会议通过的《共同纲领》

中关于"没收官僚资本归人民国家所有"的规定,人民政府开始对国民党时期的"四行两局一库"(指的是国民党时期的中央银行、中国银行、交通银行、中国农民银行、中央信托局、邮政储金汇业局和中央合作金库)及其他金融机构进行全面的接管改组工作。根据《共同纲领》的精神,除中国银行、交通银行保留外,其余各行均停业管理,对官僚资本银行工作人员进行全面登记评估后,实施"量才录用、原职原薪"的原则,一般均采取不打乱原有机构、整体接管的办法。与此同时,人民政府对外资银行的监管工作也日益规范,取缔外资银行在华的一切特权,并在指定有信誉的外商银行代理中国银行买卖外汇并代办国外汇兑业务的同时,强化中国银行对外资银行业务的监督和管理。在国家对城市金融机构进行接管改组的同时,农村金融制度的改革也全面展开。1951 年首次全国农村金融会议明确指出,一是要建立人民银行的区级机关(农村营业所),通过发放农业贷款,支援农业生产。二是要重点试办农村信用合作组织(农村信用合作社),通过调剂农户之间的资金余缺,切实解决农民的生产和生活问题。1951 年 8 月,中国农业合作银行正式成立;1952 年,为精简机构,农业合作银行被取消。这一时期的城乡金融制度,可用图 3-1 表示出来。

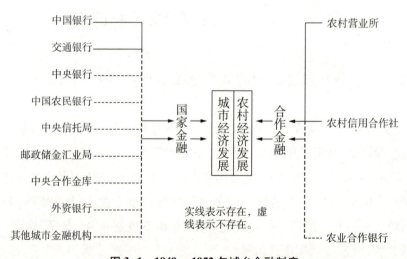

图 3-1　1949—1952 年城乡金融制度

第二,1953 — 1978 年:统一有序的城乡金融制度正式形成。随着

1949—1952年国民经济的全面恢复和发展,从1953年开始,中国陆续实施了一系列有专门针对性的五年计划,进入全面计划经济建设时期。考虑到新中国成立初期内困外忧的局面,中国经济建设开始按照苏联的模式进行,逐步建立了高度集中统一的计划经济管理体制。与此相适应,中国金融制度也按照苏联模式进行了革命性的改造。

在城市金融方面,金融制度的改革主要体现在两个方面。一是限制金融市场的发展,逐步取消金融市场。1952年年底开始,国家开始严格限制并最终取消了私营或公私合营企业发行股票债券的权利,私营或公私合营企业的融资方式发生了质的变化,与此同时,证券交易所的活动也基本停止;1955年,国家取消了商业信用,商业票据消失;1958年,国家停止向国外借款,外债市场基本消失;1959年,国家停止发行对内和对外的一些公债。二是对金融机构体系进行革命性的改造,建立"大一统"的国家银行体系。1953—1978年间,中国整个银行机构的分拆、合并现象较为严重,最终是将所有的金融机构并入中国人民银行。比如,中国农业银行先后于1955年和1963年成立,又两次并入中国人民银行;中国银行实则为中国人民银行专营国际业务的一个部门,考虑到对外业务的需要才保留独立的形式和名称;1954年成立的中国建设银行也并不是真正意义上的银行,实则为财政部办理基本建设拨款业务的机构;1949年成立的中国人民保险公司,先是隶属中国人民银行,1952年划归财政部领导,1959年全面停办国内保险业务,专营国外业务并由中国人民银行国外局领导,其作为金融机构显然是有名无实;受资金制约,农村信用合作社在业务上也基本上依赖于中国人民银行,甚至在很多地方农村信用合作社直接与中国人民银行在农村的营业所"两块牌子一套人马"合二为一。也就是说,1955年以后,中国人民银行已经成为全国唯一的信贷中心、现金出纳中心和结算中心,中国以中国人民银行为核心的、与计划经济相适应的、高度集中统一的国家银行体系正式形成,这一体系一直实行到1978年。

在农村金融方面,受"大跃进""文化大革命"等一系列政治运动的影响,农村金融制度的变革存在反复性;总体上看,农村金融的变革是与人民公社体制下的农村经济体制相适应的。比如,以农业银行为例,1955 年国家正式成立中国农业银行,1957 年国务院批准撤销中国农业银行,将其并入到中国人民银行内部,作为人民银行的农村信贷工作部,1963 年,国家又从中国人民银行中剥离出中国农业银行,统一管理支农资金和农业贷款,并统一领导农村信用合作社的工作,1965 年,中国农业银行再次与中国人民银行合并,恢复了分设前的管理机制;伴随中国农业银行与中国人民银行的分分合合,农村信用合作社的变迁也较为频繁,1958 年,信用社改由人民公社和生产大队管理,后来又变为贫下中农管理,随着中国农业银行的成立,农村信用合作社由中国农业银行管理,随着 1965 年中国农业银行与中国人民银行的合并,信用社又被下放为人民公社和生产大队管理,1977 年,国家的《关于整顿和加强银行工作的几项规定》又给予了信用合作社"银行化"的职能。

二、改革开放初期的城乡金融制度:1979—1992 年

1978 年年底成功召开了党的十一届三中全会,确定了对外开放、对内搞活的方针,这为新时期城乡金融制度的重新确立夯实了基础。1979—1992 年,作为中国改革开放的初期,随着中国经济体制改革的全面展开和不断深化,中国金融业也进行了一系列改革和开放,金融机构不断增多,金融市场日益繁荣,金融工具日趋多样化,多元化的金融体系逐步形成[①]。

在城市金融方面,多元化的金融机构体系是这一阶段城市金融制度的显著特征。从金融机构的设立方面来看,以中国人民银行为领导、四大国有银行为主体、其他金融机构为辅助的银行体系格局正式形成。1979 年 2

---

① 关于此方面的研究,具体参见:徐晓萍、李猛:《我国三十年来农村地区金融改革的逻辑轨迹:基于新比较经济学分析框架的研究》,《财经研究》2008 年第 5 期;胡浩民、张乐柱:《30 年我国农村金融体系变迁与体制改革的问题:兼论广东农村金融体制改革的深化路径探讨》,《学术研究》2009 年第 7 期;周立、周向阳:《中国农村金融体系的形成与发展逻辑》,《经济学家》2009 年第 8 期。

月,国家恢复中国农业银行,主要负责管理农业资金,经营农村金融业务;1979 年 3 月,主营外汇业务的专门银行中国银行从中国人民银行中分离出来;同年年底,中国建设银行正式从财政部分离出来,主要负责管理基本建设资金、发放基本建设贷款,自 1983 年起开始经营一般银行业务;1983 年,国务院首次明确定位中国人民银行,中国人民银行作为银行的银行,不再经营一般银行业务,专门行使中央银行职能;1984 年,作为主要负责城镇金融的中国工商银行成立,专门经营原来由中国人民银行办理的工商信贷和城镇储蓄业务;1986 年,国务院重新组建交通银行。国家在组建正规金融机构的同时,还高度重视引导和发展各种非银行金融机构、组建全国性和区域性的商业银行、允许设立外资金融机构等。比如,1979 年年底,中国国际信托投资公司正式成立,自 1981 年开始,外资、侨资、合资银行在特区逐渐开设,各国银行和金融机构纷纷在中国各大城市设立代表处和分支机构;1988 年以后,保险公司、证券公司、金融财务公司、金融租赁公司、邮政储蓄机构等多种非银行金融机构纷纷设立。从金融市场建设方面来看,包括货币市场、资本市场、外汇市场在内的金融市场体系逐步建立。20 世纪 80 年代中期,货币市场开始恢复和发展,1986 年银行间的同业拆借市场开始恢复,1988 年,国库券开始试点并逐步恢复流通。中国的资本市场也是在这一时期开始发展起来的,1986 年,沈阳信托投资公司开始试点企业债券的转让、抵押、签证业务,1990 年上海证交所和深圳证交所挂牌成立,1992 年 B 股市场成立。中国外汇市场也于 1988 年开始起步,标志性事件是 1988 年 9 月 28 日上海外汇调剂中心开始实行公开调剂市场和"单一成交价格",随后各地相继成立本地的外汇调剂市场。

在农村金融方面,农村经济的高速增长直接推动农村金融制度的变革,经济力量迅速取代政治力量成为迫使农村金融制度变革的决定性因素。这一时期的重要内容主要有:1979 年,中国农业银行开始恢复;1984 年,农村信用合作社在农业银行的领导和监督下,独立开展信贷业务,成立县级联社;1985 年,农村合作基金会开始在广大农村兴起;1986 年,邮政储蓄银行成立。也就是说,这一时期,农村金融逐步形成以中国农业银行、农村信用社为主体,农村信用合作基金会和新兴的邮政储蓄为补充的金融机构体系。

与城市金融市场相比,农村金融市场在此阶段主要是农村资金的信贷市场,其他金融市场几乎为零①。

三、经济全面转型时期的城乡金融制度:1993年以来

1992年邓小平南巡讲话和党的十四大召开以来,社会主义市场经济体制开始确立,中国城乡金融发展的经济环境发生了深刻的变化。一方面,乡镇企业和国有企业民营化现象明显增多,私营中小企业蓬勃发展,他们的融资需求推动着原有金融制度的改革;另一方面,除资金和土地外,包括劳动力等其他要素在内的市场基本自由化,城市化进程加快,农民工进城增多,务工收入成为农民增收的重要渠道,农村经济发展迅速;此外,教育事业的发展和法制环境的改善为城乡金融制度的进一步完善和发展提供了极大的便利。这一时期的城乡金融制度与前一时期相比,都进行了完善和改进。

在城市金融方面,国家进行了一系列改革,在某种意义上可以说,这一阶段城市金融制度的改革是金融制度框架自身的调整和提高。从组织制度看,1994年国家先后组建了国家开发银行、中国进出口银行、中国农业发展银行三家政策性银行,实行商业金融与政策金融的分离。从法律制度来看,国家相继制定和颁布了《中国人民银行法》《商业银行法》《证券法》《保险法》《票据法》《银行业监督管理法》,并与时俱进地修改了《中国人民银行法》和《商业银行法》,法律制度的完善为规范和引导银行的行为提供了保障。此外,国家在金融调控手段、金融开放力度、利率市场化改革、信贷管理体制、国有商业银行和证券市场改革等方面都进行了有益的探索,为尽量减少金融抑制、竭力促进经济发展夯实了基础,提供了保障。

在农村金融方面,基于"三农"的极端重要性,这一时期,政府进一步完善了农村的金融体系。1994—1995年,政府成立了中国农业发展银行,加

---

① 关于此方面的研究,具体参见:周立:《三次农村金融改革述评》,《银行家》2006年第3期;曾学文、彭凛凛:《中国农村金融改革30年进程及其述评》,《南方金融》2008年第11期;金鹏辉:《中国农村金融三十年改革发展的内在逻辑:以农村信用社改革为例》,《金融研究》2008年第10期。

快中国农业银行商业化步伐,强化农村信用合作社的改革力度,于 1995 年又大量组建农村信用合作银行。概括地讲,这一时期农村金融体系包括商业性金融机构(中国农业银行),主要为农户服务的合作金融机构(中国农村信用合作社),支持整个农业开发和农业技术进步、保证国家农副产品收购以及体现并实施其他国家政策的政策性金融机构(中国农业发展银行)和具有准正规金融组织性质的农村合作基金会。遗憾的是,这一时期的农村金融体系存在诸多问题,并不能很好地促进农村经济的发展,为此,1996年以来,国家实施了以"行社脱钩"、国有商业银行收缩战线、打击各种非正规金融活动、农村信用社继续改革等为主要内容的金融改革。

四、城乡金融制度演化的反思与启示

纵观新中国成立以来中国城乡金融制度的变迁,无论是计划经济时期的城乡金融制度、改革开放初期的城乡金融制度,还是经济全面转型期的城乡金融制度,城乡金融制度的每次变革都会在很大程度上直接促进城乡经济的快速发展,但是,随着经济的发展,城乡金融制度又会出现与经济发展不协调的步伐;通过研判以往城乡金融制度的变迁,要更好地促进中国城乡经济的发展,需要进一步推动城乡金融制度的变革。

第一,城乡金融制度的演化需要遵循经济与金融之间关系的原理。经济决定金融,金融服务经济,城乡金融制度变迁的最终目的是促进城乡经济的发展。当城乡经济发展与城乡金融制度不相适应的时候,必须有意识地引导城乡金融制度的变迁,如充分挖掘与完善城乡现有金融机构的功能与潜力,因势利导地增设新的城乡金融机构,积极发展城乡金融市场的资金余缺调剂功能等。新中国成立以来,中国城乡金融制度三次大的变迁充分证明了这一点。当需要通过建立高度集中的计划经济体制有意识地实施国家重大发展战略的时候,城乡金融制度必须作出相应的调整,向集中化、一体化的方向发展;当城乡经济的发展处于繁荣期时,城乡资金主体的融资需求强劲,政府有意识引导和大力发展城市和农村各种金融机构,满足各融资主体的资金需求。

　　第二，城乡金融制度发展的基本取向是市场化道路。改革开放以来,取得了举世瞩目的成就,其中一个重要的原因就是中国成功实现了由计划经济体制向社会主义市场经济体制的转型;换句话说,始终坚持市场化取向是中国改革开放三十多年来取得举世瞩目成就的重要原因。通过剖析中国城乡金融制度变迁的历程不难发现,市场取向一样贯穿于改革开放以来中国城乡金融制度改革的过程中,这一点在中国整个农村金融机构的演变过程中表现得尤为明显①。在当前内需不足、出口不景气的情况下,国内外经济形势极为复杂,要通过城乡金融制度的改革,释放城乡经济体中所蕴含的能量,更好地促进中国城乡经济的发展,仍然需要坚持市场化取向。可以这样说,在中国整个社会主义初级阶段,城乡金融制度的变迁必须始终坚持市场化取向。

第二节　国家层面城乡金融非均衡发展水平的测度

一、城乡金融存贷款额的非均衡

　　所谓存款,指资金所有者在保留所有权的条件下把资金或货币暂时转让或存储到银行或其他金融机构;而贷款则指的是银行或其他金融机构按一定利率和必须归还等条件出借货币资金的一种信用活动形式。前者是经济发展和增长所需资金的基本来源,而后者则是资本形成的重要来源②。针对存贷款问题,考虑到中国的实际情况,有两点需要特别说明。

　　第一,改革开放以来,中国统计制度在城乡经济金融指标统计口径方面发生了显著变化;基于此,农村存款在1989年前按国家银行农业存款与农村信用社全部存款之和计算,从1989年起按金融机构农业存款与农户储蓄之和计算(金融机构包括人民银行、政策性银行、国有独资商业银行、邮政

---

①　姚耀军:《农村金融理论的演变及其在我国的实践》,《金融教学与研究》2005年第5期。

②　黄达:《金融学》(精编版),中国人民大学出版社2007年版,第25页。

储蓄机构、其他商业银行、城市合作银行、农村信用社、城市信用社、外资银行、信托投资公司、租赁公司、财务公司等）；相应的，城镇存款为全国各项存款与农村存款之差。

第二，与前者类似，农村贷款在 1989 年前按国家银行农业贷款与农村信用社全部贷款之和计算，从 1989 年起按金融机构农业贷款与乡镇企业贷款之和计算（金融机构包括人民银行、政策性银行、国有独资商业银行、邮政储蓄银行、其他商业银行、城市合作银行、农村信用社、城市信用社、外资银行、信托投资公司、租赁公司等）；相应的，城镇贷款为全国各项贷款与农村贷款之差。

表 3-1 中国城乡存款的非均衡（1978—2010 年）

年份	全国各项存款（I）（亿元）	农村存款（II）（亿元）	城镇存款（III）（亿元）	城乡存款的非均衡	
				绝对额（III-II）	倍数（III/II）
1978	1250.5	320.4	930.1	609.7	2.902934
1979	1558.1	419.6	1138.5	718.9	2.713298
1980	1933.2	612.1	1321.1	709	2.158307
1981	2355.2	598	1757.2	1159.2	2.938462
1982	2759.8	719.8	2040	1320.2	2.834121
1983	3276	878.7	2397.3	1518.6	2.728235
1984	4208.8	997.3	3211.5	2214.2	3.220195
1985	4989.8	1174.5	3815.3	2640.8	3.248446
1986	6317	1521.9	4795.1	3273.2	3.150733
1987	7742.2	1851.5	5890.7	4039.2	3.181583
1988	8825.6	2069.4	6756.2	4686.8	3.264811
1989	10786.2	1752.2	9034	7281.8	5.155804
1990	14012.6	2234.7	11777.9	9543.2	5.270461
1991	18079	2966.3	15112.7	12146.4	5.094798
1992	23468	3816.1	19651.9	15835.8	5.149734
1993	29627	4649.8	24977.2	20327.4	5.371672
1994	40502.5	5879.2	34623.3	28744.1	5.889118
1995	53882.1	7391.8	46490.3	39098.5	6.289442
1996	68595.6	9034.6	59561	50526.4	6.592544
1997	82390.3	10665.2	71725.1	61059.9	6.725153

续表

年份	全国各项存款 （I）（亿元）	农村存款 （II）（亿元）	城镇存款 （III）（亿元）	城乡存款的非均衡	
				绝对额（III-II）	倍数（III/II）
1998	95697.9	12189	83508.9	71319.9	6.851169
1999	108778.9	13343.6	95435.3	82091.7	7.15214
2000	123804.4	14998.2	108806.2	93808	7.254617
2001	143617.2	16904.7	126712.5	109807.8	7.495696
2002	170917.4	19170	151747.4	132577.4	7.915879
2003	208055.6	23076	184979.6	161903.6	8.016103
2004	241424.3	26292.5	215131.8	188839.3	8.18225
2005	287169.5	30809.8	256359.7	225549.9	8.320719
2006	335459.8	36219.12	299240.7	263021.6	8.261953
2007	389371.2	42333.76	347037.4	304703.7	8.197652
2008	466203	51953.69	414249.3	362295.6	7.973434
2009	597741	63845.61	533895.4	470049.8	8.36288
2010	718238	75737.53	642500.47	566762.94	8.48325

数据来源：根据历年的《中国统计年鉴》和《中国金融年鉴》整理。

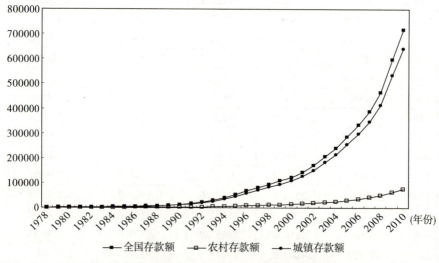

图3-2　中国城乡存款的非均衡（1978—2010年）

　　从表3-1和图3-2中可以看出，1978—2010年间，中国全国存款总额、城镇存款总额和农村存款总额都有了显著增长；32年来，在不考虑物价变动因素影响的前提下,三者分别增长了数百倍;其中,城镇存款额增长最快,增长了 691 倍,农村存款额增长较慢,但也增长了 236 倍。同时,还可以看出,全国存款总额、城镇存款总额和农村存款总额三者在 32 年间,1992 年是其增长的重要分界线,1992 年以后的增长速度明显快于 1992 年以前。在中国存款额快速增长的同时,中国城乡存款额非均衡问题也是极其突出的。从绝对额视角来看,城镇存款额与农村存款额的差距由 1978 年的 609.7 亿元上升到 2010 年的 566762.94 亿元;从倍数来看,32 年来,城镇存款额与农村存款额的倍数也由 2.90 上升到 8.48;虽然城镇存款额与农村存款额倍数在 1978 年到 2010 年间存在一定程度的波动,但是,总体来看,两者的倍数是明显扩大的。

表 3-2　中国城乡贷款的非均衡(1978—2010 年)

年份	全国各项贷款 (Ⅰ)(亿元)	农村贷款 (Ⅱ)(亿元)	城镇贷款 (Ⅲ)(亿元)	城乡贷款的非均衡	
				绝对额(Ⅲ-Ⅱ)	倍数(Ⅲ/Ⅱ)
1978	1895.1	160.7	1734.4	1573.7	10.79278
1979	2087.13	184.2	1902.93	1718.73	10.33078
1980	3495.9	257.48	3238.42	2980.94	12.57737
1981	2861.07	286.12	2574.95	2288.83	8.999546
1982	3173.47	333.65	2839.82	2506.17	8.511374
1983	3594.75	394.89	3199.86	2804.97	8.103168
1984	4774.07	722.58	4051.49	3328.91	5.606978
1985	6305.51	816.63	5488.88	4672.25	6.721379
1986	8159.3	1138.9	7020.4	5881.5	6.164194
1987	9803.9	1457.2	8346.7	6889.5	5.727903
1988	11459.9	1722.8	9737.1	8014.3	5.651904
1989	14360.1	1888.1	12472	10583.9	6.605582
1990	17680.7	2259.1	15421.6	13162.5	6.826435
1991	21337.8	2715.5	18622.3	15906.8	6.857779
1992	26344.9	3502.7	22842.2	19339.5	6.521312
1993	32941.1	4346.2	28594.9	24248.7	6.579288
1994	39976	4624.1	35351.9	30727.8	7.645142
1995	50544.1	5659.6	44884.5	39224.9	7.930684

续表

年份	全国各项贷款(I)(亿元)	农村贷款(II)(亿元)	城镇贷款(III)(亿元)	城乡贷款的非均衡	
				绝对额(III−II)	倍数(III/II)
1996	61156.6	6342.1	54814.5	48472.4	8.642957
1997	74914.1	8501.6	66412.5	57910.9	7.811765
1998	86524.1	9954.2	76569.9	66615.7	7.69222
1999	93734.3	10953.7	82780.6	71826.9	7.557319
2000	99371.1	10949.8	88421.3	77471.5	8.075152
2001	112314.7	12124.5	100190.2	88065.7	8.26345
2002	131293.9	13696.9	117597	103900.1	8.585665
2003	158996.2	16072.9	142923.3	126850.4	8.892191
2004	178197.8	17912.3	160285.5	142373.2	8.948348
2005	194690.4	19431.7	175258.7	155827	9.019216
2006	225347.2	19430.2	205917	186486.8	10.59778
2007	261690.9	22540.8	239150.1	216609.3	10.60965
2008	303468	25083	278385	253302	11.09855
2009	399685	30652	369033	338381	12.03944
2010	479196	36221	442975	406754	12.22978

资料来源:历年《中国统计年鉴》、《中国金融年鉴》、《中国乡镇企业统计资料(1978—2002)》、《中国乡镇企业年鉴》(2003—2006)、《中国乡镇企业及农产品加工业年鉴》。

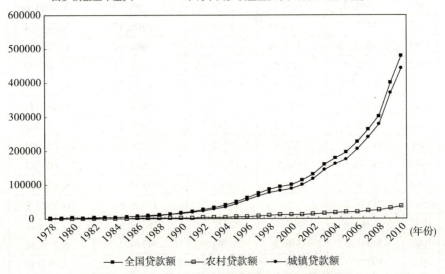

图 3-3　中国城乡贷款的非均衡(1978—2010 年)

从表 3-2 和图 3-3 中可以看出,改革开放以来,中国全国贷款总额、城镇贷款总额和农村贷款总额增长都极为迅速。1978 年,中国全国贷款总额、城镇贷款总额和农村贷款总额分别为 1895.1 亿元、1734.4 亿元和 160.7 亿元;2010 年则分别为 479196 亿元、442975 亿元和 36221 亿元。同时,还可以看出,1992 年以来,中国全国贷款总额、城镇贷款总额和农村贷款总额较之过去增长速度显著加快。在贷款额快速增长的同时,中国城乡贷款额非均衡问题也是极其突出的。从绝对额视角来看,1978 年到 2010 年,在不扣除物价因素影响的前提下,中国城乡贷款差距增长了 258 倍,由 1573.7 亿元增长到 406754 亿元;从倍数来看,城镇贷款额与农村贷款额的倍数由 1978 年的 10.79 上升到 2010 年的 12.23。从总体上来看,1978 年到 2010 年间,中国整个贷款总额及城乡贷款非均衡趋势是显著扩大的。

二、城乡金融资产总量的非均衡

金融资产是实物资产的对称,指的是单位或个人所拥有的以价值形态存在的资产,是一种索取实物资产的无形的权利,是一切可以在有组织的金融市场上进行交易、具有现实价格和未来估价的金融工具的总称。本节采用对金融部门债权、对非金融部门债券和股票市值之和来表示金融资产总量。其中,对金融部门的总债权包括流通中的货币、各项存款、金融债券、国内保费收入;对非金融部门总债权包括各项贷款、国债(内债)、企业债券、财政借款。同时,农村金融资产由农村现金流通量、农村存贷款余额、农业类股票筹资额、农业保险保费构成(无法取得农业债券资料,予以忽略);由于没有农村 M_0 的统计资料,本节参考《中国农业银行史》(2000)等文献资料的做法,用全国 M_0 的 70% 来表示农村 M_0;农村 M_2 由农村 M_0 加上农村存款余额构成。农村存款、农村贷款计算方法与上文一样,城镇金融资产总量用全国金融资产总量与农村金融资产总量之差表示。

表 3-3   中国金融资产总量、结构(1978—2010 年)

(单位:亿元)

年份	对金融部门债权合计 (①)	对非金融部门债权合计 (②)	股票市值 (③)	金融资产总量 (④=①+②+③)
1978	1627.90	1895.10		3523.00
1979	1826.75	2177.36		4004.11
1980	2276.84	2666.13		4942.97
1981	2721.52	3079.96		5801.48
1982	3116.16	3436.19		6552.35
1983	3693.59	3928.39		7621.98
1984	4818.10	5211.45		10029.55
1985	6016.49	6817.77		12834.26
1986	7634.88	8904.46		16539.34
1987	9378.87	10802.32		20181.19
1988	11139.39	12715.58		23854.97
1989	13328.68	15929.28		29257.96
1990	16902.91	19556.07		36458.68
1991	21589.63	23796.72		45386.35
1992	28273.21	29648.76	1048	57921.97
1993	36118.67	36833.91	862	72952.58
1994	49043.81	44629.37	969	93673.18
1995	63904.52	55790.85	938	119695.4
1996	80441.52	67460.11	2867	147901.6
1997	96969.41	82526.15	5204	179495.6
1998	113279.20	96548.83	5746	209828
1999	130088.10	106637.00	8214	236725.1
2000	147438.40	115488.80	16088	262927.2
2001	169949.50	130523.40	14463	300472.9
2002	201313.50	153545.60	12485	354849.1
2003	243331.60	183291.40	13179	426623
2004	282090.60	206084.00	11689	488174.6

续表

年份	对金融部门债权合计 （①）	对非金融部门债权合计 （②）	股票市值 （③）	金融资产总量 （④=①+②+③）
2005	320087. 90	225510. 40	10631	556229. 3
2006	374655. 8	239535. 50	25004	639195. 3
2007	438287. 4	285723. 94	93064	817075. 3
2008	531058. 2	325640. 89	45214	901913. 1
2009	663327. 3	437005. 26	151259	1251592
2010	795596. 4	548369. 63	257304	1601270

资料来源：历年《中国统计年鉴》、《中国金融年鉴》、《中国经济年鉴》及《新中国六十年统计资料汇编》等。

从表3-3中可以看出，从1978年到2010年，中国对金融部门债权总额、对非金融部门债权总额和股票市值增长极为迅速，以此为基础的金融资产总量增长速度也很快，32年来，在不排除物价因素影响的前提下，中国的金融资产总量增长了近455倍，由1978年的3523亿元增长到2010年的1601270亿元。需要特别说明的是，自20世纪90年代中国第一家证券交易所挂牌以来，中国的股票市场发展迅速，1992年中国股票交易额为1048亿元，2010年这一指标值则变为257304亿元；虽然股票交易额在全国金融资产总量中所占的比重并不大，但是其发展势头不可忽视。

表3-4 中国农村金融资产总量、结构（1978—2010年）

（单位：亿元）

年份	农村现金流通量	农村存款	农村贷款	农业类股票筹资额	农业保险保费	农村金融资产总量
1978	148. 4	320. 4	160. 7			629. 5
1979	187. 4	419. 6	184. 2			791. 2
1980	242. 34	612. 1	257. 48			1111. 92
1981	277. 44	598	286. 12			1161. 56
1982	307. 38	719. 8	333. 65			1360. 83
1983	370. 85	878. 7	394. 89			1644. 44
1984	554. 48	997. 3	722. 58		0. 1137	2274. 474
1985	691. 48	1174. 5	816. 63		0. 433	2683. 043

续表

年份	农村现金流通量	农村存款	农村贷款	农业类股票筹资额	农业保险保费	农村金融资产总量
1986	852.85	1521.9	1138.9		0.7802	3514.43
1987	1018.14	1851.5	1457.2		1.0028	4327.843
1988	1493.82	2069.4	1722.8		1.1569	5287.177
1989	1640.81	1752.2	1888.1		1.2966	5282.407
1990	1851.06	2234.7	2259.1		1.9248	6346.785
1991	2224.46	2966.3	2715.5		4.5504	7910.81
1992	3035.20	3816.1	3502.7		8.1690	10362.17
1993	4105.29	4649.8	4346.2	2.88	5.6130	13109.78
1994	5102.02	5879.2	4624.1	0.86	5.5040	15611.68
1995	5519.71	7391.8	5659.6		4.9620	18576.07
1996	6161.40	9034.6	6342.1	8.58	5.7456	21552.43
1997	7124.32	10665.2	8501.6	2.89	5.7587	26299.77
1998	7842.94	12189	9954.2	2.83	7.1472	29996.12
1999	9418.85	13343.6	10953.7	1.15	6.3228	33723.62
2000	10256.89	14998.2	10949.8	2.70	4	36211.59
2001	10982.16	16904.7	12124.5	6.88	3	40021.24
2002	12094.60	19170	13696.9	1.79	5	44968.29
2003	13822.20	23076	16072.9	7.83	5	52983.93
2004	15027.81	26292.5	17912.3	4.15	3.77	59240.53
2005	16822.19	30809.8	19431.7	3.67	7.5	67074.86
2006	18950.82	36219.12	19430.2	9.65	8	74617.79
2007	21262.64	42333.76	22540.8	3.46	53	86193.66
2008	23953.3	51953.69	25083	2.86	110.7	101103.55
2009	26772.2	63845.61	30652	14.38	133.9	121418.09
2010	31239.74	75737.53	36221	17.45	135.9	143351.62

资料来源:历年《中国统计年鉴》、《中国金融年鉴》、《中国乡镇企业统计资料(1978—2002)》、《中国乡镇企业年鉴》(2003—2006)、《中国乡镇企业及农产品加工业年鉴》等。

从表3-4中可以看出,随着改革开放以来中国经济的持续高速增长,中国农村经济建设也取得了举世瞩目的成就,农村金融资产总量由1978年的629.5亿元上升到2010年的143351.62亿元。具体到构成农村金融资产总量的各个组成部分,如农村现金流通量、农村存款、农村贷款、农业类股票筹资额和农村保险保费等,32 年来,发展也极为迅速。需要特别说明的是,作为夯实农村经济发展资金基础的农业类股票虽然近些年来有所发展,但囿于其自身多方面原因的制约和影响,无论是发展速度,还是筹资额,都极为有限;相反,随着国家对农业保险的日益重视,虽然中国农业保险发展时间并不算长,但是,发展速度却极为迅速。

表 3-5　中国城乡金融资产总量的非均衡(1978—2010 年)

年份	全国金融资产总量(I)(亿元)	农村金融资产总量(II)(亿元)	城镇金融资产总量(III)(亿元)	城乡金融资产的非均衡	
				绝对额(III-II)	倍数(III/II)
1978	3523.00	629.5	2893.5	2264	4.596505
1979	4004.11	791.2	3212.91	2421.71	4.060806
1980	4942.97	1111.92	3831.05	2719.13	3.445437
1981	5801.48	1161.56	4639.92	3478.36	3.994559
1982	6552.35	1360.83	5191.52	3830.69	3.814966
1983	7621.98	1644.44	5977.54	4333.1	3.635
1984	10029.55	2274.474	7755.076	5480.602	3.409613
1985	12834.26	2683.043	10151.22	7468.174	3.783472
1986	16539.34	3514.43	13024.91	9510.48	3.706123
1987	20181.19	4327.843	15853.35	11525.5	3.663106
1988	23854.97	5287.177	18567.79	13280.62	3.511854
1989	29257.96	5282.407	23975.55	18693.15	4.538755
1990	36458.68	6346.785	30111.9	23765.11	4.744433
1991	45386.35	7910.81	37475.54	29564.73	4.737257
1992	57921.97	10362.17	47559.8	37197.63	4.589753
1993	72952.58	13109.78	59842.8	46733.02	4.564745
1994	93673.18	15611.68	78061.5	62449.82	5.000199
1995	119695.4	18576.07	101119.3	82543.26	5.443527
1996	147901.6	21552.43	126349.2	104796.7	5.862409
1997	179495.6	26299.77	153195.8	126896.1	5.824987
1998	209828	29996.12	179831.9	149835.8	5.995171
1999	236725.1	33723.62	203001.5	169277.9	6.019564
2000	262927.2	36211.59	226715.6	190504	6.260858

续表

年份	全国金融资产总量（Ⅰ）（亿元）	农村金融资产总量（Ⅱ）（亿元）	城镇金融资产总量（Ⅲ）（亿元）	城乡金融资产的非均衡	
				绝对额（Ⅲ-Ⅱ）	倍数（Ⅲ/Ⅱ）
2001	300472.9	40021.24	260451.7	220430.4	6.507836
2002	354849.1	44968.29	309880.8	264912.5	6.891096
2003	426623	52983.93	373639.1	320655.1	7.051932
2004	488174.6	59240.53	428934.1	369693.5	7.240551
2005	556229.3	67074.86	489154.4	422079.6	7.292664
2006	639195.3	74617.79	564577.5	489959.7	7.566259
2007	817075.3	86193.66	730881.6	644688	8.479529
2008	901913.1	101103.55	800809.6	699706	7.920687
2009	1251592	121418.09	1130174	1008756	9.308118
2010	1601270	143351.62	1457918	1314567	10.17023

数据来源：根据表3-3和3-4数据整理。

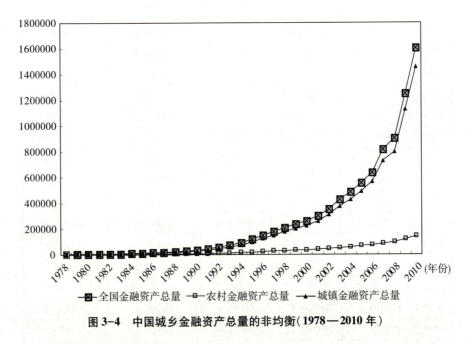

图3-4　中国城乡金融资产总量的非均衡（1978—2010年）

从表3-5和图3-4中可以看出，1978年到2010年间，中国城乡金融资产总量的非均衡问题是极为严重的。从绝对额角度看，1978年城镇金融资产总量与农村金融资产总量的差距为 2264 亿元,2010 年则为 1314567 亿元;从倍数角度看,1978 年城镇金融资产总量与农村金融资产总量的倍数为 4.60,2010 年则为 10.17;从时间段的角度来看,20 世纪 90 年代以来,城乡金融资产总量在快速增长的同时,两者之间的差距也逐步扩大,城镇金融资产总量的规模与增长速度都明显快于农村金融资产总量的增长。

三、城乡经济金融化水平的非均衡

经济金融化作为经济货币化的延伸和发展,指的是全部经济活动总量中使用金融工具的比重,用一国国民经济中货币及非货币性金融工具总值与经济产出总值的比重来表示。目前,衡量经济金融化的指标主要有金融深化程度、金融相关率(FIR)和存款货币银行重要性等。考虑到中国城乡经济金融数据的可得性,本节拟用金融相关率来衡量城乡经济金融化水平。农村 FIR=农村金融资产总量/农村 GDP=(农村现金流量+农村存款+农村贷款+农业类股票筹资额+农业保费收入)/(第一产业 GDP+乡镇企业增加值),城市 FIR=城市金融资产总量/城市 GDP=(全国金融资产总量−农村金融资产总量)/(全国 GDP−农村 GDP),计算公式中所涉及的指标数据计算方法与前文所介绍的一致。

表 3-6　中国城乡金融相关率(FIR)的非均衡(1978—2010 年)

年份	农村金融资产总量	城镇金融资产总量	农村 GDP	城镇 GDP	农村 FIR	城镇 FIR	城镇 FIR/农村 FIR
1978	629.5	2893.5	1226.7	2418.517	0.513165	1.196394	2.331401
1979	791.2	3212.91	1505.7	2556.879	0.52547	1.256575	2.391336
1980	1111.92	3831.05	1644.7	2900.924	0.676063	1.320631	1.953415
1981	1161.56	4639.92	1928.3	2963.261	0.602375	1.565815	2.599403
1982	1360.83	5191.52	2241.7	3081.651	0.607053	1.684655	2.775139
1983	1644.44	5977.54	2538.3	3424.352	0.647851	1.745597	2.694443
1984	2274.474	7755.076	2970.4	4237.652	0.765713	1.830041	2.389983

续表

年份	农村金融资产总量	城镇金融资产总量	农村 GDP	城镇 GDP	农村 FIR	城镇 FIR	城镇 FIR/农村 FIR
1985	2683.043	10151.22	3313.9	5702.137	0.809633	1.780248	2.198834
1986	3514.43	13024.91	3863.9	6411.279	0.909555	2.031562	2.233578
1987	4327.843	15853.35	4632.0	7426.615	0.934336	2.134667	2.28469
1988	5287.177	18567.79	5586.5	9456.323	0.94642	1.963532	2.074693
1989	5282.407	23975.55	6311.2	10681.12	0.836989	2.244666	2.681834
1990	6346.785	30111.9	7521.3	11146.52	0.843841	2.701462	3.201386
1991	7910.81	37475.54	8260.8	13520.70	0.957632	2.771716	2.894342
1992	10362.17	47559.8	10285.3	16638.18	1.007474	2.858474	2.837269
1993	13109.78	59842.8	14888.1	20445.82	0.880554	2.926897	3.323925
1994	15611.68	78061.5	20385.2	27812.66	0.765834	2.806689	3.66488
1995	18576.07	101119.3	26588.2	34205.53	0.698658	2.956227	4.23129
1996	21552.43	126349.2	31503.5	39673.09	0.684128	3.184758	4.655207
1997	26299.77	153195.8	34951.5	44021.53	0.752465	3.48002	4.624828
1998	29996.12	179831.9	36738.9	47663.38	0.816468	3.772957	4.621074
1999	33723.62	203001.5	39354.6	50322.45	0.856917	4.034015	4.707592
2000	36211.59	226715.6	41784.4	57430.15	0.866629	3.947676	4.555206
2001	40021.24	260451.7	44768.2	64886.97	0.893966	4.013929	4.490025
2002	44968.29	309880.8	48503.1	71829.59	0.927122	4.314111	4.653229
2003	52983.93	373639.1	54027.7	81795.06	0.980681	4.567991	4.657979
2004	59240.53	428934.1	62770.8	97107.54	0.943759	4.417104	4.680329
2005	67074.86	489154.4	73604.4	109480.4	0.911289	4.467963	4.902906
2006	74617.79	564577.5	81995.4	134319	0.910024	6.885478	7.566259
2007	86193.66	730881.6	80146.1	185664.2	1.075457	9.119366	8.479529
2008	101103.55	800809.6	95960.1	218085.3	1.0536	3.672002	3.485196
2009	121418.09	1130174	104440	236066.9	1.162563	4.787516	4.11807
2010	143351.62	1457918	112919.9	254048.5	1.269498	5.738739	4.520478

资料来源:历年《中国统计年鉴》、《中国金融年鉴》、《中国乡镇企业统计资料(1978—2002)》、《中国乡镇企业年鉴》(2003—2006)、《中国乡镇企业及农产品加工业年鉴》等。

从表 3-6 和图 3-5 中可以看出,1978 年到 2010 年,中国城乡经济金融

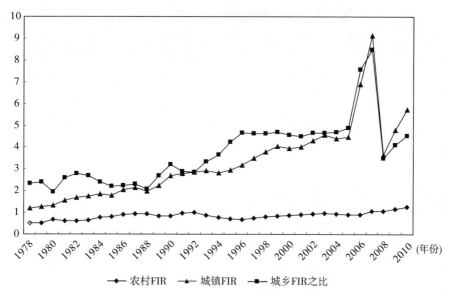

图 3-5　中国城乡金融相关率（FIR）的非均衡（1978—2010 年）

化程度显著加深。从城镇方面看,1978 年城镇 FIR 为 1.20,2010 年则为 5.74,32 年间增长了 4.78 倍;从农村方面看,1978 年农村 FIR 为 0.51,2010 年为 1.27,增长了 2.49 倍;显然,城镇 FIR 增长速度快于农村 FIR。从城镇 FIR 与农村 FIR 的比值来看,1978 年为 2.33,2010 年为 4.52。也就是说, 改革开放以来,随着中国城镇和农村经济金融化程度的加深,两者之间的发展速度是不一样的,城镇经济金融化程度明显快于农村,城乡经济金融化水平非均衡态势也越来越明显。

四、城乡金融中介及金融市场发展的非均衡

所谓金融中介,指的是在金融市场上资金融通过程中,在资金供求者之间起媒介或桥梁作用的人或机构,而金融市场则指的是资金供应者和资金需求者双方通过信用工具进行交易而融通资金的市场,是实现货币借贷和资金融通、办理各种票据和有价证券交易活动的市场,是交易金融资产并确定金融资产价格的一种机制。作为资金配置的两种基本渠道,金融中介和金融市场是紧密联系的。

表 3-7　城乡正规金融中介机构及人员的非均衡

金融机构类别	金融机构名称	从业人数(个)	法人机构数(家)
城镇正规金融中介	政策性银行	57673	3
	大型商业银行	1506424	5
	股份制商业银行	197657	12
	城市商业银行	177765	143
	城市信用合作社	2956	11
	企业集团财务公司	5276	91
	金融租赁公司	852	12
	信托投资公司	5464	58
	汽车金融公司	1620	10
	外资金融机构	32502	37
	货币经纪公司	173	3
农村正规金融中介	农村信用社	570366	3056
	农村商业银行	66317	43
	农村合作银行	74776	196
	村镇银行	3586	148
	贷款公司	75	8
	农村资金互助社	96	16
	邮政储蓄银行	132536	1

资料来源:相关年份的《中国金融统计年鉴》。

　　随着改革开放以来三十多年的发展,在城市,已经逐步形成了以商业银行为主体、政策性银行和外资银行为两翼的银行业体系;在农村,受农村金融体制的多次变革,当前在农村领域发挥作用的金融机构主要是农村信用合作社、农村合作银行、农村商业银行及邮政储蓄银行等。也就是说,目前中国城乡金融中介发展非均衡问题仍然是非常突出的。从表 3-7 中可以看出,无论是金融中介的从业人数,还是金融中介法人机构数,城镇和农村之间的差距是非常明显的;在城镇,不同种类的金融机构广泛存在,从业人数也相应增多,而在广大农村,金融中介法人机构数和从业人数明显少于城镇。

　　根据金融市场的定义,城乡金融市场发展非均衡可以从三个方面来衡量,即城乡银行业机构网点数量、城乡居民储蓄能力与水平和城乡贷款交易量等①。首先,从城乡银行业网点分布来看。当前中国农村金融服务的总体水平离农村实际需要还存在很大差距,集中表现为县域机构网点少,种类单一,功能残缺,市场缺乏有效竞争。据最新统计资料显示,目前中国县及县以下农村地区平均每万人拥有银行业机构数只有1.26个,而城市超过了2个,农村地区仍有2946个乡镇没有银行业机构营业网点。目前分布在县城以下乡镇的银行业机构主要是农村信用社,全国只设有一家银行业机构网点的乡镇有8231个,农村金融市场基本处于垄断经营的状态,服务动力不强、活力不足。其次,从城乡居民储蓄能力与水平来看,1978—1990年,城乡居民储蓄能力和储蓄水平的差距并不十分明显,但自1990年尤其是1992年党的十四大确立建立社会主义市场经济体制以来,城乡居民储蓄能力与储蓄水平就不断扩大。如在1991年,城镇居民在金融机构的储蓄水平是农村居民的2.36倍,到2007年就迅速地扩大到13.6倍,这一方面显现出农村的储蓄能力远远落后于城市,另一方面表明农村本身的闲置资金甚少,能为"三农"提供的金融资源相当有限。最后,从城乡贷款交易量来看。虽然农村从金融机构获取的贷款余额从1978年的138.9亿元增长到2008年的37134.75亿元,增长了166.3倍,但与城镇贷款相比,1990年后二者的差距不断扩大,城乡贷款差距从1990年的5倍扩大到2008年的7倍。从金融机构向全社会发放的贷款额度来看,农村所取得的贷款比重仍然很小,最高在1988年达到15%,之后不断下降,近年来基本保持在10%的比例不变,这表明全国有近90%的信贷资源配置到城市。

　　城乡金融中介和城乡金融市场发展的非均衡,直接带来了城乡金融发展规模和效率的非均衡。如果用城镇贷款与城镇GDP的比值来表示城镇金融发展规模,用农村贷款与农村GDP的比值来表示农村金融发展规模,

①　王定祥:《农村金融市场成长论》,科学出版社2011年版,第133—153页。

则城乡金融发展规模的非均衡可以用城镇金融发展规模与农村金融发展规模的比值来表示；同样，如果用城镇储蓄与城镇贷款的比值表示城镇金融效率，用农村储蓄与农村贷款的比值表示农村金融效率，则城乡金融效率的非均衡可以用城镇金融发展效率与农村金融发展效率的比值来表示；则根据表3-1、3-2和3-6数据整理可得表3-8。从表3-8中可以看出，1978年到2010年间，无论是城乡金融规模还是城乡金融效率，两者间的非均衡趋势是非常明显的，这与中国整个宏观经济形势的发展是相吻合的。比如，改革开放初期，随着商贸流通业的迅速发展，中国城镇经济率先发展，城乡经济发展差距拉大，1980年城乡金融发展规模非均衡的比值为7.13；其后，随着农村家庭联产承包责任制的广泛推行和国家对农村经济发展的高度重视，特别是近些年来中央一系列有关三农政策文件的出台，城乡经济发展差距虽有进一步扩大的趋势，但仍处于可控状态，这在城乡金融效率方面一样表现得尤为明显。改革开放初期，城乡金融效率差异并不是非常明显，始终在0.2左右徘徊，随着城市经济的发展，农村金融资源大量流向城镇，农村资金非农化问题也越来越突出，城乡金融效率非均衡问题也表现得越来越严重；虽然国家通过多种手段和方式对城乡金融发展的差异进行调控，但是，城乡金融效率的非均衡问题仍表现得极为突出。

表3-8　中国城乡金融规模、效率的非均衡（1978—2010年）

| 年份 | 农　村 | | 城　镇 | | 城乡金融规模非均衡 | 城乡金融效率非均衡 |
	金融规模	金融效率	金融规模	金融效率		
1978	0.131001875	1.993777225	0.717133682	0.536266144	5.474224562	0.268969942
1979	0.122335127	2.27795874	0.744239364	0.598287903	6.083611346	0.262642116
1980	0.156551347	2.377272021	1.116340862	0.40794585	7.130828866	0.171602512
1981	0.148379402	2.090032154	0.868958219	0.682421018	5.856326482	0.32651221
1982	0.148837935	2.157350517	0.921525507	0.718355389	6.191469291	0.332980377
1983	0.155572627	2.225176631	0.934442487	0.749189027	6.006471081	0.336687442
1984	0.243260167	1.380193197	0.95606954	0.792671338	3.930234663	0.574319117
1985	0.246425662	1.438227839	0.962600513	0.695096267	3.906251104	0.483300523

续表

年份	农 村		城 镇		城乡金融规模非均衡	城乡金融效率非均衡
	金融规模	金融效率	金融规模	金融效率		
1986	0.294754005	1.336289402	1.09500772	0.683023759	3.714988436	0.511134608
1987	0.314594128	1.270587428	1.123890225	0.705751974	3.572508592	0.555453295
1988	0.308386288	1.201184119	1.029691985	0.693861622	3.338968118	0.577648015
1989	0.299166561	0.92802288	1.16766781	0.724342527	3.903069267	0.780522272
1990	0.30036031	0.989199239	1.383534951	0.763727499	4.606250908	0.772066404
1991	0.328721189	1.092358682	1.377317742	0.81153778	4.189926867	0.742922443
1992	0.340553995	1.089473834	1.372878524	0.860333068	4.031309413	0.789677586
1993	0.291924423	1.069854125	1.398569488	0.873484433	4.790861531	0.816451899
1994	0.226836136	1.271425791	1.271072238	0.979390075	5.603482146	0.770308485
1995	0.212861345	1.306064033	1.312200103	1.03577627	6.164576788	0.793051676
1996	0.20131414	1.424543921	1.381654416	1.086592051	6.863176219	0.762764865
1997	0.243239918	1.254493272	1.508636797	1.079993977	6.20225828	0.860900573
1998	0.270944421	1.224508248	1.606472306	1.090623078	5.929158086	0.890662092
1999	0.27833341	1.218181984	1.645003373	1.152870359	5.910190141	0.946385986
2000	0.262054738	1.369723648	1.539632057	1.230542867	5.875230757	0.898387692
2001	0.270828401	1.394259557	1.544072716	1.264719504	5.701295407	0.907090432
2002	0.282392259	1.399586768	1.637166521	1.290401966	5.797490783	0.921987829
2003	0.297493693	1.435708553	1.74733413	1.294257829	5.873516551	0.901476714
2004	0.285360391	1.467846117	1.650597884	1.3421788	5.784257166	0.914386586
2005	0.26400188	1.58554321	1.600822613	1.462750209	6.063678831	0.922554617
2006	0.236966952	1.864063159	1.533044469	1.453210274	6.469444187	0.77959283
2007	0.281246374	1.878094832	1.288078693	1.451127974	4.579894401	0.772659585
2008	0.26139	2.071271	1.276496	1.488045	4.883492	0.718421
2009	0.293489	2.082918	1.563256	1.446742	5.326455	0.694575
2010	0.320767	2.090984	1.743663	1.450422	5.435918	0.693655

资料来源:根据表3-1、3-2和3-6资料整理。

第三节　国家层面城乡金融非均衡发展的趋势预测

一、度量国家层面城乡金融非均衡发展
趋势的方法:ARMA 模型简介

ARMA 模型(Autoregressive Moving Average Models)是由美国统计学家 G.E.P.Box 和英国统计学家 G.M.Jenkins 在 20 世纪 70 年代提出的时序分析模型,即自回归移动平均模型[①]。ARMA 模型包括三种基本类型:自回归模型 $AR(p)$、移动平均模型 $MA(q)$ 和自回归移动平均模型 $ARMA(p,q)$。自回归移动平均模型 $ARMA(p,q)$ 的一般表达式可以表述为:

$$y_t = c + \varphi_1 y_{t-1} + \cdots + \varphi_p y_{t-p} + \varepsilon_t + \theta_1 \varepsilon_{t-1} + \cdots + \theta_q \varepsilon_{t-p}, t = 1, 2, \cdots, T$$

其中,参数 c 为常数,$\varphi_1, \varphi_2, \cdots, \varphi_p$ 是自回归模型系数,p、q 为自回归系数,参数 $\theta_1, \theta_2, \cdots, \theta_q$ 是 q 阶移动平均模型的系数,ε_t 是均值为 0、方差为 σ^2 的白噪音系列;当 $p=0$ 时,$ARMA(0,q) = MA(q)$;当 $q=0$ 时,$ARMA(p,0) = AR(p)$。

应用 ARMA 构建模型过程有四个步骤:

第一,对原序列进行平稳性经验,如果系列不满足平稳性条件,可通过差分变化(单整阶数为 d,则进行 d 阶差分)或者进行其他变换,如采用对数变换使原序列满足平稳性条件;在实际检验过程中,多采用 ADF 检验来判断序列的平稳性,即进行如下回归:

$$\Delta Y_t = (\rho-1) Y_{t-1} + \sum_{i=1}^{p} \gamma_i \Delta Y_{t-i} + \varepsilon_t$$

$$\Delta Y_t = \alpha + (\rho-1) Y_{t-1} + \sum_{i=1}^{p} \gamma_i \Delta Y_{t-i} + \varepsilon_t$$

$$\Delta Y_t = \alpha + \eta t + (\rho-1) Y_{t-1} + \sum_{i=1}^{p} \gamma_i \Delta Y_{t-i} + \varepsilon_t$$

[①]　高铁梅:《计量经济学分析方法与建模:Eviews 应用及实例》,清华大学出版社 2008 年版,第 126—170 页。

ADF 检验的原假设为 $H_0 : \rho = 1$,备选假设为 $H_1 : \rho\rho < 1$。若 ADF 值大于临界值,则接受 H_0,意味着变量时间序列 Y_t 含有一个单位根,即变量时间序列不平稳;否则,若 ADF 值小于临界值,则拒绝 H_0,接受 H_1,变量时间序列平稳。

第二,通过计算能够描述序列特征的一些统计量(如自相关系数和偏自相关系数),来确定 $ARMA$ 模型的阶数 p 和 q,并在初始估计中选择尽可能少的参数。确定 $ARMA$ 模型的阶数 p 和 q,在实际操作中,多选择 AIC 准则。对于给定的 $ARMA$ 模型,AIC 准则能在该模型参数极大似然估计的基础上,对 $ARMA(p,q)$ 模型的阶和相应参数同时给出一种最佳估计。$ARMA(p,q)$ 模型的对数似然估计函数在 N 充分大时,可近似表达为:

$$L_N(\hat{\varphi}_1, \cdots, \hat{\varphi}, \hat{\theta}_1, \cdots, \hat{\theta}_q, \hat{\sigma}^2) \cong -\frac{N}{2}ln2\pi - \frac{N}{2}ln\hat{\sigma}^2_\varepsilon - \frac{\sum\limits_{k=-\infty}^{N}\hat{\varepsilon}^2_k}{2\hat{\sigma}^2_\varepsilon}$$

$$\hat{\varepsilon}_k \approx Y_k - \hat{\varphi}_1 Y_{k-1} - \hat{\varphi}_2 Y_{k-2} - \cdots - \hat{\varphi}_p Y_{k-p} + \hat{\theta}_q \hat{\varepsilon}_{k-q}, 且设定 \ \hat{\varepsilon}_k = 0, k \leq q$$

实际计算时,取 $\hat{\sigma}^2 = \dfrac{1}{N-M}\sum\limits_{k=M+1}^{N}\hat{\varepsilon}^2_k$,$M$ 的大小根据模型及数据而定。在 N 充分大且固定的前提下,$ARMA(p,q)$ 的最小准则就是使 $AIC = Nln(\hat{\sigma}^2_\varepsilon + 2p+q+1)$ 达到最小,从而求得模型参数值和模型阶数。

第三,估计模型的未知参数,并检验参数的显著性,以及模型本身的合理性。

第四,进行诊断分析,以证实所得模型确实与所观察到的数据特征相符合。

二、国家层面城乡金融非均衡发展的趋势

上文从城乡金融存贷款非均衡、城乡金融资产总量非均衡、城乡经济金融化水平非均衡和城乡金融中介及城乡金融市场发展非均衡四个方面来衡量城乡金融非均衡发展,很显然,改革开放以来,虽然中国经济建设取得了举世瞩目的成就,但是,城乡金融非均衡发展问题也越来越严重。由于在分

析城乡金融中介及城乡金融市场发展非均衡的过程中,笔者更多的是从定
性分析的角度展开研究,对于其未来发展趋势难以从定量的角度进行分析。
考虑到城乡金融发展规模和效率的非均衡是城乡金融中介和城乡金融市场
发展非均衡的直接后果,本节拟从城乡金融发展规模和效率非均衡发展趋
势的角度来进一步剖析城乡金融中介和城乡金融市场发展的非均衡。基于
上述分析,本节拟从四个大的方面来研究城乡金融非均衡发展的趋势,即城
乡金融存贷款非均衡(城乡存款差额 $ursc$、城乡存款倍数 $ursb$、城乡贷款差
额 $urlc$、城乡贷款倍数 $urlb$)、城乡金融资产总量非均衡(城乡金融资产差额
$urcc$、城乡金融资产倍数 $urcb$)、城乡经济金融化水平非均衡(城乡 FIR 比值
$urir$)、城乡金融中介及城乡金融市场发展非均衡(城乡金融规模非均衡
$ursm$、城乡金融效率非均衡 $urxe$)。为统一量纲,并在一定程度上消除异方
差的影响,对城乡存款差额 $ursc$、城乡贷款差额 $urlc$、城乡金融资产差额 $urcc$
等指标以取对数的形式进行处理。

(一)序列的平稳性检验

按照应用 ARMA 构建模型的基本步骤,首先对各序列的平稳性进行检
验。从表 3-9 中可以看出,城乡存款差额 $ursc$、城乡存款倍数 $ursb$、城乡贷
款差额 $urlc$、城乡贷款倍数 $urlb$、城乡金融资产差额 $urcc$、城乡金融资产倍数
$urcb$、城乡 FIR 比值 $urir$、城乡金融规模非均衡 $ursm$、城乡金融效率非均衡
$urxe$ 九个变量的初始系列均不平稳,但经过一阶差分变换后,各序列均为 1
阶单整系列。

表 3-9　各系列的平稳性检验

变　量	ADF 检验	检验类型 (c,t,n)	麦金农临界值		DW 统计量	是否平稳
			1%	5%		
$lnursc$	−0.984872	(0,0,0)	−3.661661	−2.960411	2.281982	否
$\Delta lnursc$	−5.980080	(1,0,1)	−3.670170	−2.963972	1.881311	是
$ursb$	−0.435494	(0,0,0)	−3.661661	−2.960411	2.079971	否
$\Delta ursb$	−5.710218	(1,0,0)	−3.670170	−2.963972	2.022072	是
$lnurlc$	−0.297974	(0,0,0)	−3.661661	−2.960411	2.449554	否

续表

变　量	ADF 检验	检验类型 （c,t,n）	麦金农临界值		DW 统计量	是否 平稳
			1%	5%		
$\Delta lnurlc$	−6.819003	（1,0,1）	−3.670170	−2.963972	1.525664	是
$urlb$	−1.290991	（0,0,0）	−3.661661	−2.960411	2.250103	否
$\Delta urlb$	−7.839852	（1,1,1）	−4.296729	−3.568379	1.860616	是
$lnurcc$	0.080839	（0,0,0）	−3.661661	−2.960411	1.536512	否
$\Delta lnurcc$	−4.461342	（1,0,0）	−3.670170	−2.963972	1.908792	是
$urcb$	1.283806	（0,0,0）	−3.661661	−2.960411	2.278472	否
$\Delta urcb$	−6.089284	（1,0,0）	−3.670170	−2.963972	1.828433	是
$urir$	1.315370	（0,0,0）	−3.661661	−2.960411	1.963187	否
$\Delta urir$	−4.512646	（1,0,0）	−3.670170	−2.963972	1.812019	是
$ursm$	−1.956327	（0,0,0）	−3.661661	−2.960411	1.842432	否
$\Delta ursm$	−5.583225	（1,0,0）	−3.670170	−2.963972	2.011812	是
$urxe$	−1.857512	（0,0,0）	−3.661661	−2.960411	2.435458	否
$\Delta urxe$	−6.608183	（1,0,0）	−3.670170	−2.963972	1.946311	是

注：c,t,n 分别表示为 ADF 检验式中的漂移项、时间趋势项和滞后阶数，其中 c、t 项若在检验时取值 0，表明检验式中无该项。检验式中是否要加入漂移项和时间趋势项，要通过 t 检验。n 的取值表示检验式中的滞后阶数，最佳滞后阶数由 AIC 和 SC 准则确定。

（二）模型估计及预测

表 3-9 表明，各序列的初始系列均不是平稳序列，但它们的一阶差分序列均为平稳序列。由于建立时间序列模型必须使用平稳序列，因此可以分别用它们的一阶差分序列 $\Delta lnursc$、$\Delta ursb$、$\Delta lnurlc$、$\Delta urlb$、$\Delta lnurcc$、$\Delta urcb$、$\Delta urir$、$\Delta ursm$、$\Delta urxe$ 建立时间序列模型。下面以城乡存款差额系列为例来构建相应的模型并进行预测，首先根据自相关系数和偏相关系数分析图可以看出，$p=1$ 或 $p=2$ 或 $p=3$，$q=1$ 或 $q=2$ 或 $q=3$ 适宜。为使模型更准确，可适当放宽 p 与 q 的范围，建立 $ARMA(p,q)$ 模型，可供选择的组合有（1，1）、（1，2）、（1，3）、（2，1）、（2，2）、（2，3）、（3，1）、（3，2）、（3，3）。基于此，可以选择 $ARMA(1,1)$、$ARMA(1,2)$、$ARMA(1,3)$、$ARMA(2,1)$、$ARMA(2,2)$、$ARMA(2,3)$、$ARMA(3,1)$、$ARMA(3,2)$、$ARMA(3,3)$ 九个模型组合进行分

析,最终估计结果如表 3-10 所示。根据调整的可决系数 R^2 最大和 AIC、SC 值最小等综合因素考虑,可以初步选定的模型为 $ARMA(3,2)$ 和 $ARMA(3,3)$。为了进一步确保所选定的模型的合理性,可以进一步对九个模型的残差序列白噪音相伴概率值($P\text{-}Q$)和试预测的 $MAPE$ 值进行比较,最终确定的模型为 $ARMA(3,3)$。$ARMA(3,3)$ 模型的最终形式为:

$$y_t = 29.723 - 0.191y_{t-1} + 0.459y_{t-2} + 0.7y_{t-3} + 1.733\varepsilon_{t-1} + 1.663\varepsilon_{t-2} + 0.696\varepsilon_{t-3}$$

表 3-10　各模型参数估计和统计检验的结果

ARMA	φ_1	φ_2	φ_3	θ_1	θ_2	θ_3	$AdjustedR^2$	AIC	SC
(1,1)	0.991	—	—	-0.174	—	—	0.9976	-1.667	-1.528
(1,2)	0.992	—	—	-0.254	0.178	—	0.9975	-1.611	-1.426
(1,3)	0.993	—	—	0.097	-0.360	0.495	0.9985	-2.054	-1.822
(2,1)	0.533	0.444	—	0.963	—	—	0.9986	-2.240	-2.053
(2,2)	0.703	0.279	—	0.676	-0.287	—	0.9986	-2.257	-2.022
(2,3)	1.636	-0.636	—	-0.256	-0.591	0.622	0.9986	-2.205	-1.925
(3,1)	0.300	0.375	0.297	0.912	—	—	0.9998	-2.282	-2.046
(3,2)	-0.231	0.524	0.672	1.594	0.937	—	0.9992	-2.675	-2.392
(3,3)	-0.191	0.459	0.700	1.733	1.663	0.696	0.9992	-2.847	-2.517

　　为了进一步验证模型的拟合优度,可以通过对比实际值与预测值之间的误差来说明问题。从表 3-11 可以看出,1978—2010 年间,无论是单个年份还是整体的平均误差,误差都较小,单个年份的最大误差值为 2.84,而平均值也仅为 0.5458,这说明模型拟合得很好。

表 3-11　实际值和预测值的对比

年份	1978	1979	1980	1981	1982	1983	1984	1985	1986	1987	1988
拟合值	—	—	—	7.081	7.262	7.462	7.824	7.973	8.251	8.519	8.700
实际值	6.413	6.578	6.564	7.055	7.186	7.326	7.703	7.879	8.094	8.303	8.453
误差率	—	—	—	0.36	1.05	1.82	1.55	1.18	1.90	2.54	2.84

续表

年　份	1989	1990	1991	1992	1993	1994	1995	1996	1997	1998	1999
拟合值	8.982	9.199	9.414	9.670	9.871	10.101	10.329	10.531	10.758	10.967	11.172
实际值	8.893	9.164	9.405	9.670	9.919	10.266	10.574	10.830	11.020	11.175	11.316
误差率	0.99	0.38	0.00	0.00	-0.02	-0.02	-0.02	-0.03	-0.02	-0.02	-0.01

年　份	2000	2001	2002	2003	2004	2005	2006	2007	2008	2009	平均误差
拟合值	11.387	11.587	11.792	11.995	12.19	12.389	12.582	12.773	12.965	13.151	0.5458
实际值	11.45	11.61	11.79	11.99	12.15	12.33	12.48	12.63	12.80	13.61	
误差率	-0.05	-0.02	0.00	0.00	0.03	0.04	0.08	1.12	1.27	-0.03	

注:①表中实际值取的是原序列的对数值。②为在上表中更好地显示出平均误差,2010 年数据未
　在表中提供。

表 3-12　城乡非均衡发展的趋势

年　份	2011	2012	2013	2014	2015	2016	2017	2018	2019	2020
城乡存款差额	13.52	13.70	13.88	14.06	14.23	14.41	14.58	14.75	14.92	15.08
城乡存款倍数	9.22	9.38	9.53	9.67	9.82	9.95	10.09	10.22	10.34	10.47
城乡贷款差额	13.22	13.38	13.54	13.70	13.86	14.02	14.18	14.34	14.50	14.66
城乡贷款倍数	11.71	11.76	11.80	11.85	11.89	11.93	11.97	12.01	12.05	12.09
城乡金融资产差额	14.12	14.27	14.42	14.57	14.72	14.86	15.00	15.14	15.27	15.41
城乡金融资产倍数	9.25	9.57	9.89	10.23	10.58	10.94	11.31	11.70	12.10	12.49
城乡 FIR 比值	8.81	9.17	9.53	9.92	10.31	10.72	11.15	11.59	12.06	12.54
城乡金融规模	5.182	5.198	5.180	5.179	5.194	5.185	5.179	5.189	5.187	5.181
城乡金融效率	0.797	0.809	0.804	0.800	0.810	0.803	0.803	0.809	0.803	0.806

注:表中城乡存款差额、城乡贷款差额、城乡金融资产差额等序列均先以对数形式进行处理后预测。

　　基于上述分析,可以运用所设定的模型对 2011 年到 2020 年之间中国
城乡金融非均衡发展的趋势进行初步预测。虽然一般意义上来说,*ARMA*
模型主要用于短期预测,考虑到本节预测的用途为对中国城乡金融非均衡
发展的长期趋势进行研判,且在衡量中国城乡金融非均衡发展方面所选择
的指标较多,故本节预测的时期相对较长。从表 3-12 中可以看出,在所选
定的衡量中国城乡金融非均衡发展的九个指标中,作为衡量城乡金融存贷

款非均衡(城乡存款差额、城乡存款倍数、城乡贷款差额、城乡贷款倍数)、衡量城乡金融资产总量非均衡(城乡金融资产差额、城乡金融资产倍数)和衡量城乡经济金融化水平非均衡(城乡 FIR 比值)的各指标在 2011 年到 2020 年间均呈现出进一步扩大的趋势,而作为城乡金融中介及城乡金融市场发展非均衡体现的城乡金融规模非均衡和城乡金融效率非均衡则相对较为稳定,当然,这并不否认 2011 年到 2020 年间城乡金融中介及城乡金融市场发展非均衡的存在。也就是说,2011 年到 2020 年间,中国城乡金融非均衡发展问题总体上来看会越来越严重。

第四章 区域层面城乡金融非均衡
发展水平的测度及趋势

作为典型的发展中农业大国,中国不仅城乡经济社会发展差距十分突出,而且不同区域之间、不同区域城乡之间经济社会发展的差距也是十分明显的。充分考虑到国家层面城乡金融非均衡发展的状态并不能很好地代表国内各地区的城乡金融非均衡发展状态,因此,要科学认识中国城乡金融非均衡发展问题,不仅需要从国家层面从宏观角度研判中国城乡金融非均衡发展水平及其趋势,还有必要从区域层面进行研究,探究区域层面中国城乡金融非均衡发展的状况及其发展趋势。充分考虑到中国是典型的单一制国家,各地区必须切实有效地贯彻中央的各项金融政策,地区层面特殊的金融政策并不多,国家层面金融政策的变迁完全可以代表地方层面金融制度的变迁,因此,本章不对区域层面城乡金融非均衡发展的演化历程进行介绍,而是直接在介绍区域层面城乡金融非均衡发展测度方法基础上,对区域层面城乡金融非均衡发展水平进行测度,并采用 R/S 方法对区域层面城乡金融非均衡发展趋势进行预测。

第一节 区域层面城乡金融非均衡
发展水平测度方法的介绍

目前学术界还没有专门测度城乡金融非均衡发展水平的方法,本节借鉴李敬等[1]分析中国区域金融发展差异的具体做法,从不同纬度对中国区域

---

① 李敬:《中国区域金融发展差异研究:基于劳动分工理论的视角》,中国经济出版社 2008 年版,第 96—98 页。

城乡金融非均衡发展问题进行研究。从现有文献资料来看,测度绝对差距的代表性指标主要有全距和标准离差等,测度相对差距的指标主要有基尼系数(*GINI*)、对数离差均值(*GEO*)和泰尔指数(*GE*1)等。虽然绝对差距能够体现最高收入地区和最低收入地区的绝对差异,但它潜伏着巨大的基数差异。而对于基尼系数(*GINI*)、对数离差均值(*GEO*)和泰尔指数(*GE*1)来说,基尼系数(*GINI*)一般对中等收入水平的变化特别敏感,而对数离差均值(*GEO*)对底层收入水平的变化敏感,泰尔指数(*GE*1)则对上层收入水平的变化敏感。很显然,不同的测度方法各有其自身的特点。基于此,本节选用基尼系数(*GINI*)、对数离差均值(*GEO*)和泰尔指数(*GE*1)这三个指标来度量城乡金融非均衡发展水平。

一、城乡金融非均衡发展水平的基尼系数测度方法介绍

基尼系数(*GINI*)目前是国际上衡量收入分配差异的相对量统计指标,基尼系数在[0,1]之间。当 *GINI* = 0 时,表示收入分配是绝对平均的;当 *GINI* = 1 时,表示收入分配是绝对不平均的,收入集中在一个人手中。一般来说,*GINI* 在 0.3 以下为最佳平均状态,在 0.3—0.4 之间为正常状态,超过 0.4 为警戒水平,0.6 以上就属于社会动乱随时发生的危险状态。基尼系数(*GINI*)的一般计算公式为:

$$\Delta = \sum_{j=1}^{n} \sum_{i=1}^{n} (x_j - x_i)/n(n-1), 0 \le \Delta \le 2u \qquad (1)$$

上式中,Δ 是基尼平均差,$(x_j - x_i)$ 是任何一堆收入样本差的绝对值,n 为样本容量,u 为收入均值。由于基尼的计算方法在不同人群组之间无法完全分解,Sundrum 介绍了一种对一国或地区基尼系数(*GINI*)进行分解的方法,计算公式如下[①]:

$$G = P_1^2 \frac{u_1}{u} G_1 + P_2^2 \frac{u_2}{u} G_2 + P_1 P_2 \left| \frac{u_2 - u_1}{u} \right| \qquad (2)$$

① Sundrum, R. M., "*Income Distribution in Less Development Countries*", London: Routledge, 1990.

上式中，G 表示总体的基尼系数，G_1 和 G_2 分别表示农村和城镇的基尼系数，P_1、P_2 分别表示农村人口和城镇人口占总人口的比重，u_1、u_2、u 分别表示农村、城镇和总体的人均收入。基于数据的可得性，考虑到中国城乡经济金融发展的现实，上述基尼系数的计算公式均难以有效度量中国城乡金融非均衡发展水平，本节拟采用下述计算公式：

$$GINI = \frac{-(n+1)}{n} + \frac{2}{n^2 \mu_y} \sum_{i=1}^{n} i y_i \qquad (3)$$

其中，n 代表样本的数目，y_i 表示金融发展水平由低到高排列后第 i 个体的金融发展水平，μ_y 是金融发展水平的平均值。

二、城乡金融非均衡发展水平的对数离差
均值和泰尔指数测度方法介绍

对数离差均值（GEO）和泰尔指数（$GE1$）最早由 Theil 于 1967 年首先提出[1]。在随后几十年的发展过程中，对数离差均值（GEO）和泰尔指数（$GE1$）的计算公式均发生了很大的变化。以泰尔指数（$GE1$）为例，先后就产生了两个泰尔指数（$GE1$）指标，即是 $GE1$ 指数 T 和 $GE1$ 指数 L；前者以 GDP 比重加权计算，后者以人口比重加权计算。比如，以 GDP 比重加权计算的 $GE1$ 指数 T 计算公式可表示如下：

$$T = \sum_{i=1}^{N} y_t \log \frac{y_t}{p_t} \qquad (4)$$

上式中，N 为区域个数，y_t 为 i 区域 GDP 占全国的份额，p_t 为 i 地区的人口数占全国的份额。$GE1$ 指数 T 越大，就表示各区域间经济发展水平差异越大；反之，就表示各区域间经济发展水平差异越小。

以上述分析为基础，可将对数离差均值（GEO）和泰尔指数（$GE1$）分解为组间和组内城乡金融非均衡发展水平变动差距。如果假定集合 N 被分成 m 个组 $N_k(k=1,2,\cdots,m)$，每组相应的金融非均衡发展水平向量为 y^k，

---

[1] Theil H., "*Economics and Information Theory*", Amsterdam：North Holland, 1967.

金融非均衡发展水平均值为 μ_k，区域数量为 n_k，则其占总区域数量的份额为 $\nu_k = n_k / n$。为方便起见，令 $\bar{y}^k$ 表示用 μ_k 替代 y^k 中的每一个分量所得到的新的金融非均衡发展水平向量。则有：

$$GEO = G_e(y^1, y^2, \cdots, y^m) = \frac{1}{n}\sum_{k=1}^{m}\sum_{i \in N_k}\ln\frac{\mu}{y_i} = \sum_{k=1}^{m}\frac{n_k}{n}\frac{1}{n_k}\sum_{i \in N_k}\ln\frac{\mu_k}{y_i} + \frac{1}{n}\sum_{k=1}^{m}\sum_{i \in N_k}\ln\frac{\mu}{\mu_k}$$

$$= \sum_{k=1}^{m}\nu_k E_0(y^k) + \sum_{k=1}^{m}\nu_k\ln\frac{\mu}{\mu_k} = W + B \qquad (5)$$

其中，W 表示 k 组不平等值的加权平均，它是金融非均衡发展水平的组内差距部分；B 表示金融非均衡发展水平的组间差距部分，它是通过将每个区域的金融非均衡发展水平换成其相应的组均值计算而得到的。

如果假定集合 N 被分成 m 个组 $N_k(k=1,2,\cdots,m)$，每组相应的金融非均衡发展水平向量为 y^k，金融非均衡发展水平均值为 μ_k，区域数量为 n_k，则其占总区域数量的份额为 $\nu_k = n_k / n$。方便起见，令 $\bar{y}^k$ 表示用 μ_k 替代 y^k 中的每一个分量所得到的新的金融非均衡发展水平向量。则有：

$$GE1 = T(y^1, y^2, \cdots, y^m) = \frac{1}{n}\sum_{k=1}^{m}\sum_{i \in N_k}\frac{y_i}{\mu_y}\ln\frac{y_i}{\mu_y} = \sum_{k=1}^{m}\frac{n_k}{n}\frac{\mu_k}{\mu_y}\frac{1}{n_k}\sum_{i \in N_k}\frac{y_i}{\mu_k}\ln\frac{y_i}{\mu_k} +$$

$$\frac{1}{n}\sum_{k=1}^{m}\sum_{i \in N_k}\frac{\mu_k}{\mu_y}\ln\frac{\mu_k}{\mu_y} = \sum_{k=1}^{m}\nu_k\frac{\mu_k}{\mu_y}T(y^k) + \sum_{k=1}^{m}\nu_k\frac{\mu_k}{\mu_y}\ln\frac{\mu_k}{\mu_y} = W + B \qquad (6)$$

其中，$W = \sum_{k=1}^{m}\nu_k\frac{\mu_k}{\mu_y}T(y^k)$ 表示 k 组不平等值的加权平均，它代表金融非均衡发展水平的组内差距部分。$B = \sum_{k=1}^{m}\nu_k\frac{\mu_k}{\mu_y}\ln\frac{\mu_k}{\mu_y} = T(\bar{y}^1, \bar{y}^2, \cdots, \bar{y}^m)$ 则表示金融非均衡发展水平的组间差距部分，它是通过将每区域的金融非均衡发展水平换成其相应的组均值计算而得到的。在这里，W 和 B 的权数 $\nu_k\frac{\mu_k}{\mu_y}$ 为第 k 组金融非均衡发展水平占总金融非均衡发展水平的份额。

第二节 区域层面城乡金融非均衡发展水平的测度

在确定了测度城乡金融非均衡发展水平方法的基础上，要科学地测度城乡金融非均衡发展水平,还必须确定相应的研究视角。由于地级市及其以下层面的数据难以获取,国家层面的数据又过于笼统,因此,本节拟从省际、东中西部和八大经济区三个视角入手来全面测度中国区域层面城乡金融非均衡发展水平。同时,考虑到中国城乡经济金融各项指标在改革开放前后所发生的巨大变化,因此,测度城乡金融非均衡发展水平的时间段选择为1978—2010年,即主要测度改革开放以来中国区域城乡金融非均衡发展的水平。由于西藏、海南1992年以前的数据资料不全,将其从样本中剔除;重庆在1997年后才成立,其数据合并到四川省;因此,省际视角下的样本数为28个,东中西部和八大经济区视角下城乡金融非均衡发展水平仍按相应省级单位所处的地域来进行研究。

一、省际视角下城乡金融非均衡发展水平

对城乡金融非均衡发展水平的测度,本节拟从结构、规模和效率三个维度来衡量,即:

城乡金融结构非均衡发展水平=[(非农业类股票筹资额+非农业保费收入)/金融总资产]/[(农业类股票筹资额+农业类保费收入)/金融总资产];

城乡金融规模非均衡发展水平=(城镇贷款/城镇GDP)/(农村贷款/农村GDP);

城乡金融效率非均衡发展水平=(城镇储蓄/城镇贷款)/(农村储蓄/农村贷款)。

对于金融总资产、农村GDP、城镇GDP、农村贷款和城镇贷款等具体指标,现有统计资料并没有直接提供,且受统计制度变化的影响,一些指标统计口径发生变化,对此类问题的处理借鉴冉光和、鲁钊阳的做法①。

① 冉光和、鲁钊阳:《金融发展、外商直接投资与城乡收入差距:基于我国省级面板数据的门槛模型分析》,《系统工程》2011年第7期。

需要特别说明的是,中国第一只真正意义上的股票(同人华塑,证券代码为 000509)1993 年 5 月诞生,因此,分析区域城乡金融结构非均衡发展水平从 1993 年开始算起,1978—1992 年的不再纳入到研究范围内①。相关指标的原始数据来源于历年的《中国农村统计年鉴》《中国农村金融年鉴》《中国金融年鉴》和《中经网统计数据库》。由于本节样本时间跨度较长,为使不同年份的数据具有可比性,文中指标所有涉及价格度量的原始数据本节均采用 GDP 平减指数剔除物价因素的影响。

　　运用前文所介绍的方法,可以分别计算出 1978—2010 年中国 28 个省级单位城乡金融结构、规模和效率非均衡发展水平的基尼系数(GINI)、对数离差均值(GEO)和泰尔指数(GE1)指标,具体结果如表 4-1 所示。从城乡金融结构非均衡发展水平的基尼系数(GINI)、对数离差均值(GEO)和泰尔指数(GE1)来看,1993—1995 年间,这几组指标变动都较大,这与中国的实际是相吻合的。1993 年 5 月,中国第一只真正意义上的股票才正式诞生,短期内在国内引起了巨大的反响,对城乡居民的消费心理带来了直接的冲击,也直接影响到城乡金融发展结构的变化;1996 年以后,随着中国宏观经济形势的好转,特别是随着中国银行业改革的逐步推进,城乡金融结构非均衡发展水平越来越高,相应指标的数值也越来越大,到 2003 年,上述指标的数值均达到最大。在国家对"三农"重视政策的影响下,2004 年以来,城乡金融结构非均衡发展水平有了一定程度的改善,但是,这种非均衡水平仍然较高。随着美国次贷危机的爆发及其影响向实体经济的扩展,中国城乡金融结构非均衡发展水平的相关指标重新出现波动。与城乡金融结构非均衡发展水平的基尼系数(GINI)、对数离差均值(GEO)和泰尔指数(GE1)不同的是,1978—1992 年间,受中国联产承包责任制的广泛推行以及工、农、中、建四大专业银行成立、改革的影响,1986 年,城乡金融发展规模和效率的相关指标出现历史最低,其他变动原因则与城乡金融结构非均衡发展水平的变动是一样的。

---

① 廖杉杉:《我国城乡金融差异对城乡收入差距的影响》,《西部论坛》2012 年第 3 期。

表4-1 省际视角下城乡金融非均衡发展水平

年份	城乡金融发展结构非均衡						城乡金融发展规模非均衡						城乡金融发展效率非均衡					
	GINI	变动	GEO	变动	GE1	变动	GINI	变动	GEO	变动	GE1	变动	GINI	变动	GEO	变动	GE1	变动
1978	—	—	—	—	—	—	0.1239	—	0.0009	—	0.1121	—	0.1523	—	0.1182	—	0.0012	—
1979	—	—	—	—	—	—	0.1235	-0.3228	0.0011	22.222	0.1025	-8.5638	0.1532	0.5909	0.1176	-0.5076	0.0016	33.333
1980	—	—	—	—	—	—	0.1227	-0.6478	0.0014	27.273	0.1111	8.3902	0.1534	0.1305	0.1181	0.4252	0.0015	-6.25
1981	—	—	—	—	—	—	0.1231	0.3260	0.0012	-14.286	0.1098	-1.1701	0.1528	-0.3911	0.1177	-0.3387	0.0013	-13.333
1982	—	—	—	—	—	—	0.1229	-0.1625	0.0015	25	0.1123	2.2769	0.1533	0.3272	0.1183	0.5098	0.0017	30.769
1983	—	—	—	—	—	—	0.1228	-0.0814	0.0014	-6.6667	0.1121	-0.1781	0.1525	-0.5219	0.1182	-0.0845	0.0015	-11.765
1984	—	—	—	—	—	—	0.1226	-0.1629	0.0013	-7.1429	0.1119	-0.1784	0.1522	-0.1967	0.1178	-0.3384	0.0012	-20
1985	—	—	—	—	—	—	0.1221	-0.4078	0.0011	-15.385	0.1118	-0.0894	0.1516	-0.3942	0.1173	-0.4245	0.0011	-8.333
1986	—	—	—	—	—	—	0.1201	-1.638	0.0007	-36.364	0.1009	-9.7496	0.1476	-2.6385	0.1168	-0.4263	0.0006	-45.455
1987	—	—	—	—	—	—	0.1211	0.8327	0.0011	57.143	0.1011	0.1982	0.1479	0.2033	0.1169	0.0857	0.0009	50
1988	—	—	—	—	—	—	0.1217	0.4955	0.0013	18.182	0.1014	0.2967	0.1501	1.4875	0.1172	0.2566	0.0011	22.222
1989	—	—	—	—	—	—	0.1219	0.1644	0.0017	30.769	0.1015	0.0986	0.1505	0.2665	0.1175	0.2560	0.0013	18.182
1990	—	—	—	—	—	—	0.1222	0.2461	0.0021	23.529	0.1016	0.0985	0.1509	0.2658	0.1178	0.2553	0.0014	7.692
1991	—	—	—	—	—	—	0.1226	0.3273	0.0025	19.048	0.1017	0.0984	0.1511	0.1325	0.1182	0.3396	0.0017	21.429
1992	—	—	—	—	—	—	0.1229	0.2447	0.0027	8	0.1019	0.1967	0.1513	0.1324	0.1185	0.2538	0.0019	11.765
1993	0.1012	—	0.1112	—	0.0021	—	0.1233	0.3255	0.0029	7.4074	0.1025	0.5888	0.1515	0.1322	0.1191	0.5063	0.0021	10.526
1994	0.1009	-0.2964	0.1115	0.2698	0.0022	4.7619	0.1231	-0.1622	0.0027	-6.8966	0.1021	-0.3902	0.1512	-0.1980	0.1188	-0.2519	0.0018	-14.286
1995	0.1011	0.1982	0.1113	-0.1794	0.0019	-13.636	0.1242	0.8936	0.0028	3.7037	0.1026	0.4897	0.1514	0.1323	0.1189	0.0842	0.0021	16.667

续表

年份	城乡金融发展结构非均衡						城乡金融发展规模非均衡						城乡金融发展效率非均衡					
	GINI	变动	GEO	变动	GE1	变动	GINI	变动	GEO	变动	GE1	变动	GINI	变动	GEO	变动	GE1	变动
1996	0.1012	0.0989	0.1116	0.2695	0.0022	15.789	0.1251	0.7246	0.0031	10.7143	0.1028	0.1949	0.1515	0.0661	0.1193	0.3364	0.0025	19.048
1997	0.1013	0.0988	0.1119	0.2688	0.0023	4.5455	0.1252	0.0799	0.0032	3.2258	0.1032	0.3891	0.1518	0.1980	0.1195	0.1676	0.0029	16
1998	0.1016	0.2962	0.1125	0.5362	0.0026	13.044	0.1254	0.1597	0.0034	6.25	0.1035	0.2907	0.1519	0.0659	0.1197	0.1674	0.0031	6.8966
1999	0.1017	0.0984	0.1126	0.0889	0.0037	42.308	0.1262	0.6380	0.0037	8.8236	0.1037	0.1932	0.1521	0.1317	0.1201	0.3342	0.0035	12.903
2000	0.1018	0.0983	0.1129	0.2664	0.0038	2.7027	0.1276	1.1094	0.0041	10.811	0.1038	0.0964	0.1523	0.1315	0.1205	0.3331	0.0038	8.5714
2001	0.1021	0.2947	0.0031	-97.254	0.0039	2.6316	0.1279	0.2351	0.0043	4.8780	0.1041	0.2890	0.1525	0.1313	0.1211	0.4979	0.0042	10.526
2002	0.1024	0.2938	0.1132	3551.61	0.0043	10.256	0.1282	0.2346	0.0047	9.3023	0.1042	0.0961	0.1529	0.2623	0.1219	0.6606	0.0045	7.1429
2003	0.1029	0.4883	0.1138	0.5300	0.0057	32.558	0.1299	1.3261	0.0052	10.638	0.1049	0.6718	0.1559	1.9621	0.1225	0.4922	0.0049	8.8889
2004	0.1025	-0.3887	0.1137	-0.0878	0.0055	-3.5088	0.1294	-0.3849	0.0051	-1.9231	0.1047	-0.1907	0.1554	-0.3207	0.1224	-0.0816	0.0048	-2.0408
2005	0.1024	-0.0976	0.1128	-0.7916	0.0053	-3.6364	0.1291	-0.2318	0.0048	-5.5824	0.1046	-0.0955	0.1551	-0.1931	0.1222	-0.1634	0.0047	-2.0833
2006	0.1021	-0.2930	0.1125	-0.2660	0.0052	-1.8868	0.1287	-0.3098	0.0046	-4.1667	0.1045	-0.0956	0.1547	-0.2579	0.1221	-0.0818	0.0042	-10.638
2007	0.1019	-0.1959	0.1123	-0.1778	0.0049	-5.7692	0.1285	-0.1554	0.0045	-2.1739	0.1043	-0.1914	0.1545	-0.1293	0.1196	-2.0475	0.0037	-11.905
2008	0.1022	0.2944	0.1122	-0.0891	0.0048	-2.0408	0.1281	-0.3113	0.0043	-4.4444	0.1042	-0.0959	0.1543	-0.1295	0.1192	-0.3345	0.0035	-5.4054
2009	0.1021	-0.0979	0.1126	0.3565	0.0051	6.25	0.1285	0.3123	0.0046	6.9767	0.1048	0.5758	0.1548	0.3240	0.1195	0.2517	0.0041	17.143
2010	0.1023	0.1959	0.1124	-0.1776	0.0049	-3.9216	0.1283	-0.1556	0.0044	-4.3478	0.1045	-0.2863	0.1546	-0.1292	0.1193	-0.1674	0.0038	-7.3171

注：①考虑到中国第一只真正意义上的股票（同人华塑，证券代码为000509）1993年5月才诞生，因此，分析城乡金融结构均衡发展水平应该从1993年开始算起，1978—1992年的城乡金融发展水平不再另外计算。东、中、西部、八大经济区视角下类似问题也采用同样的方法未进行处理。②上表中"变动"指的是"变动比率"，表示相应指标的增加或减少，用百分数表示。

二、东中西部视角下城乡金融非均衡发展水平

由于基尼系数（GINI）无法在组内与组间进行分解，因此，在分析东中西部城乡金融非均衡发展水平时，不采用基尼系数（GINI），而采用对数离差均值（GEO）和泰尔指数（GE1）。从实际分析结果来看，对数离差均值（GEO）和泰尔指数（GE1）度量出来的结果具有很强的相似性，故本节只列出并分析泰尔指数（GE1）指标下的东中西部城乡金融非均衡发展水平，结果如表4-2所示。

从表4-2中可以看出，东部地区城乡金融非均衡发展水平最高，中部次之，西部最低。从时间点上来看，1986年，东中西部城乡金融结构、规模和效率非均衡发展水平的泰尔指数（GE1）最小，这与现实是吻合的。家庭联产承包责任制广泛推行后，农村经济体内潜在的活力被充分发挥出来，农村经济发展的融资需求强劲。与此同时，为了更好地支持城镇经济发展，受过去长期以来一直推行的"农村支援城市、农业支持工业"政策惯性的影响，国家组建了以四大专业银行为主体的新的金融体系，经济建设的重点仍在城镇，城乡经济失衡严重。受此影响，城乡金融非均衡发展水平也越来越严重。特别是在改革开放试点的东部地区，这种情况尤为明显，中西部地区次之。

从东中西部区域内、区域间以及整体情况来看，城乡金融结构、规模和效率非均衡发展水平是非常明显的，区域内非均衡发展水平比区域间的更为明显，在整个非均衡发展水平中，区域内的非均衡发展水平一直占主要地位，这与中国的经济发展战略相吻合。根据中国东中西部经济社会发展的现实，邓小平在1988年提出了"两个大局"的发展思路，一个大局就是东部沿海地区要加快改革开放，先发展起来，中西部地区要顾全这个大局；另一个大局就是当发展到一定时期，国家要拿出更多力量来帮助中西部地区加快发展，东部沿海地区要服从这个大局。伴随东中西部地区经济发展差距的逐步扩大，东中西部城乡金融非均衡发展水平也呈现出不断扩大的趋势。特别是1992年邓小平南巡讲话后，东部沿海地区加大了改革开放的力度，

加快了改革开放的步伐,东中西部经济发展差距进一步扩大,城乡金融非均衡发展水平越来越显著。同时,在国家政策的导向下,东中西部不同区域内产业发展的态势是存在显著差异的,不同产业从金融机构所获得的融资量是不一样的,特别是受区域自身经济发展条件的制约,区域间城乡金融结构、规模和效率非均衡发展水平也是非常显著的,其泰尔指数($GE1$)差异也很明显。

三、八大经济区视角下城乡金融非均衡发展水平

对于八大经济区城乡金融非均衡发展水平的分析,不采用基尼系数($GINI$),而采用对数离差均值(GEO)和泰尔指数($GE1$)来进行分析。考虑到对数离差均值(GEO)和泰尔指数($GE1$)测度出来的结果具有很强的相似性,故文中仅列出并分析采用泰尔指数($GE1$)测度出来的结果,结果如表4-3所示。为避免内容重复,采用泰尔指数($GE1$)分解的八大经济区具体的城乡金融结构、规模和效率非均衡发展水平未在文中列出,文中仅提供八大经济区城乡金融结构、规模和效率非均衡发展水平的区域内差异、区域间差异、总体差异及区域间差异占比情况。

从表4-3中可以看出,八大经济区内城乡金融结构、规模和效率非均衡发展水平明显高于区域间城乡金融非均衡发展水平,而且从时间点上来看,八大经济区城乡金融非均衡发展水平的阶段性特征是非常明显的。从城乡金融结构非均衡发展水平来看,无论是八大经济区内的差异,还是区域间的差异,1993—2010年间,除1993—1995年、2007年以来存在波动外,整体上是呈现上升趋势的。从城乡金融规模和效率非均衡发展水平来看,改革开放初期到家庭联产承包责任制全面推广前,波动情况明显。随着家庭联产承包责任制的广泛推行,农村经济开始活跃,农村正规金融机构和非正规金融机构开始大量出现,农村融资问题在一定程度上得到缓解,城乡金融规模和效率非均衡发展水平的差异开始变小。1987年以后,随着新兴股份制商业银行的相继出现,比如交通银行、招商银行、中信实业银行、深圳发展银行、福建兴业银行等,区域之间城乡金融非均衡发展问题越来

表4-2 泰尔指数（GE1）视角下的东中西部城乡金融非均衡发展水平

年份	东部非均衡			中部非均衡			西部非均衡			区域内差异			区域间差异			总体差异		
	结构	规模	效率	结构	规模	效率	结构	规模	效率	结构	规模	效率	结构	规模	效率	结构	规模	效率
1978	—	0.1222	0.1321	—	0.1008	0.1121	—	0.1112	0.1321	—	0.1432	0.1542	—	0.1123	0.1321	—	0.2555	0.2863
1979	—	0.1211	0.1333	—	0.1011	0.1123	—	0.1109	0.1318	—	0.1411	0.1723	—	0.1121	0.1432	—	0.2532	0.3155
1980	—	0.1234	0.1331	—	0.1009	0.1116	—	0.1107	0.1325	—	0.1418	0.1645	—	0.1232	0.1543	—	0.265	0.3188
1981	—	0.1228	0.1328	—	0.1012	0.1119	—	0.1115	0.1317	—	0.1439	0.1553	—	0.1321	0.1653	—	0.276	0.3206
1982	—	0.1237	0.1358	—	0.1007	0.1114	—	0.1117	0.1339	—	0.1542	0.1823	—	0.1543	0.1723	—	0.3085	0.3546
1983	—	0.1235	0.1355	—	0.1006	0.1111	—	0.1116	0.1332	—	0.1522	0.1732	—	0.1522	0.1666	—	0.3044	0.3398
1984	—	0.1118	0.1352	—	0.1005	0.1109	—	0.1115	0.1331	—	0.1518	0.1711	—	0.1511	0.1662	—	0.3029	0.3373
1985	—	0.1109	0.1345	—	0.1001	0.1101	—	0.1111	0.1326	—	0.1502	0.1698	—	0.1502	0.1611	—	0.3004	0.3309
1986	—	0.1005	0.1222	—	0.0009	0.1006	—	0.1101	0.1315	—	0.1422	0.1555	—	0.1426	0.1528	—	0.2848	0.3083
1987	—	0.1011	0.1235	—	0.1003	0.1108	—	0.1105	0.1318	—	0.1467	0.1567	—	0.1435	0.1555	—	0.2902	0.3122
1988	—	0.1015	0.1239	—	0.1006	0.1111	—	0.1108	0.1322	—	0.1498	0.1576	—	0.1456	0.1568	—	0.2954	0.3144
1989	—	0.1022	0.1286	—	0.1009	0.1115	—	0.1112	0.1329	—	0.1501	0.1585	—	0.1485	0.1623	—	0.2986	0.3208
1990	—	0.1032	0.1297	—	0.1011	0.1118	—	0.1115	0.1333	—	0.1522	0.1593	—	0.1502	0.1637	—	0.3024	0.323
1991	—	0.1043	0.1333	—	0.1015	0.1119	—	0.1118	0.1339	—	0.1533	0.1602	—	0.1555	0.1678	—	0.3088	0.328
1992	—	0.1058	0.1354	—	0.1018	0.1123	—	0.1121	0.1342	—	0.1567	0.1611	—	0.1598	0.1702	—	0.3165	0.3313
1993	0.1545	0.1067	0.1356	0.1321	0.1019	0.1125	0.0009	0.1123	0.1345	0.2232	0.1578	0.1623	0.1523	0.1621	0.1777	0.3755	0.3199	0.34
1994	0.1542	0.1058	0.1346	0.1289	0.1015	0.1121	0.0007	0.1116	0.1341	0.2221	0.1562	0.1613	0.1511	0.1601	0.1728	0.3732	0.3163	0.3341
1995	0.1555	0.1065	0.1387	0.1311	0.1014	0.1124	0.0011	0.1128	0.1347	0.2254	0.1566	0.1656	0.1522	0.1663	0.1798	0.3776	0.3229	0.3454

续表

年份	东部非均衡			中部非均衡			西部非均衡			区域内差异			区域间差异			总体差异		
	结构	规模	效率	结构	规模	效率	结构	规模	效率	结构	规模	效率	结构	规模	效率	结构	规模	效率
1996	0.1559	0.1088	0.1398	0.1315	0.1016	0.1126	0.0014	0.1131	0.1349	0.2261	0.1571	0.1702	0.1548	0.1701	0.1802	0.3809	0.3272	0.3504
1997	0.1562	0.1096	0.1423	0.1342	0.1018	0.1128	0.0018	0.1135	0.1352	0.2268	0.1623	0.1722	0.1556	0.1723	0.1833	0.3824	0.3346	0.3555
1998	0.1567	0.1111	0.1445	0.1345	0.1021	0.1131	0.0022	0.1142	0.1356	0.2275	0.1633	0.1732	0.1567	0.1743	0.1845	0.3842	0.3376	0.3577
1999	0.1572	0.1135	0.1465	0.1351	0.1022	0.1136	0.0025	0.1145	0.1362	0.2287	0.1652	0.1745	0.1623	0.1745	0.1911	0.391	0.3397	0.3656
2000	0.1582	0.1146	0.1498	0.1366	0.1025	0.1138	0.0028	0.1148	0.1365	0.2298	0.1666	0.1768	0.1672	0.1755	0.1945	0.397	0.3421	0.3713
2001	0.1589	0.1155	0.1523	0.1369	0.1026	0.1142	0.0029	0.1153	0.1371	0.2332	0.1672	0.1782	0.1675	0.1759	0.2211	0.4007	0.3431	0.3993
2002	0.1623	0.1199	0.1567	0.1375	0.1034	0.1146	0.0035	0.1155	0.1373	0.2345	0.1682	0.1811	0.1702	0.1822	0.2321	0.4047	0.3504	0.4132
2003	0.1668	0.1267	0.1662	0.1381	0.1049	0.1151	0.0041	0.1167	0.1388	0.2358	0.1721	0.1922	0.1723	0.1987	0.2545	0.4081	0.3708	0.4467
2004	0.1661	0.1263	0.1625	0.1378	0.1042	0.1148	0.0039	0.1162	0.1385	0.2311	0.1621	0.1822	0.1701	0.1885	0.2531	0.4012	0.3506	0.4353
2005	0.1557	0.1253	0.1611	0.1376	0.1037	0.1147	0.0037	0.1161	0.1383	0.2309	0.1601	0.1811	0.1665	0.1881	0.2432	0.3974	0.3482	0.4243
2006	0.1552	0.1248	0.1523	0.1372	0.1035	0.1143	0.0035	0.1157	0.1381	0.2301	0.1527	0.1801	0.1623	0.1782	0.2411	0.3924	0.3309	0.4212
2007	0.1552	0.1239	0.1512	0.1369	0.1031	0.1141	0.0033	0.1155	0.1376	0.2287	0.1501	0.1782	0.1611	0.1711	0.2323	0.3898	0.3212	0.4105
2008	0.1551	0.1237	0.1508	0.1365	0.1029	0.1135	0.0031	0.1154	0.1371	0.2211	0.1498	0.1711	0.1601	0.1705	0.2311	0.3812	0.3203	0.4022
2009	0.1555	0.1241	0.1518	0.1368	0.1032	0.1142	0.0035	0.1157	0.1374	0.2234	0.1501	0.1752	0.1578	0.1715	0.2345	0.3812	0.3216	0.4097
2010	0.1553	0.1238	0.1512	0.0034	0.1155	0.1375	0.0034	0.1155	0.1375	0.2255	0.1521	0.1733	0.1588	0.1722	0.2323	0.3813	0.3243	0.4056

表4-3　泰尔指数（GE1）视角下的八大经济区（区内与区间）城乡金融非均衡发展水平

年份	区域内差异			区域间差异			总体差异			区域间差异占比（%）		
	结构	规模	效率	结构	规模	效率	结构	规模	效率	结构	规模	效率
1978	—	0.2212	0.1987	—	0.1212	0.1652	—	0.3424	0.3639	—	35.3972	45.39709
1979	—	0.2098	0.1887	—	0.1209	0.1548	—	0.3307	0.3435	—	36.55881	45.0655
1980	—	0.2111	0.2002	—	0.1321	0.1621	—	0.3432	0.3623	—	38.49068	44.74193
1981	—	0.2345	0.2112	—	0.1201	0.1555	—	0.3546	0.3667	—	33.86915	42.40524
1982	—	0.2256	0.2118	—	0.1376	0.1611	—	0.3632	0.3729	—	37.88546	43.20193
1983	—	0.2234	0.1972	—	0.1311	0.1602	—	0.3545	0.3574	—	36.98166	44.82373
1984	—	0.2221	0.1967	—	0.1301	0.1578	—	0.3522	0.3545	—	36.93924	44.5134
1985	—	0.2211	0.1911	—	0.1265	0.1527	—	0.3476	0.3438	—	36.39241	44.41536
1986	—	0.2119	0.1865	—	0.1211	0.1511	—	0.333	0.3376	—	36.36637	44.75711
1987	—	0.2201	0.1888	—	0.1232	0.1523	—	0.3433	0.3411	—	35.88698	44.64966
1988	—	0.2211	0.1899	—	0.1245	0.1542	—	0.3456	0.3441	—	36.02431	44.81255
1989	—	0.2215	0.1902	—	0.1255	0.1555	—	0.347	0.3457	—	36.16715	44.9812
1990	—	0.2221	0.1934	—	0.1259	0.1567	—	0.348	0.3501	—	36.17816	44.75864
1991	—	0.2235	0.2021	—	0.1276	0.1572	—	0.3511	0.3593	—	36.34292	43.75174
1992	—	0.2248	0.2123	—	0.1298	0.1598	—	0.3546	0.3721	—	36.60462	42.94544
1993	0.1523	0.2345	0.2234	0.2123	0.1321	0.1632	0.3646	0.3666	0.3866	58.2282	36.03382	42.21417
1994	0.1511	0.2301	0.2134	0.2033	0.1311	0.1612	0.3544	0.3612	0.3746	57.36456	36.29568	43.03257

续表

年份	区域内差异			区域间差异			总体差异			区域间差异占比(%)		
	结构	规模	效率	结构	规模	效率	结构	规模	效率	结构	规模	效率
1995	0.1555	0.2311	0.2345	0.2128	0.1319	0.1622	0.3683	0.363	0.3967	57.77898	36.33609	40.88732
1996	0.1567	0.2356	0.2444	0.2235	0.1378	0.1635	0.3802	0.3734	0.4079	58.78485	36.90412	40.08335
1997	0.1623	0.2402	0.2523	0.2339	0.1398	0.1647	0.3962	0.38	0.417	59.03584	36.78947	39.4964
1998	0.1627	0.2423	0.2623	0.2412	0.1412	0.1717	0.4039	0.3835	0.434	59.71775	36.81877	39.56221
1999	0.1702	0.2427	0.2732	0.2512	0.1423	0.1757	0.4214	0.385	0.4489	59.61082	36.96104	39.14012
2000	0.1876	0.2428	0.2788	0.2555	0.1438	0.1802	0.4431	0.3866	0.459	57.66193	37.19607	39.25926
2001	0.1882	0.2329	0.2798	0.2626	0.1487	0.1811	0.4508	0.3816	0.4609	58.252	38.96751	39.29269
2002	0.1921	0.2501	0.2899	0.2771	0.1498	0.1823	0.4692	0.3999	0.4722	59.05797	37.45936	38.60652
2003	0.2025	0.2633	0.2983	0.2885	0.1567	0.1902	0.491	0.42	0.4885	58.75764	37.30952	38.93552
2004	0.1992	0.2611	0.2901	0.2801	0.1515	0.1898	0.4793	0.4126	0.4799	58.43939	36.71837	39.54991
2005	0.1889	0.2548	0.2887	0.2787	0.1501	0.1885	0.4676	0.4049	0.4772	59.60222	37.07088	39.50126
2006	0.1875	0.2511	0.2881	0.2767	0.1478	0.1772	0.4642	0.3989	0.4653	59.60793	37.05189	38.08296
2007	0.1823	0.2446	0.2778	0.2543	0.1456	0.1762	0.4366	0.3902	0.454	58.24553	37.3142	38.81057
2008	0.1782	0.2358	0.2665	0.2523	0.1422	0.1672	0.4305	0.378	0.4337	58.60627	37.61905	38.55199
2009	0.1802	0.2347	0.2555	0.2623	0.1467	0.1652	0.4425	0.3814	0.4207	59.27684	38.46356	39.26789
2010	0.1795	0.2352	0.2612	0.2612	0.1456	0.1616	0.4407	0.3808	0.4228	59.26934	38.23529	38.22138

严重,这在表4-3中也表现得非常明显。2004年以后,随着国家一系列支农惠农政策落到实处,特别是随着村镇银行的大量出现,有力地缓解了农村经济发展的融资困境问题,八大经济区城乡金融非均衡发展的问题虽然存在,但在一定程度上得到了缓解。

第三节　区域层面城乡金融非均衡发展的趋势预测

城乡金融非均衡发展问题,无论是从结构维度、规模维度,还是从效率维度来看,其在省级单位之间、东中西部和八大经济区不同区域中都表现得尤为明显。这与从国家层面对中国城乡金融非均衡发展水平的测度极具相似性,国家层面中国城乡金融非均衡发展趋势会在一定时期内存在,不会在短期内消失,那么区域层面中国城乡金融非均衡发展趋势呢?是不是也会与国家层面的城乡金融非均衡发展趋势相同呢?本节将在全面介绍R/S分析方法的基础上,采用R/S方法对区域层面城乡金融非均衡发展趋势进行预测。

一、度量区域层面城乡金融非均衡发展趋势的方法:R/S分析方法

R/S分析方法,全称为Rescaled Range Analysis,经常被翻译为变标度极差分析法或重标极差分析法。R/S分析方法最早由英国科学家Hurst在研究非洲尼罗河水文资料时提出,他发现尼罗河流域的干旱情况与传统水文统计是不相一致的,而是呈现出一种随机现象,并且干旱越持久,就越有可能持续干旱[1]。随后,经过Mandelbrot和Wallis、Mandelbrot以及Lo等人

---

[1]　Hurst H. E., "Long-term Storage Capacity of Reservoirs", *American Society of Civil Engineers*, No.116(1951), pp.770-799.

的努力,R/S 分析方法逐步完善①。

对于 R/S 分析方法,国内学者杨庆和秦伟良、赵旭和吴冲锋、黄茂兴和黄晓芬、冯新灵等、姜磊和季民河进行了全面系统的归纳总结②。在借鉴他们研究成果的基础上,本节分别对 R/S 分析方法的主要原理和基本步骤等方面进行介绍。

(一)R/S 分析方法的主要原理

假设存在时间序列$\{\xi(t)\}$,$t=1,2,L$,对于任意正整数 $\tau \geq 1$,定义均值序列如下:

$$\langle \xi \rangle_\tau = \frac{1}{\tau} \sum_{t=1}^{\tau} \xi(t) , \tau = 1,2,L$$

累计离差为

$$X(t,\tau) = \sum_{t=1}^{\tau} (\xi(t) - \langle \xi \rangle_\tau) , 1 \leq t \leq \tau$$

极差为

$$R(\tau) = \max_{1 \leq t \leq \tau} X(t,\tau) - \min_{1 \leq t \leq \tau} X(t,\tau) , \tau = 1,2,L$$

标准差为

$$S_\tau = \sqrt{\left[\frac{1}{\tau} \sum_{t=1}^{\tau} (\xi(t) - \langle \xi \rangle_\tau)^2 \right]} , \tau = 1,2,L$$

现在可以考虑比值$R(\tau)/S(\tau) \triangle R/S$,若存在如下关系

---

① Mandelbrot B.B., Wallis J.R., "Some Long-Run Properities of Geographical Records", *Water Resource Research*, Vol. 5, No. 2 (1969), pp. 321 – 340; Mandelbrot B. B., Wallis J. R., "Rebustness of the Rescaled Range R/S in the Measurement of Noncyclic Long Run Stastical Depenndence", *Water Resource Research*, Vol. 5, No. 5 (1969), pp. 967 – 988; Mandelbrot B. B., "Statistical Methodology for Nonperiodic Cycles: From Covariance to R/S Analysis", *Annals of Economic and Social Measurement*, Vol.1, No.3(1972), pp.259–290; Lo A.W., "Long-term Memory in Stock Prices", *Econometrica*, Vol.59, No.5(1991), pp.1279–1313.

② 具体可参见:杨庆、秦伟良:《R/S 和修正 R/S 方法的实证分析》,《统计与决策》2003年第 11 期;赵旭、吴冲锋:《证券投资基金业绩与持续性评价的实证研究:基于 DEA 模型与 R/S 模型的评价》,《管理科学》2004 年第 4 期;黄茂兴、黄晓芬:《区域经济增长差异的实证研究和 R/S 分析》,《福建师范大学学报》2005 年第 5 期;冯新灵、罗隆诚、邱丽丽:《成都未来气候变化趋势的 R/S 分析》,《长江流域资源与环境》2008 年第 17 卷第 1 期;姜磊、季民河:《中国区域能源效率发展演变趋势的 R/S 分形分析》,《中国人口·资源与环境》2011 年第 11 期。

$$R/S \propto \tau^H$$

说明所分析的时间序列存在 Hurst 现象,H 称为 Hurst 指数。Hurst 及其后继者已经证明,如果 $\langle \xi(\tau) \rangle$ 是相互独立、方差有限的随机序列,则有 H = 0.5[①]。Hurst 指数可以用来衡量一个时间序列是否具有分形结构和相关持久性,其取值范围为 $[0,1]$。当 H = 0.5 时,时间序列就是标准的随机游走,不同时间的值是随机的且不相关;当 0.5< H<1 时,存在状态持续性,也就是说,若序列在前一个时间是向上(下),那么在下一个期间将有可能继续向上(下),其值越接近 1,相关性越强,越接近于 0.5,则其噪声愈大,趋势愈不确定;当 H < 0.5 时,存在逆状态持续性,也就是说,若序列在前一个时期是向上(下)趋势,则其在下一个期间就很有可能是向下(上)趋势。

(二)R/S 分析方法的基本步骤

依据上述 R/S 分析方法的主要原理,在借鉴赵旭和吴冲锋[②]等人研究成果基础上,可将 R/S 分析方法的基本步骤归结为以下几个方面。

第一,如果将原始数据所构成的时间序列以 $\{\xi_t\}$ 表示,则其对数序列可以表示为

$$S_t = lg\left(\frac{\xi_t}{\xi_{t-1}}\right)$$

第二,如果以 S_t 作为因变量,S_{t-1} 作为自变量,S_t 对 S_{t-1} 进行回归,可以得到 S_t 的残差序列,可以表示为

$$X_t = S_t - (a+b \cdot S_{t-1})$$

此时,时间序列的长度为 $(T-2)$,这样问题就变成了对序列 X_t 进行 R/S 分析。

第三,对 $(T-2)$ 进行因式分解,使得 $A \cdot n = T-2$,这样就把时间序列 X_t 分成每组有 n 个观察值的 A 个子样本。从 $n \neq 1,2$ 的第一个因子 n 开始,对每个子样本计算其重新标度后的极差 $R = max(X_t) - min(X_t)$ 和标准差 S,从

① Hurst H. E., "Long-term Storage Capacity of Reservoirs", *American Society of Civil Engineers*, No.116(1951), pp.770-799.

② 赵旭、吴冲锋:《证券投资基金业绩与持续性评价的实证研究:基于 DEA 模型与 R/S 模型的评价》,《管理科学》2004 年第 4 期。

而得到 A 个 R/S,并可以由此求出其平均值,可以表示为 $\left(\dfrac{R}{S}\right)_n$。然后对下一个因子 n 重复上述过程直至 $n=\dfrac{T-2}{2}$。

第四,对方程 $\left(\dfrac{R}{S}\right)_n=C\cdot n^H$ 两边同时取对数,用最小二乘法估计 Hurst 指数,则

$$lg\left(\frac{R}{S}\right)_n=lgC+Hlgn$$

找出 R/S 对于 n 的对数曲线斜率,就可以得到 H 的估计值。与此同时,可以用统计量 $V(N)$ 来估计周期长度,以检验序列的稳定性。$V(N)=\dfrac{\dfrac{R}{S}}{\sqrt{n}}$,对于独立随机过程的时间序列而言,统计量 $V(N)$ 关于 $log(n)$ 的曲线是平坦的。如果 H>0.5,$V(N)$ 关于 $log(n)$ 的曲线就向上倾斜;反之,当 H<0.5,$V(N)$ 关于 $log(n)$ 的曲线就向下倾斜。当 $V(N)$ 图形形状改变时,无疑就会产生突变,长期记忆消失。

二、区域层面城乡金融非均衡发展的趋势

上述分析已经表明,中国区域城乡金融非均衡发展问题是非常严重的,为进一步认识中国区域城乡金融非均衡发展问题,还必须对其水平未来的发展趋势作进一步研究。虽然 ARMA 模型可以对序列的发展趋势作预测,但其主要是针对短期预测,对序列未来发展趋势的研究可能会存在不够精确的地方,本节拟采用 R/S 分析方法来对中国区域城乡金融非均衡发展的规律与未来变动趋势进行分析。由于城乡金融结构时间序列过短,因此,本节不对其进行分析,而选择分析城乡金融发展的规模和效率。考虑到城乡金融发展规模和效率的时间段为 1978—2010 年,为避免数据过少的问题,本节借鉴李敬的做法[①],利用 Excel 和 VFP 产生随机数进行反复试验,发现

---

① 李敬:《中国区域金融发展差异研究:基于劳动分工理论的视角》,中国经济出版社 2008 年版,第 95—115 页。

选用可以重叠的区间分割方法对于小样本同样具有较高的精度(而对于大样本,重叠与不重叠的区间分割相差不大)。因此,在区间分割中,采用可以重叠的区间分割方法,Hurst 测算结果如表 4-4 所示。

表 4-4 城乡金融非均衡发展的 Hurst 指数

区　　域	省域视角下城乡金融发展					
指　　标	规　　模			效　　率		
	GINI	GEO	GE1	GINI	GEO	GE1
指标增长率(%)	3.551	388.9	-6.78	1.5102	0.9306	216.67
Hurst 指数	0.911	0.926	0.935	0.945	0.971	0.958

区　　域	东中西部视角下城乡金融发展				八大经济区视角下城乡金融发展			
指　　标	区域内差异		区域间差异		区域内差异		区域间差异	
	规模	效率	规模	效率	规模	效率	规模	效率
指标增长率(%)	6.2151	12.387	53.339	75.851	6.3291	31.455	20.132	-2.179
Hurst 指数	0.912	0.954	0.911	0.941	0.922	0.962	0.923	0.951

注:由于城乡金融发展结构方面指标过少,未对其 Hurst 指数进行测算。

从表 4-4 中可以看出,1978—2010 年间,省域视角下城乡金融规模非均衡发展水平的基尼系数(GINI)、对数离差均值(GEO)和泰尔指数(GE1)分别增长了 3.551%、388.9% 和 -6.78%,而对于 Hurst 指数分别为 0.911、0.926 和 0.935,接近于 1,说明省域视角下城乡金融规模非均衡发展水平的基尼系数(GINI)、对数离差均值(GEO)和泰尔指数(GE1)指标为长程记忆系列。也就是说,在宏观经济形势不出现大幅波动的情况下,其发展走势与 1978—2010 年的走势是一样的,城乡金融规模非均衡发展水平会越来越高。从城乡金融效率非均衡发展水平的情况来看,其未来走势也会与 1978—2010 年城乡金融效率非均衡发展趋势相同,其水平也会越来越高。从东中西部和八大经济区城乡金融发展的区域内、区域间情况来看,其相关指标增长率与相应的 Hurst 指数也充分表明,在未来中国宏观经济形势不发生大规模变动的情况下,未来东中西部和八大经济区城乡金融非均衡发展水平也会越来越高。也就是说,按照当前的中国整体经济形势的发展来看,未来中国无论是省域城乡金融非均衡发展水平,还是东中西部和八大经济区城乡金融非均衡发展水平均会越来越高,城乡金融非均衡发展问题会越来越严重,这必将直接影响和制约着中国城乡经济协调稳定发展,对整个国民经济的健康发展也将会带来巨大的冲击。

第五章　城乡金融非均衡
发展的原因分析

要全面而深刻地研究城乡金融非均衡发展问题,不仅需要站在前人基础上准确界定有关城乡金融的概念框架,厘清城乡金融非均衡发展的形成机理,科学测度城乡金融非均衡发展的程度,研判城乡金融非均衡发展的发展趋势,还需要弄清楚城乡金融非均衡发展的形成原因。研究现象形成原因的方法是多方面的,本章拟将定性分析与定量分析相结合,全面剖析造成城乡金融非均衡发展的原因。

第一节　城乡金融非均衡发展的原因
分析:定性分析的视角

一、制度供给与制度需求理论分析

在制度供给理论的研究方面,舒尔茨在将制度变迁纳入到制度供求分析的框架内进行分析时,指出制度是"为适应人的经济价值提高所致的制度的压力与限制而作出的滞后调整,对劳动力的市场价格提高的反应,对人力资本设备的报酬率提高的反应,对消费者可支配收入增加的反应"[①];戴维斯和诺斯通过运用成本收益理论对制度供给进行了分析,认为"如果预期的净收益超过预期的成本,一项制度安排就会被创新,只有当这一条件得到满足时,才有望发现在一个社会内改变现有制度和产权

[①]　舒尔茨:《论人力资本投资》,吴珠华等译,北京经济学院出版社 1990 年版。

结构的企图"①;林毅夫、张曙光和杨瑞龙在上述学者研究基础上,对制度供给问题作了进一步分析②。概括地讲,制度供给就是制度的制造者和提供者根据社会需要生产和提供制度,其供给的效果与程度主要取决于一个社会中各既得利益集团的权力结构和力量对比,各利益集团的权力结构和力量对比往往决定制度供给的内容和速度③。

　　在制度需求理论的研究方面,舒尔茨认为"人的经济价值的提高,必然使人产生超越现有制度的需求,政治和法律制度就会应运而生,也就是说,制度的产生是为了更好地满足人类的需要"④;拉坦在总结前人关于制度需求理论的前提下,认为技术变迁与制度变迁的原因存在高度的相似性,"对制度变迁需求的程度是要素与产品的相对价格的变化以及与经济增长相关联的技术变迁所引致的,对制度变迁供给的转变是由社会科学知识以及法律、商业、社会服务和计划领域的进步所引致的"⑤;林毅夫认为,"有限理性并不是制度不可或缺的充分条件,个人的生命周期、健康和生产过程的不确定性、自然灾害以及技术规模、经济效益和外部效果等,都是制度存在的必要条件"⑥。基于上述分析,可以认为所谓的制度需求就是为了获取现有制度安排无法达成的利益而产生的对新制度的需求⑦;制度需求包含两个方面的内容,一是现有制度潜力枯竭,无法达成人们的某种愿望或者是需求,

---

　　① 英文原著,参见:L. E. Davis, Douglass C. North, "*Institutional Change and American Economic Growth*", Reissue:Cambridge University Press,2008.

　　② 林毅夫:《关于制度变迁的经济学理论:诱致性变迁与强制性变迁》,《现代制度经济学》(下),北京大学出版社 2003 年版,第 260 页;张曙光:《论制度均衡和制度改革》,《经济研究》1992 年第 6 期;杨瑞龙:《我国制度变迁方式转换的三阶段论:兼论地方政府的制度创新行为》,《经济研究》1998 年第 1 期。

　　③ 江曙霞、罗杰、张小博、黄君慈:《中国金融制度供给》,中国金融出版社 2007 年版,第 44—50 页。

　　④ 舒尔茨:《制度与人的经济价值不断提高》,《财产权利与制度变迁》,上海三联书店 1994 年版,第 253 页。

　　⑤ 拉坦:《诱致性制度变迁理论》,《财产制度与制度变迁》,上海三联书店 1994 年版,第 29 页。

　　⑥ 林毅夫:《关于制度变迁的经济学理论:诱致性变迁与强制性变迁》,《现代制度经济学》(下),北京大学出版社 2003 年版,第 260 页。

　　⑦ 江曙霞、罗杰、张小博、黄君慈:《中国金融制度供给》,中国金融出版社 2007 年版,第 37—40 页。

二是在人们需要新的制度的时候,制度创新者能够提供满足需要的制度。

二、城乡金融非均衡发展的原因分析:
基于金融制度供给的视角

金融制度有狭义和广义之分。狭义的金融制度指银行系统及其相应的规章制度,而广义的金融制度则指国家以法律形式所确定下来的整个金融体系结构,包括组成这一体系结构的各类银行和非银行金融机构及其相关规章制度。根据金融制度所在的范围,可将金融制度分为城市金融制度和农村金融制度。城市金融制度是广泛存在于城市的银行系统及其相应的规章制度,农村金融制度指的则是存在于农村的银行系统及其规章制度。虽然经济发展不同时期的城乡金融制度具有显然不同的特点,但是,若以1978年年底党的十一届三中全会为分界线的话,中国经济发展可以划分为两个时期,一个是高度集中的计划经济时期,一个是改革开放以来的新时期。相应地,中国城乡金融制度也可以划分为两个时期,一个是高度集中的计划经济时期的城乡金融制度,一个是改革开放以来的新时期的城乡金融制度。自然,城乡金融制度的供给和需求也就分为两个不同的时期,分别是高度集中的计划经济时期城乡金融供给制度和改革开放新时期城乡金融供给制度、高度集中的计划经济时期城乡金融需求制度和改革开放新时期城乡金融需求制度。

(一)城市金融制度供给及特征

新中国成立以来,中国城市金融制度的供给主要分为两个阶段,即计划经济时期城市金融制度供给和改革开放以来的城市金融制度供给。基于作为公共产品的制度自身所具有的特殊本质,以及中国不同时期金融改革所面临的具体经济社会条件,中国计划经济时期和改革开放以来城乡金融制度的供给各有其自身特点。

计划经济时期的城市金融制度供给及特征。根据金融制度的概念内涵,可以从两个方面来分析计划经济时期城市金融制度供给,即城市金融体系和城市金融体系相关规章制度等。从城市金融体系的角度来看,针对新中国成立初期,解放区银行和国统区原有"四行两局一库"及其他金融机构并存的混乱局面,中央人民政府依据中国人民政治协商会议通过的《共同纲领》的文件规定,着手接管清理国统区原有"四行两局一库"及其他金融机构,将其并入1948年12月1日在华北银行、北海银行和西北农民银行基础上组建的中国人民银行管辖范围内。1953年"一五"计划实施后,国家先后对城市金融机构进行了一系列的合并和改组,1955年,中国正式形成高度集中统一的、以行政管理为主的、单一的国家银行体系结构,在城市金融系统中,仅存一家真正意义上的银行,即中国人民银行。中国人民银行包揽了一切信贷业务,全国各城市金融机构全部变成中国人民银行的分支机构。计划经济时期这种"又红又专"的金融体系一直延续到1978年。从城市金融体系相关规章制度的角度来看,计划经济时期的城市金融体系相关规章制度主要表现在两个方面。一是新中国成立初期,在对国统区原有"四行两局一库"及其他金融机构接管和改组的过程中,虽然整体上改变了这些金融机构的性质,废除了旧社会银行主要为官僚资本主义服务的职能,但是,作为支撑金融机构运转的一系列正常业务活动与管理办法仍被中央人民政府吸收采用。二是"一五"计划实施以来,国家对城市金融机构废除、设立及金融机构职能的重新界定。以中国农业银行为例,国家1955年专门设立,1957年将其撤销,各级农业银行并入中国人民银行,作为中国人民银行的农村信贷工作部,1963年又再次设立中国农业银行,其后再次将其取消。伴随中国农业银行的废除与设立,其具体职能一再发生变化。与此同时,国家又颁布了一系列有关城市金融管理方面的规章制度。这一时期,城市金融制度的供给有其显著的优点,但是,缺点也是非常明显的。在优点方面,计划经济时期的城市金融制度供给,有力地配合了财政信贷管理体制,甚至是财政的某种附庸,直接支撑了高度集中的计划经济体制的运行,保证了在内忧外困的严峻形势下,中央政府能够尽最大努力迅速集中全国的财力,支持一系列重点项目的建设;在缺点方面,由于城市金融制度的供给仅有中国人民银行一家,缺乏竞争性,整个金融系统缺乏活力,金融机构作用的发挥受到了极大的限制;同时,由于取消了多种融资方式,融资工具欠缺,金融在经济社会发展中的功能难以有效地发挥。

改革开放以来的城市金融制度供给及特征。与计划经济时期城市金融制度供给一样,改革开放以来的城市金融制度供给也可以从城市金融体系和城市金融体系相关规章制度等两个方面来进行分析。从城市金融体系的角度来看,中国人民银行一统天下的局面被打破,国家逐步恢复或从中国人民银行分设出一系列专业银行,形成了以中国人民银行为领导、四大国家专业银行为主体、其他商业银行和非银行金融机构并存的多元化金融机构体系,同时初步建立起了以资金信贷市场为主导、货币市场、资本市场、外汇市场共同发展的金融市场体系。此外,近些年来,中国城市金融中的商业金融与政策性金融也逐步分开,分业监管机构相继成立。在中国的代表性银行中,城市金融机构基本上都是改革开放以来发展起来的,作为政策性金融典型代表的国家开放银行、中国进出口银行、中国农业发展银行则是在20世纪90年代开始成立的。从城市金融体系相关规章制度等的角度来看,改革开放以来的城市金融体系相关规章制度主要体现在两个方面。一是体现在金融监管法律制度方面。20世纪90年代以来,为更科学合理地引导城市金融机构的健康发展,国家相继制定并颁布了法律法规,如《中国人民银行法》(1995年颁布、2003年修订)、《商业银行法》(1995年颁布、2003年修订)、《证券法》(1998年通过、2004年和2005年分别修正和修订)、《保险法》(1995年通过、2002年修改、2009年修订)、《票据法》(1995年通过、2004年修正)等系列金融法律法规。特别是《中国人民银行法》的通过和修订,彻底打破了过去中国财政政策与货币政策不加区分对待的局面,为中国金融事业的发展夯实了法理基础。二是体现在城市不同金融机构自身所制定的相关规章制度方面。城市不同的金融机构,受其自身发展历史的影响、自身特定职能的约束以及整个社会环境变迁的作用,不同金融机构所制定的规章制度千差万别,在对待同一问题方面的规定,不同银行也会有所不同的制度,这些共同构成了城市金融制度的供给。从整体上来看,改革开放以来,中国城市金融制度的供给在促进城市经济发展、调剂资金使用、缓解城市经济发展资金需求压力等方面发挥了重要的积极作用,切实实现了"金融服务经济"的目标,也充分调动了金融机构自身的活力,提高了资金使用的实际效率。同时,也应该看到,自改革开放以来中国城市金融制度的供给仍然存在不少问题,在一定程度上抑制了城市经济的进一步发展,与中国当前经济发展方式转变所要求的资金优化配置问题也在很大程度上存在不一致的地方。比如,作为城市经济体重要组成部分的中小企业的融资问题在当前城市金融制度供给下,并没有得到有效的解决;城市金融制度的供给在不同省级单位之间也表现出严重的差异性等。

(二)农村金融制度供给及特征

计划经济时期的农村金融制度供给及特征。与城市金融制度的供给相比,计划经济时期的农村金融制度供给则明显不足,与城市相比,它们存在显著的差距。由于在计划经济时期,中国农村主要的金融机构是农村信用合作社和中国农业银行,它们的发展变化基本上可以构成中国农村整个金融制度供给的全部。因此,分析计划经济时期中国农村金融制度的供给,可以从农村信用合作社和中国农业银行的发展变迁着手。

从计划经济时期信用社发展变迁的角度来看,1950 年 3 月国家统一财经后,物价稳定,部分地区进行了土改,为信用合作社创造了条件。1951 年 5 月全国首届农村金融工作会议决定试办农村信用合作社,到 1951 年年底,全国就有了 538 个信用合作社,比 1950 年增加了 4 倍多,信用部达到 953 个,比 1950 年年底增加 1 倍多,信用小组达到 542 个,比 1950 年年底增加 15 倍之多。1952 年部分地区的重点试办进入普遍发展,到 1952 年年底,信用合作社达到 2271 个,信用部 1578 个,信用小组 16218 个。1953 年人民银行总行在布置农村金融工作中提出逐步推广信用合作社与高利贷作斗争,本年年底达到 9418 个社,组织社员即达 597 万人。信用部达到 2069 个,信用小组为 3994 个。1954 年 3 月人民银行总行召开了全国信用合作座谈会,根据过渡时期总路线的精神,统一了对信用合作社的认识,推动了信用合作社的迅猛发展。到 1954 年年底,发展到 124068 个信用合作社,比 1953 年年底增加了 12 倍多,社员达到 7200 余万人,信用部达到 2384 个,信用小组发展到 21281 个,比 1953 年年底增加 4 倍多。"一五"计划以后,随着国家对整个金融制度的调整,中国人民银行一统天下,农村信用合作社受其资金力量薄弱的制约,其业务基本上依赖于中国人民银行。很显然,在计划经济时期,随着中国整个金融制度的变化,中国农村信用合作社的变动也是极为频繁的。

从计划经济时期中国农业银行发展变迁的角度来看,计划经济时期中国农业银行的发展变迁就经历过多个不同的发展阶段。第一个阶段是1951年到1952年。新中国成立初期,为了促进土地改革后中国农村经济的发展,经政务院批准,于1951年8月正式成立了中国农业合作银行,即为中国农业银行的前身。这一阶段,农业合作银行的主要任务是为扶持农村信用合作的发展夯实基础,1952年由于精简机构而撤销。第二个阶段是1955年到1957年。为更好地满足农业合作化的融资需求,借鉴苏联的经验,国务院于1955年3月批准设立中国农业银行,其主要任务是为生产合作组织和个体农户提供贷款,办理财政支农和农业长期贷款等。1957年4月12日,各级农业银行整体并入中国人民银行,作为中国人民银行的农村信贷工作部,继续履行原有的职责。第三个阶段是1963年到1965年,在贯彻中共八届九中全会关于国民经济发展的"调整、巩固、充实、提高"方针中,为更好地促进农业的发展,缓解农业发展的资金约束问题,1963年11月全国人民代表大会常务委员会通过决议,批准建立中国农业银行,作为国务院的直属机构,根据中共中央和国务院关于建立中国农业银行的决定,这次农业银行机构的建立,从中央到省、地、县,一直设到基层营业所,1965年11月在精简机构的压力下,中国农业银行和中国人民银行再次合并。很明显,从1949年到1978年,中国农业银行的发展一波三折,变动很大。

改革开放以来的农村金融制度供给及特征。改革开放以来,特别是家庭联产承包责任制的全面推广,中国农村经济体中所蕴含的潜力得到了前所未有的释放和挖掘,农村经济迅速恢复和发展。在这个过程中,中国农村金融制度的供给状况也发生了显著的变化,目前已经形成正规金融组织与非正规金融组织并存的局面,两者共同支撑农村经济的发展,从正规金融组织的角度来看,自改革开放到目前为止,中国农村正规金融组织主要有中国农业银行、农村信用社、农业发展银行、邮政储蓄银行和以农村商业银行和村镇银行为代表的其他金融组织。理论上讲,这些正规金融机构在农村均有各自的服务范围,而实际上,近年来随着农业银行"看齐"另外三大国有银行(工商银行、中国银行和建设银行)而逐步退出农村信贷市场,同时作为政策性银行的农业发展银行只能扮演代理财政发放粮食收购贷款的角色,根本不与个体农户直接发生信贷业务关系,而邮政储蓄银行和新型金融机构短期内很难真正发挥农村资金"蓄水池"的作用,如此一来,在农村正规金融机构中,农村信用社处于一家独大的单位①。也就是说,虽然改革开放以来,中国农村金融制度供给方面较之以前发生了很大的变化,但是,综合考虑到多方面的因素,农村信用社在农村金融市场中一家独大的局面并没有发生实质性的变化。

从非正规金融组织的角度来看,经过改革开放以来数十年的发展,中国目前的非正规金融组织主要有农村社区银行、非政府小额信贷、资金互助社和以合会、私人钱庄为代表的其他金融组织。纵观中国非正规金融发展的历程不难发现,自改革开放以来,中国对非正规金融发展的认识经过了非正规金融性质判别阶段、非正规金融的规范与发展阶段、正规金融与非正规金融结合三个阶段②;特别是林毅夫和孙希芳③从中小企业融资困境的视角出发,充分论证非正规金融的制度性贡献与合法性以来,非正规金融因其在制度供给方面所独具的灵活性和适应性,能够提供隐含保险、信任替代实物抵押、社会性约束与自律相结合的履约机制、重复交易等机制有效地降低交易成本而获得了极大的发展④。如果结合农村正规金融组织在支持农村经济社会发展方面的实际成效,甚至完全可以认为,改革开放以来,在有效支持农村经济社会发展方面,作为农村金融制度供给重要组成部分的农村非正规金融组织功不可没,其已经在很大程度上成为当前缓解农村金融困境的重要手段。

(三)城乡金融制度供给非均衡的制度经济学解释

通过上述分析不难看出,无论是计划经济时期还是改革开放以来,中国

---

① 陈雨露、马勇:《中国农村金融论纲》,中国金融出版社 2010 年版,第 55—70 页。

② 史小坤:《基于二元金融结构的中国农村正规金融和非正规金融联合模式研究》,《农村金融研究》2010 年第 8 期。

③ 林毅夫、孙希芳:《信息、非正规金融和中小企业融资》,《经济研究》2005 年第 7 期。

④ Schreiner, S. M., "Informal Finance and the Design of Microfinance", *Development in Practice*, Vol.11, No.5(2001), pp.637-640.

城乡金融制度供给的非均衡是非常明显的;虽然经济决定金融,金融服务经济,城乡金融制度的非均衡在很大程度上可以从城乡经济差异方面来寻求解释,但是,城乡金融系统是一个非常复杂的系统,城乡金融制度非均衡不仅受城乡经济发展的制约,还会受到其他因素的影响。

制度初始禀赋与城乡金融制度供给非均衡。无论是计划经济时期,还是改革开放以来,城乡金融供给制度初始禀赋的差异是造成城乡金融制度供给非均衡的首要原因。从1949年新中国成立以来,中国城乡金融制度供给的设定与变迁的初始体系禀赋是国家直接控制下的单一国有银行体制,这种国有金融寡头垄断条件下的初始结构直接决定着中国城乡金融供给制度发展变迁的轨迹①。在不否认新中国成立初期中国城乡金融制度供给非均衡的情况下,政府为了支持国家的工业化建设,通过扩张国有垄断金融的产权边界获取金融剩余,逐步建立起支撑国有企业稳步发展的金融制度供给框架。从现实来看,由于工业主要集中在城镇,而农村更多的是单纯的农业,金融资源在国家特定的金融制度供给框架范围内配置,城乡金融制度供给自然会朝着非均衡的方向发展。很显然,新中国成立以来,在政府主导型的渐进式的强制性制度变迁作用下,城乡金融制度供给的非均衡问题并不能得到有效缓解,其最终的结果必然会内生出金融垄断、金融资产质量低下、金融风险扩散、金融体系脆弱以及边际金融效率递减等副产品,最终城乡金融非均衡的发展将会陷入非效率的闭锁状态②。

制度变迁内在约束与城乡金融制度供给非均衡。从计划经济时期到改革开放以来,中国城乡金融制度供给虽然一直都在缓慢地变革,但是基于多方面原因的制约,城乡金融制度供给发展不均衡的局面并没有得到彻底的扭转。张杰认为,由于中国下层结构所获得的产权自由以及产权形式没有与国家的产权保护达成一致,以至于下层结构缺乏稳定的经济

---

① 皮天雷:《中国金融制度变迁分析:基于制度变迁的路径依赖视角》,《经济与管理研究》2009年第9期。

② 江曙霞、罗杰、张小博、黄君慈:《中国金融制度供给》,中国金融出版社2007年版,第108—222页。

预期,在制度演进的过程中未能形成稳定的产权形式及与之相适应的切实有效的谈判能力,这一点在城乡金融制度供给的变迁方面表现得尤为明显①。在城乡金融制度供给过程中,一边是具有超强控制力的上层结构(含城市经济体),一边是小规模、分散化的下层结构(只要是农村经济体);在有限金融资源配置方面,中央政府并不能完全按照城市经济体或者是农村经济体的融资需求来分配金融资源,而是在考虑"政治性需求"的前提下,根据城市经济体和农村经济体各自的谈判能力来涉及城乡金融制度供给、分配金融资源;同时,考虑到新制度取代旧制度所需要耗费的时间成本和摩擦成本,政府更多倾向于"路径依赖"。很明显,虽然城乡金融制度供给也经历了多次改革,但是基于制度变迁内在约束的考虑,短期之内,城乡金融制度供给非均衡的局面并不能得到彻底扭转。但随着城市经济体和农村经济体之间的力量对比的变化,非均衡的局面会发生变化。

三、城乡金融非均衡发展形成的原因：基于金融制度需求的视角

(一)城市金融制度需求及特征

计划经济时期城市金融制度需求及特征。新中国成立初期,面对旧社会留下来的薄弱的工业基础、残缺不全的工业体系、结构并不合理的产业结构,在内忧外困的环境下,中央人民政府选择的是在借鉴苏联发展模式的基础上,走国家计划推动、重工业优先发展、以粗放型经济增长方式为主的工业化道路。在工业化道路的进程中,为了集中全国有限的资源(诸如人力、物力和财力,特别是有限的财力资源),国家采取的是通过获取农业剩余来支持工业发展的资源集中新模式,也就是"农业支持工业、农村支持城市"的模式来集中资源,这一模式在配置有限的金融资源方面表现出明显的城乡金融差异。需要特别说明的是,在配置城乡金融资源方面,计划经济的不

①　张杰的《中国金融制度的结构与变迁》一书最早于1998年公开出版,2011年再版。具体可参见张杰:《中国金融制度的结构与变迁》,中国人民大学出版社2011年版,第20—33页。

同时期也有不同的政策区别,但基本趋势是国家牢牢地控制住金融资源配置的流向和用途。首先,在高度集中的计划经济体制下,工业化建设所需要的巨额资金投入所带来的财政压力,直接导致国家采取控制城镇化的策略,服务于财政的金融机构也急剧萎缩,"大一统"银行体系逐步建立①。以"一五"为例,国家的基本任务是集中力量完成以苏联帮助中国设计的 156 项重点项目为中心、由限额以上的 694 个建设单位组成的工业建设,基本建设资金投入高达 427.4 亿元,这样大规模的经济建设要求财政"努力为国家工业化事业积累更多的资金"②,而当时中国城乡人均储蓄只有 2.1 元,国家财政收入为 222.9 亿元,能够用于经济建设的资金不到 100 亿元③。为了有效控制城市人口的过度膨胀,加快农业生产,更好掌握银行的信贷行为,减少银行开支,国家或将其他银行并入中国人民银行,或将其他银行撤销,最终形成的是中国人民银行包揽一切,成为社会资金的总库房。其次,为了支持城市的工业化建设,国家逐步高度集中的信贷计划管理体制,确保资金的流向和用途。如表 5-1 所示,1952 — 1957 年,国家的贷款主要就是流向城市的工业企业、商业企业、城镇集体企业等,农村所获取的资金并不多,这与 1952 年中国人民银行召开大区行长和银行计划会议讨论并通过的《中国人民银行综合信贷计划编制方法(草案)》(以下简称《草案》)精神是一致的。《草案》明确规定了综合信贷计划的运行办法:第一,在全国范围内,银行系统的存款由中国人民银行总行统一使用,贷款由中国人民银行总行按信贷计划指标逐级下达;第二,按照不同的系统,对国营企业和供销合作社系统的贷款进行"条条"管理,对于季度计划的季末指标,各"条条"之间不能相互调剂;第三,国有商业部门和供销合作社系统在收购农副产品时,中国人民银行充分供应资金,基层银行可以边贷边报;第四,国家银行分别核定贷给农业、手工业以及合营、私营工商业的贷款指标,相互之间不能调剂。

---

① 新中国成立初期,为了尽快恢复国民经济,人民政府对民族资本主义企业、小型私营企业和个体手工业的融资需求也给予了高度重视,在一定程度上为后来大规模工业化建设融资困境问题留下了隐患。

② 《周恩来选集》(下卷),人民出版社 1984 年版,第 141 页。

③ 武力:《中华人民共和国经济简史》,中国社会科学出版社 2008 年版,第 67 页。

表 5-1　1952—1957 年国家银行各项贷款构成（年末余额）

单位:亿元

年份	合　计		工业企业		商业企业		城镇集体企业		农业经济	
	数额	占比（%）	数额	占比（%）	数额	占比（%）	数额	占比（%）	数额	占比（%）
1952	108	100	9.5	8.8	93.8	86.9	0.5	0.5	4.2	3.9
1953	134.6	100	13.0	9.7	114.3	84.9	0.7	0.5	6.6	4.9
1954	184.6	100	14.6	7.9	161.8	87.6	0.6	0.3	7.6	4.1
1955	204.2	100	18.1	8.9	175.3	85.8	0.8	0.4	10.0	4.9
1956	233.9	100	27.9	11.9	172.4	73.8	3.2	1.4	30.2	12.9
1957	277.5	100	30.3	10.9	216.4	78.0	3.1	1.1	27.7	10.0

资料来源:中国人民银行调查统计司:《中国金融统计(1952—1987)》,中国金融出版社 1988 年版。转引自赵学军:《略论"一五"时期信贷资金的计划配置》,《中国经济史研究》2010年第 4 期。

改革开放以来城市金融制度需求及特征。改革开放以来,随着中国经济的持续高速增长,中国城市金融制度需求也表现得越来越活跃。一是城市融资机构数量的急剧扩张导致城市金融机构的变革。与计划经济时期不一样,改革开放以来,随着中国政策的变动,以"三资企业"为代表的企业群体大量涌现,成为推动城市经济发展的重要力量。"三资企业"中的中外合资经营企业、中外合作经营企业和原来城市经济体中的国有企业以及由国有企业改制而来的股份制企业、民营企业等成为城市融资主体的重要构成部分。很显然,计划经济时期的金融体系无法有效满足改革开放以来所出现的不同种类、不同性质的企业的融资需求,城市经济体需要新的金融体系,原有金融机构必然变革。二是城市融资机构融资数量的急剧增多所带来的融资市场的变化。改革开放以来的企业,无论是国企、合资企业,还是民营企业,它们面对的是更为激烈的市场竞争。为了在竞争中获胜,引进和采用先进的技术设备、管理理念成为必然要求,而这就需要大量的资金投入,仅靠银行的信贷资金难以有效的满足需要,拓展融资市场成为迫切需要。在此情况下,货币市场、外汇市场、证券市场、股票市场等应运而生。三是城市融资机构所带来的融资风险所引致的整个金融监管制度的变革。银行资金的流通不仅需要获利,还需要确保资金的安全。改革开放以来,随着城市大量新型融资机构的出现,融资需求日益强劲,面对种类繁多的各类贷款,在市场风险面前,部分银行的不良贷款也与日俱增,随之而来的是国家对整个金融系统监管力度的加大,一系列融资风险法律法规的出台。也就是说,改革开放以来,中国城市经济体中融资机构的多元化、融资数量的巨额化、融资风险的加大化直接导致了城市金融制度需求的变革,加快了整个城市金融体系的发展。

(二)农村金融制度需求及特征

计划经济时期农村金融制度需求及特征。从 1949 年到 1953 年开始一系列五年计划的实施,若以 1953 年为界的话,中国整个计划经济时期可以划分为两个大的时期,即新中国成立之初的经济恢复时期和 1953 年以来的社会主义建设时期。基于此,计划经济时期农村金融制度需求也表现出明显的阶段特征。从农村金融活动和金融交易规则角度看,解放初期,信用社还没有普遍建立,银行贷款并不能够有效地满足农民需要,农民生活大部分困难得不到解决,民间借贷成为农民应付饥荒或其他生活费用的临时支出的重要途径;基于由于当时农民的私人财产权利缺乏有效的保护,又把放债取息视为畏途,思想顾虑较多,民间借贷行为受到了极大的限制;为此,中央人民政府颁布了《新区农村债务纠纷处理办法》,在《第二届全国金融会议关于若干问题的决定》中也提出:要宣传和提倡私人借贷自由,利息不加限制,由双方根据自愿两利原则商定;农民自由借贷,实物计算,利息较高,总比没有借贷好,因此应予以鼓励①。1952 年以后,随着农村信用社的试点和普及,农民的融资结构有了显著的变化,国家借贷和信用社贷款在农民生活中逐渐扮演越来越重要的角色和地位(见表 5-2)。

从农村金融机构和农村金融监管机构角度看,新中国成立之初到 1952 年期间,农村金融制度处于破旧立新的阶段,农村金融主要是以私人借贷为主的非正规金融,真正意义上的金融监管几乎处于真空状态,主要依靠借贷

①　《第二届全国金融会议关于若干问题的决定》,《1949—1952 中华人民共和国经济档案资料选编》(农村经济体纸卷),第 530 页。

表 5-2　中南 5 省 1952—1953 年农户融资结构

（单位:%）

	1952 年			1953 年		
	私人借贷	国家借贷	信用社	私人借贷	国家借贷	信用社
河南省 9 个乡	33.57	48.24	18.19	29.65	52.47	17.88
湘鄂赣 10 个乡	30.72	62.10	7.18	32.69	36.98	26.73
广东省 7 个乡	37.14	55.85	7.01	48.49	40.91	10.60
合　　计	32.96	59.22	7.82	40.28	39.23	20.49

资料来源:中共中央中南局农村工作部:《中南区 1953 年农村经济调查统计资料》(1954 年 7 月),
湖北省档案馆 SZ-J-517。转引自苏少之、常明明:《新中国成立初期中南区乡村个体农民融资途径与结构研究》,《当代中国史研究》2009 年第 4 期。

双方的协调来进行解决,必要的时候,政府出面解决问题。如山西省人民政府 1952 年出台的《农村借贷及调整借贷关系的暂行办法》就规定,"因接待利息过高发生纠纷时,可由政府调解处理,但过去已经政府调解者,不再变动。"① 与山西的做法相类似,湖北省的襄阳、孝感和宜城等县市还通过制定私人借贷利率标准的做法来对民间借贷行为进行调控。② 1952 年以后,农村金融是正规金融组织与非正规金融并存的局面,其中,以前者为主,后者为辅;代表性的农村正规金融组织主要有农村营业所、农村信用社、农业银行等。虽然不同的金融机构在促进农村经济发展方面具有不同的作用,但每一种金融组织都有其特定的运行特征(见表 5-3)。1952 年以后,政府对农村金融的监管主要是通过中国人民银行及其分支机构进行。1952 年到 1978 年间,虽然农业银行经历了设立、撤销、合并等发展阶段,农村信用社的管理权限在不同的地方也经历了人民银行监管、生产大队直接管理甚至是与农村营业所合并等发展波折,但是,在这一时期,中国人民银行在整个

① 山西省人民政府:《农村借贷及调整借贷关系的暂行办法》,《山西日报》1952 年 6 月 4 日第 2 版。
② 关于湖北省襄阳、孝感和宜城等县市文献可参见:湖北省农委:《襄阳专区四个乡借贷租佃典当买卖关系的调查》(1953 年 3 月 10 日),湖北省档案馆 SZ18-1-41;湖北省农委:《湖北孝感专区五个乡农村经济调查》(1953 年),湖北省档案馆 SZ18-1-41;宜城县委调研组:《宜城县龙兴乡农村经济调查几个材料的整理》(1953 年),湖北省档案馆 SZ18-1-5。

国家金融系统中的地位决定了其在大多数时间内对农村所有正规金融机构的监管。

表5-3 国家农贷、农村信用社和农村私人借贷的运作特征比较

	国家农贷	农村信用社	农村私人借贷
组织形态	高度集中管理,依靠众多分支机构使业务分散化	受国家银行和当地政府的领导,管理较为松散	高度分散化,组织结构松散,众多供给者无序竞争
贷款对象	以农村合作经济组织为主,兼顾个体农户,重点照顾贫雇农	以合作社社员为主,兼顾社员,面广	农村各阶级农户
贷款期限	一般农业生产贷款1年以下,设备贷款3年以下,周转性贷款半年以下	一般在半年以下,甚至更短	一般在1年以上,甚至更长
贷款利率	较低	高于国家农贷,低于私人借贷正常利率	各种利率并存
贷款用途	生产占绝大比重	侧重生产,兼顾生活	消费、生产各个方面
贷款手续	烦琐,环节多	烦琐,环节多	简便快捷
信用方式	担保、契约	担保、契约	个人信用为主
贷款金额	相对较大	小额	小额
其他特征	忽视文化条件,重视社会、政治条件	忽视文化条件,重视社会、政治条件	重视地缘、社区和亲疏关系
经济作用	有助于经济的动态增长,但通常不能提供自我发展的启动资金	有助于经济增长,一般能提供自我发展的启动资金	只能通过提供资助贷款,主要维持缓慢的经济增长

资料来源:常明明:《建国初期国家农贷的历史考察:以中南区为中心》,《当代中国史研究》2007年第3期。

从农村金融活动参与者的行为角度看,农村金融活动参与者主要包括资金需求者和自己供给者;正规金融渠道的资金需求者主要是农户,还包括集体所有者企业,资金供给者主要是银行,私人借贷多是满足农户的资金需求;而对于非正规渠道来说,资金需求者则是农户,资金供给者也基本上是农户。新中国成立初期,为了满足生产和生活的需要(见表5-4),农户不仅向资金富裕者借贷,也向新成立的农村信用合作社和农村营业所借贷,向前者借贷的利率多是双方协商的,也采用旧社会流传下

来的一般利息率,即"谷加五,钱加三"或"谷加三,钱加五"①,有些是无息借贷;向后者借贷,利息多是两分。一般来说,资金富裕者借出资金(包括谷物之类),多是为了获取利润;而政府金融机构贷款,主要是为了缓解农户生产生活的压力,促进农村经济的发展。1952 年以后,农村金融活动的参与者与以前相比,集体所有制企业(如生产队、人民公社等)更多成为扮演农村资金需求者的角色,他们更多的是通过农业贷款购买农机具、耕牛等生产资料。

表 5-4　新中国成立初期湖北省 10 个乡农户私人借贷的用途

（单位:%）

	生产资料	生活资料	婚　丧	疾　病	修补房屋	其　他
合　计	18.08	42.79	20.04	6.03	8.89	4.17
贫雇农	16.10	44.80	21.87	5.79	8.75	2.78
中　农	25.29	33.19	16.41	7.00	10.29	7.87

资料来源:湖北省农委:《农村借贷情况与活跃农村借贷问题》(1953 年),湖北省档案馆 SZ18-1-40。转引自常明明:《私人借贷与农村经济和农民生活关系研究:以土改后中南区为例》,《中国农史》2007 年第 2 期。

改革开放以来农村金融制度需求及特征。与计划经济时期农村金融制度需求及特征的分析相类似,改革开放以来农村金融制度需求及特征也可以从三个方面来展开研究。从农村金融活动和金融交易规则角度看,随着改革开放以来农村工业、商贸流通业和大规模种养殖业的发展,与改革开放之前相比,农村的金融活动与金融交易规则发生了显著的变化。虽然农户之间以满足生产生活需要为主的借贷活动广泛存在,但是以农村工业、商贸流通业和大规模种养殖业发展为典型代表的新型产业对资金的需求更为强劲,在现行农村金融体系框架内,他们的融资需求难以得到有效的满足,在部分地区,作为非正规金融代表的金融组织开始大量出现;与正规金融机构的融资相比,非正规金融机构的融资在具有方便快捷的同时,也具有利率较高的特点。从农村金融机构和农村金融监管机构角度看,如果将农村金融

---

　①　湖北省农委:《农村借贷情况与活跃农村借贷问题(草案)》(1953 年),湖北省档案馆 SZ18-1-40。

市场的融资主体从农户、企业和政府三个角度来进行划分的话,农村金融市场的融资主体可以划分为不同的类别,基于他们自身的特点,必然要求不同的金融机构来满足他们的融资需求;国家也正是从这个角度出发,在改革开放以来,成立了中国农业发展银行,加快了中国农业银行商业化步伐,强化了农村信用合作社的改革力度,于1995年大量组建农村信用合作银行,与此同时,国家还有意识地引导了非正规金融机构的发展,自2003年4月28日中国银行业监督管理委员会(简称"中国银监会")正式履行职责以来,中国"一行三会"(中国人民银行、证监会、保监会、银监会)分业监管的金融格局的正式确立,包括农村金融在内的金融体系得到了有效监管。从农村金融活动和金融参与者的行为角度看,与计划经济时期的农村金融市场不一样,改革开放以来的农村金融市场更为复杂,农村金融活动更为复杂,农村金融活动的参与者也不再局限于农户、农村信用社等,一方面,国家要支持"三农"发展,确保农民增产增收,维护农村的稳定,农村信用社(农村商业银行)、农业银行、邮政储蓄银行以及以村镇银行为代表的各种新型农村金融机构开始大量涌现,支持农村经济的发展;另一方面,改革开放以来,随着农村经济的发展,农村消费市场并没有有效地被开拓,农村储蓄市场潜力非常广阔,吸收和利用更多的农村"富余资金"也成为众多金融机构角逐的重要领域,各类新型农村金融机构也开始开拓农村的金融市场。此外,农村经济的发展,也带来了农村保险市场、证券市场和股票市场的发展;虽然他们的规模目前来说还很小,但是,发展速度快。很显然,在改革开放以来的新形势下,农村金融制度需求的产生与发展有其必然性。

(三)城乡金融制度需求非均衡的制度经济学解释

与城乡金融制度供给非均衡一样,对于城乡金融制度需求的非等化问题,也可以运用新制度经济学的相关理论来进行分析。虽然影响城乡金融制度需求的因素很多,诸如城市经济体和农村经济体的经济发展状况、制度需求者的地位与制度偏好、意识形态刚性以及传统文化价值观念等。若将这些因素纳入新制度经济学的框架范围内,则可以从制度初始禀赋和制度变迁内在约束的角度来进行分析。

制度初始禀赋与城乡金融制度需求非均衡。城乡二元经济结构是中国城乡金融制度需求非均衡的初始禀赋。基于历史的原因,中国城乡经济在新中国成立初期就表现出明显的二元经济特征,城市经济明显好于农村经济,城市金融制度需求也远远比农村金融制度需求表现得更为强劲;在高度集中的计划经济体制下,在"政治性需求"的作用下,这种情况并没有得到有效的缓解;改革开放以来,由于中国市场经济体系并没有完全建立起来,国有企业(包括国有银行和各类生产型企业)并没有完全摆脱对政府部门的依赖,他们还不是真正意义上的自主经营、自负盈亏的独立经济体,以银行为代表的金融机构基于资金投入获利性、安全性的考虑而偏好对国有企业(主要在城镇)的投资,而相比于国有企业来说,农村融资主体受其自身条件的制约,并不能很好地得到来自金融机构融资;此外,改革开放以来,随着农村经济的恢复发展,农村闲置资金较为丰富,为了吸纳和利用更多的资金,城市金融机构也在农村地区通过各种方式和手段吸纳资金,弥补城市融资需求的不足。也就是说,在市场经济条件下,受制度初始禀赋差异的影响和制约,城乡金融制度需求非均衡问题越来越严重。实际上,从中国城乡经济体之间的谈判能力角度来看,城乡金融制度需求非均衡问题也会越来越明显。因为对于城市经济体和农村经济体来说,城市经济体在抵押品、信息对称和交易成本等方面都明显优于农村经济体,在同等条件下,金融机构会更加青睐城市经济体,尽量满足城市经济体的融资需求,尤其是城市经济体中的国有企业融资需求。

制度变迁内在约束与城乡金融制度需求非均衡。纵观计划经济时期和改革开放以来的城乡金融制度需求不难看出,虽然城乡金融制度需求一直都在发生缓慢的变化,但是,基于多方面的考虑,城乡金融制度需求的非均衡问题并没有得到很好的解决,这主要与城乡金融制度变迁的内在约束紧密相关。一般来说,作为一种有效节约交易费用和切实提高资源配置效率的制度安排形式,城乡金融制度需求不应该是按照外在的模式被刻意安排,而应该是一系列相互关联的演进过程的结果;而实际上,在经济转轨期,由于整个金融制度的变迁明显滞后于经济制度的变迁,自然,金融制度的改革和创新一直依附于宏观经济制度的变迁。因此,包括城乡金融制度需求在内的金融制度每一步变迁都源自自上而下的政府强制性供给行为,而不是自下而上的诱致性政府行为,也不是自下而上的诱致性微观金融企业需求行为①。也就是说,在城乡金融制度需求的变革过程中,政府既是"运动员",又是"裁判员",政府作为推动金融变革的"第一行动集团",在决定金融制度变迁的形式、速度、突破口等问题时,既有促进微观经济主体效益和整体金融效率最大化的动机,更有维护公共金融产权、实现政府效应函数最大化的愿望,而在城市金融制度需求与农村金融制度需求显著差异的情况下,政府更多的是在有限理性的前提下,追求各种目标偏好统一的政府效应函数最大化,自然不难理解当前城乡金融制度需求非均衡问题。

第二节　城乡金融非均衡发展的原因分析:定量分析的视角

城乡金融非均衡发展不仅仅与城乡金融制度的供给与需求有直接的关系,考虑到城乡金融制度所处的城乡经济体的实际情况,要全面剖析城乡金融非均衡发展问题,还必须充分考虑城乡经济体中其他因素的影响,这是其一。其二,分析造成城乡金融非均衡发展的原因,不仅仅需要从定性分析的角度入手,还应该从定量分析的视角进行相应的尝试和探索。

一、城乡金融非均衡发展的模型设定与指标选择

经济决定金融,金融服务经济;城乡经济发展决定城乡金融发展,城乡金融发展制约城乡经济发展。因此,从定量的视角探究城乡金融非均衡发展的原因,首先必须考虑城乡经济的非均衡发展。同时,中国城乡金融制度历经多次变迁,每一次城乡金融制度的变迁都对城乡金融的发展带来了不同程度的影响,市场化是城乡金融制度变革的根本方向;市场化的发达程度

---

① 江曙霞、罗杰、张小博、黄君慈:《中国金融制度供给》,中国金融出版社 2007 年版,第 108—222 页。

直接受城乡经济发展水平的制约,城乡经济市场化水平的高低在诸多方面制约着城乡金融的发展。基于实际数据的可得性,本节拟从城乡人均国民经济生产总值、城乡经济市场化水平、城乡固定资产投资额、城乡实际利用外资额四个方面衡量城乡经济发展的非均衡。基于此,如果假设 i 省 t 时期的城乡金融非均衡发展水平为 $\varphi urfd_{it}$,相应的人均国民经济生产总值、经济市场化水平、固定资产投资额、实际利用外资额分别记为 mi_{it}、$urrgdp_{it}$、$urfa_{it}$、$urfdi_{it}$,则有

$$\varphi urfd_{it} = F(mi_{it}, urrgdp_{it}, urfa_{it}, urfdi_{it})$$
$$= (mi_{it})^{\theta}(urrgdp_{it})^{\gamma_1}(urfa_{it})^{\gamma_2}(urfdi_{it})^{\gamma_3}e^{\mu_i+\varepsilon_{it}}$$

$$(5.1)$$

对(5.1)式两边同时取对数,有

$$\varphi urfd_{it} = \theta lnmi_{it}+\gamma_1 lnurrgdp_{it}+\gamma_2 lnurfa_{it}+\gamma_3 lnurfdi_{it}+\mu_i+\varepsilon_{it} \quad (5.2)$$

模型(5.2)为不考虑"门槛效应"的城乡金融非均衡发展决定因素模型。考虑到区域城乡经济市场化水平的提高,有利于城乡经济发展促进城乡金融发展水平的提升;而低市场化水平区域,城乡经济对城乡金融的影响因为金融中介的缺乏而难以迅速产生作用。在(5.2)式基础上,建立以城乡经济市场化水平为门槛变量的城乡金融非均衡发展决定因素的双门槛模型,即:

$$ln\varphi urfd_{it} = \theta_1 lnmi_{it}I(mi_{it}\leq\eta_1) + \theta_2 lnmi_{it}I(\eta_1<mi_{it}\leq\eta_2) + \theta_3 lnmi_{it}I(mi_{it}>\eta_2)$$
$$+\gamma_1 lnurrgdp_{it}+\gamma_2 lnurfa_{it}+\gamma_3 lnurfdi_{it}+\mu_i+\varepsilon_{it} \quad (5.3)$$

其中,mi_{it} 为门槛变量,η_1 和 η_2 为待估算的门槛值,$I(\cdot)$ 为指标函数。

二、城乡金融非均衡发展模型的估计与检验方法

进行门槛分析,关键需要解决好两方面的问题:一是联合估计门槛值(η_1 和 η_2)和斜率值(θ_1、θ_2 和 θ_3),二是门槛效应的相关经验(门槛效应的显著性检验和门槛估计值真实性的检验)。在实践中,估计双门槛模型,往往需要首先从单门槛模型着手,先由(5.3)构建单门槛模型(5.4)。如下:

$$ln\varphi urfd_{it} = \theta_1 lnmi_{it}I(mi_{it} \leq \eta_1) + \theta_2 lnmi_{it}I(mi_{it} > \eta_2) + \gamma_1 lnurrgdp_{it}$$
$$+\gamma_2 lnurfa_{it} + \gamma_3 lnurfdi_{it} + \mu_i + \varepsilon_{it} \qquad (5.4)$$

要求(5.4)式中的门槛值 η,可将任意的 η_0 作为初始值赋给 η,采用最小二乘法(OLS)估计各回归系数,同时,可以求出相应的残差平方和 $S_1(\eta)$。如果依次在 η 取值范围内从小到大选定 η_0,就可以得到多个不同的 $S_1(\eta)$,使得残差平方和 $S_1(\eta)$ 最小的就是门槛值 η^*,即 $\eta^* = argminS_1(\eta)$。门槛值确定以后,则有 $\hat{\sigma}_1^2 = S_1(\overset{*}{\eta})/[n(T-1)]$,$n$ 为样本,T 为时间跨度;将临时值 $\hat{\sigma}_1^2$ 代入(5.4)式中,运用上文中的逐步搜索法可得 η_2 的值,进而有:$\eta_2 = argminS_2(\overset{*}{\eta}, \eta_2)$,$\hat{\sigma}_2^2 = S_2(\overset{*}{\eta}, \hat{\eta}_2/[n(T-1)]$;同理可得:$\eta_1 = argminS_3(\eta, \eta_2)$,$\hat{\sigma}_3^2 = S_2(\hat{\eta}_1, \hat{\eta}_2)/[n(T-1)]$。

在估计出门槛值和斜率值的前提下,可以对门槛效应的显著性进行校验,其目的是检验以门槛值为划分标准的两组样本模型估计参数是否显著不同。首先,分别构建单门槛和双门槛条件下的零假设(H_0 和 H'_0)。即:

$$H_0 : \theta_2 = \theta_3 ; H'_0 : \theta'_1 = \theta'_2$$

同时,构建 LM 统计量:

$$L_1 = (S'_0 - S_1(\overset{*}{\eta}))/\hat{\sigma}_1^2, L_2 = [S_1(\overset{*}{\eta}) - S_2(\hat{\eta}_1, \hat{\eta}_2)]/\hat{\sigma}_3^2$$

其中,S_0、$S_1(\overset{*}{\eta})$ 分别为双门槛和单门槛条件下进行参数估计所得到的残差平方和,$\hat{\sigma}_1^2$ 和 $\hat{\sigma}_2^2$ 为备选假设下进行参数估计所得到的残差平方和。由于在原假设条件下,η 是不确定的,因此,统计量 L_1 和 L_2 不服从标准 χ^2 分布,可采用"自抽样法"(Bootstrap)模拟其渐近分布,进而构建与其多对应的概率值 p,以检验其显著性。

当确定某一变量存在"门槛效应"时,还需要确定其门槛值的真实性。首先,可以分别构建单门槛和双门槛条件下的零假设及与其相对应的 LR 统计量。即:

$$H_0 : (\overset{*}{\eta}, \eta_2) = (\overset{*}{\eta}, \eta_0) : H'_0 : (\eta_1, \eta_2) = (\eta_0, \eta_2)$$

$$LR_1 = \frac{S_2(\overset{*}{\eta}, \eta_2) - S_2(\overset{*}{\eta}, \hat{\eta}_2)}{\hat{\sigma}_2^2}, LR_2 = \frac{S_3(\eta_1, \hat{\eta}_2) - S_3(\hat{\eta}_1, \hat{\eta}_2)}{\hat{\sigma}_3^2}$$

虽然在上式中,LR 的分布也是非标准的,但 Hansen 提供了一个简单的公式可以计算出其拒绝域，即当 $LR_1(\eta) > -2log(1-(1-\alpha)^{\frac{1}{2}})$ 时，拒绝原假设，其中，α 为显著性水平[①]。

三、城乡金融非均衡发展模型的
数据样本与变量说明

新中国成立以来，中国城乡金融制度的变迁先后经历过 1949—1978 年计划经济时期的城乡金融制度、1979—1992 年改革开放初期的城乡金融制度和 1993 年以来经济全面转型时期的城乡金融制度等不同阶段。同时，梁琪和滕建州[②]的研究成果也表明，1992 年是中国宏观经济和金融总量数据的"结构断点"的临界值，以 1992 年以前的数据为研究对象时，需要考虑"结构断点"问题，而以 1992 年以后的数据为研究对象则不需要考虑"结构断点"问题。为了确保原始数据的连续性，本节最终选择的样本区间为 1992—2010 年，研究的样本为中国大陆 31 个省级单位。

城乡金融非均衡发展水平：$\varphi urfd_{it}$。本章从城乡金融结构、规模和效率三方面着手来衡量城乡金融非均衡发展水平。

城乡金融发展结构的非均衡。借鉴王志强等[③]的做法，本节采用非银行资产占金融总资产的比重来衡量金融结构，将城镇金融结构定义为：$urfdf_1 = (非农业类股票筹资额+非农业保费收入)/金融总资产$，农村金融结构定义为：$urfdf_2 = (农业类股票筹资额+农业类保费收入)/金融总资产$，则城乡金融发展结构的非均衡水平为：$urfdf = urfdf_1/urfdf_2 = [(非农业类股票$

① 对门槛回归模型的估计，国内很多学者都进行了介绍，具体可参见：徐磊、黄凌云：《FDI 技术溢出及其区域创新能力门槛效应研究》，《科研管理》2009 年第 2 期；余怒涛、沈中华、黄登仕：《公司规模门槛效应下的董事会独立性与公司价值的关系》，《数理统计与管理》2010 年第 5 期；李燕、韩伯棠、张庆普：《FDI 溢出与区域技术差距的双门槛效应研究》，《科学学研究》2011 年第 2 期。

② 梁琪、滕建州：《中国宏观经济和金融总量结构变化及因果关系》，《经济研究》2006 年第 1 期。

③ 王志强、孙刚：《中国金融发展规模、结构、效率与经济增长关系的经验分析》，《管理世界》2003 年第 7 期。

筹资额+非农业保费收入)/金融总资产]/[(农业类股票筹资额+农业类保费收入)/金融总资产]。

城乡金融发展规模的非均衡。考虑到中国城乡金融的特殊性,本节采用戈氏指标衡量金融发展规模,将城镇金融发展规模定义为:$urfds_1$=城镇贷款/城镇 GDP,农村金融发展规模定义为:$urfds_2$=农村贷款/农村 GDP,则城乡金融发展规模的非均衡水平为:$urfds = urfds_1/urfds_2$=(城镇贷款/城镇 GDP)/(农村贷款/农村 GDP)。

城乡金融发展效率的非均衡。本节拟以存贷比来衡量城乡金融效率,即城镇金融效率为:$urfde_1$=城镇储蓄/城镇贷款,农村金融效率为:$urfde_2$=农村储蓄/农村贷款,则城乡金融效率的非均衡水平为:$urfde = urfde_1/urfde_2$=(城镇储蓄/城镇贷款)/(农村储蓄/农村贷款)。

城乡人均生产总值的非均衡水平:$urrgdp_{it}$。由于没有农村生产总值的统计数据,本节按"第一产业 GDP+乡镇企业增加值"来计算;相应地,城镇生产总值=全国国民生产总值-农村生产总值。在此基础上,用城镇生产总值与城镇人口的比值、农村生产总值与农村人口的比值分别来表示城镇人均生产总值和农村人均生产总值。如果记城镇人均生产总值和农村人均生产总值分别为 $urrgdp_1$、$urrgdp_2$,则城乡人均生产总值的非均衡水平可以表示为:$urrgdp = urrgdp_1/urrgdp_2$。

城乡经济市场化的非均衡水平:mi_{it}。本节首先借鉴蔡立雄和何炼成[1]评价中国各省级单位农村经济市场化的办法,测算中国各省级单位相关年份的农村市场化指数;同时,在直接引用胡鞍钢等[2]测算的中国各省级单位市场化指数的前提下,运用其测算方法,将中国各省市缺失年份的市场化指

---

[1]　蔡立雄和何炼成从农村经济主体市场化水平、农村经济货币化水平、农村生产要素市场化水平、农村中介组织市场化水平、政府职能转换与市场环境对市场化的促进水平等方面构建农村经济市场化评级指标体系,运用主成分分析法全面测度了我国各地区农村经济市场化进程。本节测度我国各省市相关年份的农村经济市场化水平,借鉴的是蔡立雄和何炼成的指标体系及研究方法。参见:蔡立雄、何炼成:《中国农村经济市场化指数:各地区的相对进程研究》,《经济学家》2008 年第 2 期。

[2]　胡鞍钢、王小鲁、朱恒鹏:《中国市场化指数:各地区市场化相对进程 2009 年报告》,经济科学出版社 2010 年版,第 75 页。

数补全;而城镇市场化指数则用各省市市场化指数与农村市场化指数的差表示。如果记城镇和农村市场化指数分别为 mi_1 和 mi_2,则城乡经济市场化的非均衡水平为: $mi = mi_1/mi_2$。

城乡固定资产投资的非均衡水平: $urfa_{it}$。如果记城镇固定资产投资额和农村固定资产投资额分别为 $urfa_1$、$urfa_2$,则城乡固定资产投资的非均衡水平可以表示为: $urfa = urfa_1/urfa_2$。

城乡实际利用外资额的非均衡水平: $urfdi_{it}$。由于没有农村实际利用外资额的统计数据,本书将农、林、牧、渔业实际使用的外资额作为农村实际利用外资额,而将农、林、牧、渔业之外其他行业所吸收使用的外资额作为城镇实际使用的外资额。因此,若将城镇实际利用的外资额记为 $urfdi_1$,农村生产总值为 $urfdi_2$,那么城乡实际利用外资额的非均衡水平为: $urfdi = urfdi_1/urfdi_2$。

文中,城乡金融发展结构非均衡($urfdf$)、规模非均衡($urfds$)和效率非均衡($urfde$)指标数据来源于历年《中国农村金融年鉴》《中国农村金融年鉴》《中国金融年鉴》和《中经网统计数据库》,城乡人均生产总值的非均衡水平($urrgdp$)、城乡固定资产投资的非均衡水平($urfa$)、城乡实际利用外资额的非均衡水平($urfdi$)等指标的相关指标数据来源于《新中国六十年统计资料汇编》、各地六十年统计年鉴以及《中经网统计数据库》,城乡经济市场化的非均衡水平(mi)指标数据来源于《全国统计年鉴》《农业统计年鉴》《人口统计年鉴》《金融统计年鉴》及《中经网统计数据库》。需要特别说明的是,由于本书样本时间跨度较长,为使不同年份的数据具有可比性,文中指标所有涉及价格度量的原始数据本书均采用 GDP 平减指数剔除物价因素的影响。表5-5为采用 GDP 平减指数剔除物价因素影响后各指标的描述性统计量。

表5-5 各指标(1992—2010)描述性统计量

变量名称	平均值	标准差	最小值	最大值
$urfdf$	0.62023	0.57852	0.01026	0.55124
$urfds$	0.54856	0.15012	0.31115	1.20952
$urfde$	0.61011	0.32212	0.27855	0.90998

续表

变量名称	平均值	标准差	最小值	最大值
urrgdp	0.32587	0.02368	1.36985	5.32651
mi	4.23585	0.75235	2.20256	3.22612
urfa	1.23585	0.53268	1.02358	2.32586
urfdi	2.36985	0.23587	1.23658	3.21251

四、城乡金融非均衡发展模型的实证结果与分析

根据上文介绍的模型及检验方法,利用 Matlab7.8 进行实证研究。首先进行门槛效应检验,表5-6 列举了被解释变量分别取城乡金融发展结构非均衡、规模非均衡和效率非均衡时,进行门槛效应检验后得到的 F 值和 P 值。从表5-6 中可以看出,无论被解释变量取城乡金融发展结构非均衡、规模非均衡,还是取效率非均衡,单门槛效应在 5% 的显著性水平下都是显著的,双门槛效应在 1% 的显著水平下均显著,而三门槛效应则都不显著,故后文选用双门槛模型进行分析。

表5-6 门槛效果自抽样检验

	单门槛检验			双门槛检验			多门槛检验		
	城乡金融发展结构 *urfdf*	城乡金融发展规模 *urfds*	城乡金融发展效率 *urfde*	城乡金融发展结构 *urfdf*	城乡金融发展规模 *urfds*	城乡金融发展效率 *urfde*	城乡金融发展结构 *urfdf*	城乡金融发展规模 *urfds*	城乡金融发展效率 *urfde*
F 值	11.78*	18.65**	10.25*	7.254***	8.251***	7.757***	4.125	6.325	5.557
P 值	0.007	0.000	0.000	0.082	0.001	0.000	0.337	0.612	0.127
10%	3.145	2.557	6.056	4.235	2.026	3.375	6.238	10.259	7.758
5%	4.568	3.325	7.268	4.425	7.741	6.237	3.258	1.028	7.785
1%	7.765	6.625	10.237	5.528	10.025	12.238	3.328	9.962	8.235

注:① 表中,单门槛检验、双门槛检验和多门槛检验的结果是在被解释变量分别取城乡金融发展的结构非均衡、城乡金融发展的规模非均衡和城乡金融发展的效率非均衡条件下依次单独检验的结果。② ***、**、* 分别表示 1%、5% 和 10% 的显著性水平。③ P 值和临界值均是采用"Bootstrap"法模拟 500 次后得到的结果。

门槛效应检验之后,需要对双门槛模型的门槛值估计结果进行估计和检验。表5-7汇报了分别以城乡金融发展结构非均衡、规模非均衡和效率非均衡为被解释变量时门槛值的估计结果和门槛值的95%置信区间。同时,根据分别以城乡金融发展结构非均衡、规模非均衡和效率非均衡为被解释时单一门槛模型、双门槛模型参数与其相应的似然值关系,不难发现:当被解释变量为城乡金融发展结构非均衡水平时,门槛1和门槛2的估计值分别为0.638和0.795,似然比值接近于0,同时,门槛1估计值处于[0.621,0.751]区间内和门槛2估计值处于[0.815,0.967]区间内时,似然比值小于5%显著性水平下的临界值,处于原假设接受域内,即两个门槛值都与实际门槛值相等($\eta_1 = \eta_2$)。当被解释变量分别取城乡金融发展规模非均衡和城乡金融发展效率非均衡时,同样可以采用上述方法得出两个门槛值的具体结果。

表5-7 门槛值估计结果

门槛值	估 计 值			95%置信区间		
	城乡金融 发展结构 urfdf	城乡金融 发展规模 urfds	城乡金融 发展效率 urfde	城乡金融 发展结构 urfdf	城乡金融 发展规模 urfds	城乡金融 发展效率 urfde
第一个	0.638	0.612	0.602	[0.621,0.751]	[0.598,0.833]	[0.596,0.857]
第二个	0.795	0.857	0.861	[0.815,0.967]	[0.885,0.994]	[0.889,0.992]

在门槛η_1和门槛η_2估计出来后,可以对双门槛模型进行参数估计。当被解释变量分别取城乡金融发展结构非均衡、规模非均衡和效率非均衡时,相应的门槛参数估计值结果见表5-8、5-9和5-10。

表5-8 城乡金融发展结构双门槛模型参数估计结果

变 量	系 数	标准误差	T值	P值	95%置信区间	
urrgdp	0.107	0.012	6.328	0.001	0.021	0.587
mi	0.217	0.387	7.524	0.000	0.028	0.621
urfa	0.231	0.578	7.225	0.012	0.001	0.628
urfdi	0.002	1.254	2.315	0.071	0.128	0.751

变 量	系 数	标准误差	T 值	P 值	95%置信区间	
$mi_{it}I(mi>0.795)$	8.635	1.241	10.025	0.000	1.158	6.238
$mi_{it}I(0.638<mi\leq0.795)$	2.367	1.201	3.332	0.501	0.025	3.248
$mi_{it}I(mi\leq0.638)$	-0.328	1.002	-1.257	0.061	-3.357	-0.018

表 5-9 城乡金融发展规模双门槛模型参数估计结果

变 量	系 数	标准误差	T 值	P 值	95%置信区间	
$urrgdp$	0.201	0.687	10.235	0.000	-0.125	0.217
mi	0.307	0.032	11.238	0.000	0.125	0.631
$urfa$	0.295	0.227	3.328	0.001	0.598	0.986
$urfdi$	0.007	0.995	7.751	0.073	0.441	0.789
$mi_{it}I(mi>0.857)$	9.327	1.025	3.647	0.002	0.235	0.815
$mi_{it}I(0.612<mi\leq0.857)$	5.238	0.751	1.234	0.621	0.149	0.592
$mi_{it}I(mi\leq0.612)$	-0.012	1.367	-2.325	0.000	-1.235	0.127

表 5-10 城乡金融发展效率双门槛模型参数估计结果

变 量	系 数	标准误差	T 值	P 值	95%置信区间	
$urrgdp$	0.226	1.238	8.238	0.000	0.218	0.629
mi	0.329	2.215	9.685	0.000	0.203	0.751
$urfa$	0.291	1.258	4.268	0.002	0.257	0.785
$urfdi$	0.006	3.318	0.238	0.071	0.128	1.021
$mi_{it}I(mi>0.861)$	5.547	0.128	2.368	0.004	0.358	0.985
$mi_{it}I(0.602<mi\leq0.861)$	1.205	0.681	0.158	0.652	0.125	0.331
$mi_{it}I(mi\leq0.602)$	-2.236	1.359	-0.238	0.000	-0.218	1.016

从表5-8、5-9和5-10中可以看出,在被解释变量分别取城乡金融发展结构、城乡金融发展规模和城乡金融发展效率的非均衡水平时,除城乡金融实际利用外资的非均衡水平这一指标外,其他变量的回归系数均为正,且显著,这充分说明了城乡人均国民生产总值、城乡经济市场化水平、城乡固定资产投资额的差异对于城乡金融非均衡发展的形成具有显著的促进作

用。需要特别说明的是,城乡经济发展对城乡金融非均衡发展的促进作用
存在显著的"双门槛效应"。以表5-8为例,当城乡经济市场化水平未跨越
最低门槛值0.638时,城乡经济发展对城乡金融非均衡发展的影响系数
为-0.328;跨越最低门槛后,城乡经济发展对城乡金融非均衡发展的影响
系数为2.367,但并不显著;当门槛值达到0.795时,城乡经济发展对城乡
金融非均衡发展的影响系数为8.635,且显著。表5-9和表5-10中的结果
也支持这一结论。实际上,这种状况与现实是相吻合的。一方面,改革开放
以来,中国所吸收的外商直接投资虽然有了显著增长,但是,政府在金融领
域的对外开放力度一直不够,最近几年才允许外资银行登陆中国,因此,受
城乡间经济社会发展软硬环境长期差异的影响和制约,外商直接投资的溢
出效应在金融领域并没有被有效吸收。另一方面,城乡经济决定城乡金融,
城乡经济的差异在很大程度上直接带来了城乡金融发展的非均衡,并且作
为城乡经济与城乡金融之间重要纽带的城乡经济市场化也直接对城乡金融
发展的非均衡带来影响。实践已经证明,改革开放以来,东部沿海省份(如
广东省和浙江省)的城乡经济发展迅速,城乡经济市场化水平普遍较高,城
乡之间各方面的差距虽然在一定程度上存在,但是,相对于国内其他地方来
说,并不明显,城乡金融非均衡发展问题相对也较小;而中西部省份经济社
会发展较为滞后,城乡间各方面差距极为明显,城乡经济市场化水平较低,
城乡金融非均衡发展问题极为突出。

第六章 城乡金融非均衡发展的影响分析

城乡金融发展与城乡经济发展的关系原理已经表明,城乡金融发展制约城乡经济发展,城乡经济发展决定城乡金融发展,城乡金融的非均衡发展必然会对城乡经济的发展带来诸多影响。经济发展不仅意味着国民经济规模的扩大,更意味着经济和社会生活素质的提高。衡量国民经济规模扩大的指标很多,衡量经济和社会生活素质的指标也是仁者见仁,智者见智。基于实际数据的可得性,本章拟从城乡经济增长方面来衡量城乡国民经济规模的扩大,从城乡收入差距和城乡居民消费差距等方面来衡量城乡经济和社会生活素质的提高,并实证城乡金融非均衡发展对其的影响。

第一节 城乡金融非均衡发展对城乡
经济增长差距的影响

一、城乡金融非均衡发展影响城乡
经济增长差距的理论分析

对于什么是经济增长,国内外学者进行了广泛而深入的研究。比如,在国外,Kaldor 和 Kuznets 均对经济增长进行了研究①。Kaldor 指出了能代表

---

① Kaldor N., "Will Underdeveloped Countries Learn to Tax?", *Foreign Affairs*, Vol.41, No.2 (1963), pp.410-419; Kuznets S., "Modern Economic Growth: Findings and Reflections", *American Economic Review*, Vol.63, No.3 (1973), pp.247-258.; Kuznets S., "Children and Adults in the Income Distribution", *Economic Development and Cultural Change*, Vol.30, No.4 (1982), pp.697-738.

经济增长过程的典型特征,即人均产出持续增长、劳动者人均物质资本持续增长、资本回报率几乎恒定、物质资本—产出比接近恒定等;Kuznets 注意到经济增长过程中产业结构的快速转型问题,并提出了对外贸易对于经济增长的重要意义等。在国内,潘向东等、卫兴华和侯为民、史晋川、黄少安和韦倩均对经济增长问题进行了研究①,与国外学者研究相类似的是,国内学者们也都认为经济增长包含着极为丰富的内涵,经济增长过程是一个极为复杂的过程。在借鉴国内外学者们成果的基础上,笔者认为所谓的城乡经济增长,指的是在一定的时间跨度上,城乡人均产出水平(或人均收入)的持续增加;经济增长率的高低则充分体现一定时期内城乡经济总量的增长速度。城乡金融非均衡发展对城乡经济增长的影响主要体现在以下几个方面。

第一,城乡交易成本的差异导致城乡经济增长的差距。交易成本由科斯(Coase,R.H.)②提出,又称交易费用,指的是买卖过程中所花费的全部时间成本和货币成本的总称,包括信息传播费用、广告费用、谈判费用、商品运输费用、合约执行监督成本费用等。城乡金融非均衡发展的重要表现之一就在于,在城镇和农村经济社会生活中,信用货币融通的效率存在显著差异。信用货币融通的效率越高,资源在不同需求者之间的配置成本越低,居民、企业和政府的融资成本相应也就会降低,这不仅有利于生产者扩大生产规模,竭力生产适销对路的产品,还有利于满足消费者多方面的消费需求,进而更好地促进经济社会的发展进步。相反,信用货币融通的效率越低,资源配置成本越高,融资主体的融资成本相应也就高,生产者或不愿意扩大再生产,或融资困难,消费者的消费需求也就自然不能得到有效解决,经济社会发展的速度减慢。

第二,城乡储蓄和投资的差异导致城乡经济增长的差距。在经济学

---

① 潘向东、廖进中、赖明勇:《经济制度安排、国际贸易与经济增长影响机理的经验研究》,《经济研究》2005 年第 11 期;卫兴华、侯为民:《中国经济增长方式的选择与转换途径》,《经济研究》2007 年第 7 期;史晋川:《论经济发展方式及其转变:理论、历史、现实》,《浙江社会科学》2010 年第 4 期;黄少安、韦倩:《合作与经济增长》,《经济研究》2011 年第 8 期。

② Coase R.H.,"The Nature of the Firm",*Economica*,Vol.4,No.16(1937),pp.386-405.

上,通常把投资、消费和出口比喻为拉动经济增长的"三驾马车"。其中,投资主要通过要素投入、带动经济结构调整和促进知识存量增加、技术进步来带动经济的增长;消费作为社会再生产过程中的重要环节,可分为生产消费和个人消费,前者通过维持生产活动的运转来带动经济的增长,后者更多表现在倒逼生产者调整生产结构促进经济发展;出口不仅能够促进国内的生产,还可以赚取外汇满足扩大再生产等多方面的需要促进经济增长。改革开放以来,随着中国经济的高速增长,中国城乡金融发展也取得了突出成就,与以前相比,城乡金融发展的规模逐步扩大,结构逐步优化,效率稳步提升;但是,在此过程中,城镇和农村在储蓄、投资、储蓄—投资转化率方面的差异是极为明显的,尤其是在储蓄—投资转化率方面,农村闲置资金大量流入城镇,有力地支撑着城镇经济的发展,流入农村的资金十分有限,严重制约着农村经济的增长。受此影响,城乡经济增长差距不断扩大。

第三,城乡金融资源配置的差异导致城乡经济增长的差距。资源配置是经济学研究的核心问题和永恒主题,作为稀缺资源中的稀缺资源,金融资源具有自我配置和他配的功能。前者主要是因为金融资源具有天生的逐利性、避险性,往往流向利润率高且相对安全的区域和行业;后者是政府基于区域协调发展的需要,通过宏观调控手段引导金融资源的流向。金融资源对经济增长的促进作用,主要是通过投资以促使生产规模的扩大、产业结构的调整和经济系统的可持续发展来实现的。从中国实际来看,20世纪90年代国有银行商业化改革以来,城乡金融机构分布严重失衡,现存农村金融机构有效供给不足,农村金融创新和服务不足,农村金融支农惠农功能有限,直接制约农村经济的发展。而城镇则不一样,一方面,基于历史的原因,城镇经济整体实力本来就比农村强;另一方面,当前的城乡金融体系将大量的农村资金引入城镇,有力地支持着城镇经济的发展。虽然目前国家实施"工业反哺农业、城市支持农村"战略,但是,农村经济发展的融资困境问题并未得到有效解决。在此情况下,自然不难理解城乡经济增长的差距不断扩大的现实。

二、城乡金融非均衡发展影响城乡经济
增长差距的指标说明与实证模型

上述理论分析已经表明,城乡金融非均衡发展会影响城乡经济增长差距。由于中国不同省级单位间经济社会发展差异十分明显,东、中、西部发展也是参差不齐。在充分考虑到区际发展差异的情况下,要全面分析城乡金融非均衡发展对城乡经济增长差距的影响,需要从实证的角度进行进一步研究。

(一)变量选择与指标说明

要从定量的角度研究城乡金融非均衡发展对城乡经济增长差距的影响,首先需要选择度量城乡金融非均衡发展和城乡经济增长差距的指标;考虑到影响城乡经济增长差距的因素很多,还需要在借鉴前人研究成果的前提下,选择相应的控制变量,将其纳入到模型中一起进行实证研究。

城乡经济增长差距指标。衡量城乡经济增长的指标很多,不同的学者有不同的选择。笔者拟用城镇经济 GDP 增长速度衡量城镇经济增长水平($ugdp$),用农村经济 GDP 增长衡量农村经济增长水平($rgdp$),城乡经济增长差距($urgdp$)则用两者之比来表示。

城乡金融非均衡发展指标。城乡金融非均衡发展指标也从规模、结构、效率三个维度来进行测度,各指标的测算方法与前文介绍的一样,城乡金融发展结构、规模和效率分别记为 $urfdf$、$urfds$ 和 $urfde$。

控制变量指标。除金融因素外,经济增长涉及多方面的因素。比如,郭国锋和刘孟晖、田泽永等、陈智容的研究成果表明,固定资产投资是经济增长的发动机,两者之间呈现出强正相关关系[1];周业安和赵坚毅、周业安和章泉的研究成果表明,在不考虑诸如财政分权等因素的作用下,市

---

[1]　郭国锋、刘孟晖:《城乡居民收入差距原因探究》,《经济问题》2007 年第 2 期;田泽永、江可申、谢忠秋:《固定资产投资对经济增长贡献的比较研究:基于东、中、西部面板数据的分析》,《预测》2008 年第 1 期;陈智容:《第 6 个经济周期以来固定资产投资与经济增长关系探析》,《昆明理工大学学报》(社会科学版)2009 年第 6 期。

场化是推动中国经济发展的重要力量①;陈浪南和陈景煌、张天顶、王志鹏和李子奈、陈飞翔等、姚树洁等、郭志仪和杨曦、葛顺奇和罗伟等的研究成果也都表明,在不考虑区域诸如人力资本水平、技术水平的前提下,FDI的溢出效应对区域经济增长具有显著的促进作用②。基于此,本章将城乡固定资产投资($urfa$)、城乡市场化水平(mi)和城乡外商直接投资水平($urfdi$)等作为控制变量引入到城乡金融非均衡发展影响城乡经济增长差距的模型中。

在定义了上述指标情况下,考虑到城乡经济增长受前期的影响较大,设定如下动态面板数据模型:

$$lnurgdp_{it} = \gamma_0 + \gamma_1 lnurgdp_{i,t-1} + \gamma_2 lnurfdf_{it} + \gamma_3 lnurfds_{it} + \gamma_4 lnurfde_{it} + \gamma_5 lnurfa_{it}$$
$$+ \gamma_6 lnmi_{it} + \gamma_7 lnurfdi_{it} + c_i + u_{it}$$

上式中,为减轻异方差带来的负面影响,所有指标均取对数,c_i 表示个体异质性,u_{it} 表示随机误差项。

(二)数据来源及说明

城乡经济增长差距的原始指标来源于《新中国六十年统计资料汇编》和中国资讯行网站,上述其他指标数据来源与前文相同,实证研究的时间跨度为1992—2010 年,实证研究样本量也是 31 个省级单位,选择实证研究时间跨度和样本量的理由也与前文相同。同时,为使数据具有可比性,以1992 年的消费者价格指数作为基期的 CPI,对所有指标 1992—2010 年的数据进行处理,形成以 1992 年为基期的实际数据。

---

① 周业安、赵坚毅:《我国金融市场化的测度、市场化过程和经济增长》,《金融研究》2005 年第 4 期;周业安、章泉:《财政分权、经济增长和波动》,《管理世界》2008 年第 3 期。

② 陈浪南、陈景煌:《外商直接投资对中国经济增长影响的经验研究》,《世界经济》2002年第 6 期;张天顶:《外商直接投资、传导机制与中国经济增长》,《数量经济技术经济研究》2004 年第 10 期;王志鹏、李子奈:《外商直接投资对国内投资挤入挤出效应的重新检验》,《统计研究》2004 年第 7 期;陈飞翔、王溪若、郭英:《经济增长、外商直接投资与政府选择》,《财贸经济》2004 年第 9 期;姚树洁、冯根福、韦开蕾:《外商直接投资和经济增长的关系研究》,《经济研究》2006 年第 12 期;郭志仪、杨曦:《外商直接投资对中国东、中、西部地区经济增长作用机制的差异:1990—2004 年地区数据的实证检验》,《南开经济研究》2008 年第 1 期;葛顺奇、罗伟:《外商直接投资与东道国经济增长:基于模仿与创新的研究》,《世界经济研究》2011 年第 1 期。

（三）实证估计方法说明

由于设定的是动态面板数据模型,解释变量的内生性问题会导致参数估计的非一致性,故采用 GMM 估计法来估计参数[①]。GMM 的基本思想先是求出水平方程的一阶差分形式:

$$\triangle y_{it} = \alpha_0 \triangle y_{i,t-1} + \alpha_1 \triangle x_{it}^1 + \cdots + \alpha_k \triangle x_{it}^k + \triangle \varepsilon_{it}$$

在此基础上,找出一组工具变量 Z_i,使其在满足矩条件 $E(Z'_i \triangle \varepsilon_i) = 0$ 的情况下,通过对目标函数 $Q = \left[\frac{1}{n} \sum_{i=1}^{n} Z'_i \triangle \varepsilon_i \right]' W \left[\frac{1}{n} \sum_{i=1}^{n} Z'_i \triangle \varepsilon_i \right]$ 进行迭代并求出其最小值,由此产生估计模型参数的 GMM 模型估计。

如果选择的加权矩阵为怀特逐期协方差矩阵

$$W = \left[n^{-1} \sum_{i=1}^{n} Z'_i \triangle \varepsilon_i \triangle \varepsilon'_i Z_i \right]^{-1}$$

将其代入目标函数 Q 中,通过迭代可以获得参数及其对应方程的 GMM 估计:

$$\hat{\alpha} = \left[\left(\sum_{i=1}^{n} Z'_i X_i \right)' W \left(\sum_{i=1}^{n} Z'_i X_i \right) \right]^{-1} \left[\left(\sum_{i=1}^{n} Z'_i X_i \right) W \left(\sum_{i=1}^{n} Z'_i Y_i \right) \right]$$

上式中,X 为模型的解释变量。

对动态面板数据模型来说,要增强参数估计结果的可靠性,还需要对模型设定的合理性和工具变量的有效性进行检验。一般来说,$Sargan$ 检验常用来检验工具变量的有效性,$AR(2)$ 统计量则用来检验原模型一阶差分后是否存在二阶自相关问题。此外,为了评价估计结果和滞后阶的稳健性,还需要对估计的模型进行检验,常用方法主要是对面板残差的稳定性进行检验。由于 IPS(Im-Pesaran-Shin)检验不仅允许残差项存在序列相关,而且也允许各剖面时间序列具有不同的动态行为和残差方差,故选用 IPS 检验来诊断面板残差的平稳性,进而确认 GMM 估计是否是伪回归的结果。

在 IPS 检验中,首先需要对每个截面成员进行单位根检验:

$$\triangle y_{it} = \alpha'_i y_{i,t-1} + \sum_{i=1}^{p_i} \beta_{ij} \triangle Y_{i,t-j} + X'_{it}\delta + \varepsilon_{it} (i = 1, 2, L, N; t = 1, 2, L, T)$$

零假设和备选假设分别为:

---

① 　郭鹏辉、吴琳、钱争鸣:《我国 FDI 区位分布影响因素的动态面板数据模型分析》,《商业经济与管理》2009 年第 4 期。

$$H_{0,IPS}:\alpha_i = 0, \forall i$$

$$H_1^{(IPS)}:\alpha_i = 0, \forall i = 1,2,L,N_1; \alpha_i < 0, \forall i = N_1+1, N_1+2, L, N$$

对每个截面成员进行单位根经验之后,得到相应截面成员(α_i)的 t 统计量,记为 $t_{iT_i}(p_i)$;在此基础上,利用所有截面成员(α_i)的 t 统计量构造整个面板数据是否存在单位根的参数 α 的 t 统计量。可记为:

$$\bar{t}_{NT}(p_i) = [\sum_{i=1}^{N} t_{iT_i}(p_i)] / N$$

在上式不存在差分项的滞后项,即每个截面成员的滞后阶数都为 0 的情况下,IPS 能够给出相应的统计量($\bar{t}_{NT}$)在不同显著水平下的临界值。

如果截面成员中包含滞后项,也就是说,即使所构建的动态面板数据模型存在差分项的滞后项,那么 IPS 检验利用 $\bar{t}_{NT}$ 可以给出服从一个渐进正态分布的统计量 W_i^{NT},可以通过对它的判别来最终检验面板残差的稳定性。

$$W_i^{NT} = \frac{\sqrt{N}[\bar{t}_{NT} - N^{-1}\sum_{i=1}^{N} E(\bar{t}_{iT_i}(p_i))]}{\sqrt{N^{-1}\sum_{i=1}^{N} Var(\bar{t}_{iT_i}(p_i))}} \rightarrow N(0,1)$$

三、城乡金融非均衡发展影响城乡经济增长差距的实证结果及解释

依据上述详细介绍的研究方法和具体分析思路,运用 Stata10.0 软件,采用中国 31 个省级单位 1992—2010 年数据进行 GMM 估计,实证城乡金融非均衡发展对城乡经济增长差距的影响,实证结果如表 6-1 所示。

表 6-1　GMM 估计结果

解释变量	$DIF1(1)$	$DIF1(2)$	$SYS1(1)$	$SYS1(2)$
$lnurgdp_{i,t-1}$	0.6021*** (0.0000)	0.6327*** (0.0021)	0.6624*** (0.0032)	0.6517*** (0.0085)
$lnurfdf_{it}$	0.5587*** (0.0000)	0.5027*** (0.0008)	0.5328*** (0.0083)	0.5529*** (0.0125)
$lnurfds_{it}$	0.4958** (0.0369)	0.4028** (0.0081)	0.4489** (0.0000)	0.4258*** (0.0091)

续表

解释变量	DIF1(1)	DIF1(2)	SYS1(1)	SYS1(2)
$lnurfde_{it}$	0.5021*** (0.0000)	0.5378*** (0.0036)	0.5425** (0.0091)	0.5672*** (0.0028)
$lnurfa_{it}$	0.1258* (3.2581)	0.1596*** (4.7862)	0.1759** (5.6981)	0.1195*** (2.3687)
$lnmi_{it}$	0.2358* (11.2682)	0.2785** (13.5687)	0.2269** (20.2358)	0.2125*** (19.6387)
$lnurfdi_{it}$	−0.2258* (3.6982)	−0.2968 (4.2368)	−0.2219* (5.6398)	−0.1987 (12.2358)
常数项	0.2018* (2.3598)	0.2698*** (7.6894)	0.2951** (8.3267)	0.2517 (7.6218)
Wald 检验值	321.78***	485.23**	558.69**	902.23***
Sargan 检验的 p 值	0.0002	1.0000	0.0011	1.0000
差分 Sargan 检验的 p 值	—	—	0.0000	1.0000
AR(2)检验的 p 值	0.0002	0.7362	0.3368	0.4962

注:①DIF1(1)、DIF1(2)分别是 Arellano 和 Bond GMM 估计方法一步估计和两步估计得到的结果。②SYS1(1)、SYS1(2)分别是 Blundell 和 Bond 系统 GMM 估计法一步估计和两步估计得到的结果。③ *** 、** 、* 分别表示 1%、5%和 10%的显著性。④表中显示为估计参数,系数下方括号内的是标准差。⑤系数联合显著性 Wald 检验的零假设为各解释变量的系数均为零。⑥Sargan 检验的零假设为过度确认是有效的,即工具变量是有效的。⑦AR(2)检验的零假设为差分后的残差项不存在二阶自相关,即模型的设定是合理的。

通过表 6-1 中 GMM 的估计结果,可以看出:上文设定的模型系数联合显著性检验值在 1%的水平上显著,Sargan 检验结果说明工具变量有效,AR(2)检验结果说明一阶差分后的残差是不存在二阶自相关的。也就是说,上文所设定的模型是合理的。

在确保模型设定合理的基础上,为了进一步评价 GMM 估计结果的可靠性和滞后阶的稳健性,采用上文所介绍的 IPS(Im-Pesaran-Shin)检验来验证面板残差是否平稳,进而确认 GMM 估计不是伪回归的结果。同时,为了增强结果的稳健性,将 LLC 检验和 Breitung 检验结果一并列入(见表 6-2)。从表 6-2 中面板残差的平稳性检验结果来看,每个模型的面板残差概率值 p 均小于 1%,这说明各个面板残差均具有平稳性,GMM 的估计结果可靠。

表 6-2　面板残差的平稳性检验

省　份	LLC 检验	Breitung 检验	IPS 检验	省　份	LLC 检验	Breitung 检验	IPS 检验
北　京	13. 2648 (0. 0000)	25. 2347 (0. 0012)	11. 2358 (0. 0000)	山　东	101. 2357 (0. 0021)	78. 2364 (0. 0000)	99. 2317 (0. 0021)
天　津	11. 4568 (0. 0015)	15. 2687 (0. 0052)	13. 2658 (0. 0021)	河　南	−1. 2358 (0. 0033)	23. 2587 (0. 0028)	33. 2147 (0. 0000)
河　北	15. 2358 (0. 0012)	15. 2368 (0. 0011)	13. 5874 (0. 0000)	湖　北	−12. 2358 (0. 0035)	−33. 2987 (0. 0027)	13. 2687 (0. 0000)
山　西	15. 5628 (0. 0001)	11. 2365 (0. 0000)	9. 7658 (0. 0000)	湖　南	75. 5219 (0. 0025)	35. 6897 (0. 0037)	55. 2148 (0. 0000)
内蒙古	21. 1526 (0. 0001)	33. 1256 (0. 0023)	25. 6812 (0. 0000)	广　东	−24. 2358 (0. 0000)	−18. 3257 (0. 0022)	−12. 3548 (0. 0017)
辽　宁	101. 2358 (0. 0000)	75. 2568 (0. 0001)	102. 2358 (0. 0011)	广　西	98. 2017 (0. 0022)	125. 2318 (0. 0071)	88. 3217 (0. 0000)
吉　林	33. 0235 (0. 0001)	37. 2358 (0. 0000)	40. 1258 (0. 0000)	四　川	100. 2058 (0. 0000)	135. 3628 (0. 0000)	151. 2987 (0. 0000)
黑龙江	78. 5689 (0. 0012)	38. 2658 (0. 0011)	101. 2358 (0. 0041)	贵　州	321. 0235 (0. 0045)	256. 2317 (0. 0000)	109. 2357 (0. 0000)
上　海	102. 2358 (0. 0000)	152. 2356 (0. 0001)	99. 2315 (0. 0000)	云　南	109. 3217 (0. 0000)	220. 3158 (0. 0027)	167. 3258 (0. 0054)
江　苏	202. 2356 (0. 0000)	325. 2358 (0. 0000)	302. 2358 (0. 0000)	陕　西	208. 2357 (0. 0000)	195. 2358 (0. 0015)	200. 1259 (0. 0000)
浙　江	202. 3586 (0. 0002)	105. 2368 (0. 0000)	172. 2358 (0. 0000)	甘　肃	−202. 0358 (0. 0015)	−102. 0358 (0. 0053)	3. 0587 (0. 0000)
安　徽	333. 2358 (0. 0027)	208. 2359 (0. 0000)	321. 2358 (0. 0021)	青　海	98. 2357 (0. 0000)	78. 2357 (0. 0000)	85. 2597 (0. 0000)
福　建	55. 5326 (0. 0000)	56. 2895 (0. 0000)	77. 8921 (0. 0011)	宁　夏	102. 3258 (0. 0000)	185. 2351 (0. 0000)	102. 2357 (0. 0000)
江　西	336. 3215 (0. 0017)	125. 2368 (0. 0041)	222. 2357 (0. 0000)	新　疆	78. 2359 (0. 0000)	101. 2357 (0. 0015)	109. 3257 (0. 0000)

注:括号中为 W 统计量的 p 值。

　　通过对表 6-1 和表 6-2 的分析结果,可以认为上述模型的设定是合理的,工具变量也是有效的。基于此,可以对表 6-1 中 GMM 的结果进行分析。从 GMM 结果来看,$DIF1(1)$ 的 $Sargan$ 检验概率值为 0. 0002,说明差分 GMM 工具变量无效,即工具变量与误差项相关或误差项存在异方差的可能;$DIF1(2)$的检验是纠正了由异方差所带来的系数估计偏差问题,$AR(2)$的概率值为 0.7362,说明差分的误差项存在二阶自相关是不显著的,同时,$Sargan$ 检验概率值为 1,也说明二阶差分 GMM 工具变量是有效的;当因变量一期滞后项系数为 0.8—0.9 时,差分的 GMM 相对于系统 GMM 有较大的下偏或者说是存在估计的不准确性。也就是说,通过对比表 6-1 中 $SYS1(1)$ 和 $SYS1(2)$ 的 $Sargan$ 检验和差分 $Sargan$ 检验的概率值 p 可知:$SYS1(2)$ 的估计量具有更好的一致性和有效性。

基于上述分析,选择表 6-1 中 $SYS1(2)$ 的回归结果来分析农村金融发展对农业科技进步贡献率的影响合适。

城乡经济增长差距滞后项视角。从表 6-1 可以看出,城乡经济增长差距滞后项在 $DIF1(1)$、$DIF1(2)$、$SYS1(1)$ 和 $SYS1(2)$ 下,均在 1%水平下显著,系数都在 0.6 以上,这说明当期城乡经济增长受前一期的影响非常显著,这是与现实相符合的。影响经济增长的因素是多方面的,金融发展只是其中的一个重要因素。对省级单位经济增长来说,单靠某一方面的投入是不现实的。以改革开放以来中国东部沿海省份为例,改革开放以前东部沿海省份的经济增长速度并不显著,其整体经济实力与国内传统的工业基地所在省份相比,并没有明显的优势;改革开放以来,随着国家出台一系列优惠政策,在国内外需求的刺激下,经济增长速度开始明显快于内陆省份;经过 30 多年的发展,沿海省份整体经济实力大增,金融发展水平也极为迅速。

城乡金融发展(规模、结构和效率)非均衡视角。从表 6-1 中 $SYS1(2)$ 的回归结果可以看出,城乡金融发展规模、结构和效率在 1%水平下显著,系数为正。城乡金融规模、结构和效率的提升,在有力促进中国城乡经济发展的同时,基于城乡经济体自身条件的限制,也拉大了城乡经济增长的差距。计划经济时期,国家采用诸如户籍制度、工农业产品价格剪刀差等方式支持工业和城市的发展,在很大程度上抑制了农村经济增长。以工农业平价格剪刀差为例,计划经济时期的农业和农村为城市和工业提供了数以万亿计的资金支持。改革开放以来,尤其是近些年来,国家开始实施"工业反哺农业、城市支持农村"的城乡统筹发展战略,在一定程度上为农村经济增长夯实了基础。但是,基于农村经济体自身条件的制约,再加上农业自身的特殊性,城乡经济增长差距问题并没有得到有效解决,在一定程度上还呈现出扩大的趋势。

影响城乡经济增长差距的其他控制变量视角。从城乡固定资产投资水平来看,城乡固定资产投资水平的差异也是造成城乡经济增长差距的重要原因。城乡固定资产投入水平差异的重要表现就在于城乡硬件建设的差距。在城镇,"路、水、电"等基础设施已经基本解决,而在广大农村,尤其是中西部贫困地区,"路、水、电"的基础设施仍然存在很大问题,严重制约着农村经济的增长,在一定程度上,直接导致了城乡经济增长差距的扩大。从城乡市场化水平来看,城乡市场化水平差异也是造成城乡经济增长差距的重要原因。从当前中国农村的实际情况来看,"有货无市"的现象极为常见,特别是在市场化不发达的情况下,"谷贱伤农"的现象屡见不鲜,个体农户根本无法抵御市场风险,这不仅直接影响农民发展农业生产的积极性,也为农村经济增长带来很大的隐患。从城乡外商直接投资水平来看,理论上讲,外商直接投资应该促进城乡经济增长,但是,模型回归结果显示,外商直接投资并没有很好地促进城乡经济增长,系数为负,并且不显著。事实上,这与中国的实际情况也是相吻合的。外商直接投资要促进经济发展,取决于多方面的因素,关键是取决于当地科技发展水平。在中国,城乡教育发展水平差距非常显著,农村科技人才匮乏,农业科技创新能力不强,外商直接投资的流入并不能很好地促进经济的发展。

第二节　城乡金融非均衡发展对城乡收入差距的影响

一、城乡金融非均衡发展影响城乡收入差距的理论分析

纵观国内外的文献,鲜有直接研究城乡金融发展影响城乡收入差距的实证文献,关于金融发展与收入分配差距方面的文献资料则较为丰富,因

此,可以从金融发展与收入分配差距方面的文献着手,通过借鉴金融发展影响城乡收入差距的理论来分析城乡金融发展影响城乡收入差距的机理。

(一)城乡金融发展的门槛效应与城乡收入差距

关于金融发展的门槛效应,Thomas & Nancy、Townsend & Ueda 和 Stiglitz 都作过相关研究[①],概括起来说,在金融抑制的条件下,穷人由于自身资本积累的限制达不到财富门槛水平而得不到高收益的回报,富人则由于自身在资本积累上的优势可以享受到高收益的回报,穷人和富人因原始资本积累的不同而带来的贫富差距会越来越大。从图6-1可知,随着城乡金融发展程度的加深,金融功能也逐步健全,这主要体现在实际信贷供给提升和金融产品开发能力增强两个方面。理论上讲,前者意味着信息完全程度和市场化自由程度的提高,由此将促进实业及人力资本投资的增多,进而提高收入,缩小收入差距。后者指资产投资能力及相关收益的增强,最终提高收入水平,缩小收入差距。显然,收入差距将随着城乡金融发展的深化而不断缩小。以收入差距的视角来看,收入差距的扩大会导致城乡不同经济体通过资产偏好和公共选择两种途径促进借贷资产比重下降、资本利得税开征,进而阻碍城乡金融的健康发展[②]。也就是说,收入差距的扩大对城乡金融发展的负面影响是非常显著的。

实际上,受新中国成立以来中国长期实行的重工业化发展战略的影响,中国城乡二元经济结构极为明显;城市居民因自身的信誉和经济实力比农村居民高和强,因而能更方便地获得金融服务,增加自身经济能力,进而扩大城乡收入差距[③]。同时,受中国滞后的农村金融体制改革的制约,城乡之间的金融门槛极为明显,阻碍农村经济的发展,人为地拉大城乡收入差距。

① Thomas Piketty & Nancy Qian, "Income Inequality and Progressive Income Taxation in China and India:1986－2015", *Journal of Applied Economics*, Vol.1, No.2（2009）, pp.53－63; Townsend R. & Ueda K., " Financial Deepening, Inequality, and Growth ", *Review of Economic Studies*, Vol.73, No.1（2006）, pp.251－273; Stiglitz Joseph E., " Risk and Global Economic Architecture:Why Full Financial Integration May Be Undesirable", *American Economic Review*, Vol.100, No.2（2010）, pp.388－392.

② 孙亮、尹杰:《金融发展与居民收入差距的互动传导机制研究:以上海为例》,《经济管理》2009年第11期。

③ 林毅夫、刘培林:《中国的经济发展战略与地区收入差距》,《经济研究》2003年第3期。

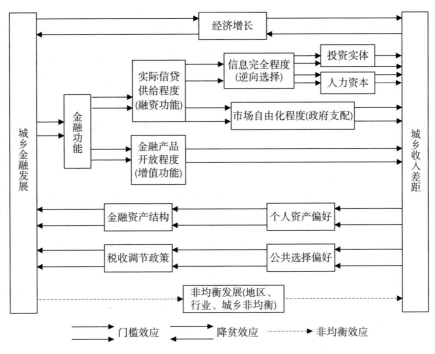

图 6-1　城乡金融发展影响城乡收入差距的机理

据《中国银行业农村金融服务分布图集》显示,当前中国县以下银行业金融
机构存贷比为 56.3%,比全国低 12.72%;农村地区人均贷款余额不足 5000
元,城市人均贷款余额超过 50000 元,差额 10 倍多;县以下银行业金融机构
贷款年均增长率为 9.72%,与全国水平相差 5.94%。全国银行业机构网点
平均每万人 1.34 个;而农村银行网点每万人仅为 0.36 个。不仅如此,城市
金融创新较快,业务品种相对丰富,银行卡、电子银行、代客理财、衍生产品、
资产证券化等新的金融产品层出不穷,基本能够满足城市居民的需求。而
目前农村金融只能提供基本的存、贷、汇"老三样"服务,农村金融创新能力
不足,业务品种缺乏,服务方式单一,结算手段落后,难以满足多元化的金融
服务需求。此外,农村金融机构资产质量普遍不高、资本充足率严重不足和
操作风险严重等问题也极为突出①。在此情况下,自然不难理解城乡收入

---

① 温源:《如何改变城乡金融发展的不平衡》,《光明日报》(经济周刊)2010 年 9 月 7 日。

差距扩大的现实。

（二）城乡金融发展的降贫效应与城乡收入差距

金融发展的降贫效应，Hulme、Barr 和 Beck 等人也先后研究过，认为金融发展是通过影响经济增长来达到改变不同经济体之间的收入差距的[①]。如图 6-1 所示，当金融发展足够充分的时候，经济发展过程中所需要的资金需求能够得到有效满足，不同经济体的整体经济状况会得到不同程度的改善，进而缩小彼此之间的收入差距。金融发展影响收入分配差距的方式有两种，一种是间接方式，一种是直接方式；前者就是"金融发展→经济增长→收入差距缩小"，后者则指的是新型金融机构的成立（如中国村镇银行的设立等），其通过直接满足贫困群众（主要是农村人口）的金融服务，提高其自身收入，进而有效缩小城乡收入差距。20 世纪 90 年代国有银行商业化改革以来，农村金融发展"真空"问题严重制约着农村经济的发展，这一时期也是中国城乡收入差距显著扩大的时期；如果通过新型金融机构的发展，农村金融发展的"真空"问题能够得到有效解决，则城乡收入差距扩大问题将得到有效缓解。

（三）城乡金融发展的非均衡效应与城乡收入差距

金融发展的非均衡效应问题学者们也进行了深入研究。比如，Wei 研究了金融发展的城乡非均衡效应，认为中国金融机构在金融资源配置上的城市化倾向导致了城乡经济发展的差异和收入增长的差别[②]；Dayal-Gulati & Husain 通过对不同区际之间金融发展的研究，认为区际之间金融发展的非均衡性会延缓区际之间经济增长的收敛速度[③]。对发展中国家来说，金

① Moore, K., Hulme, D., "The International Finance Facility-Reaching the MDGs without Spending More?", *Journal of International Development*, Vol. 16, No. 6 (2004), pp. 887−895; Barr, "Microfinance and Financial Development", *Michigan Journal of International Law*, Vol. 26, No. 4 (2005), pp. 271−296; Thorsten Beck, Asli Demirgüç-Kunt, Ross Levine, "Financial Institutions and Markets across Countries and over Time: The Updated Financial Development and Structure Database", *World Bank Economic Review*, Vol. 24, No. 1 (2010), pp. 87−92.

② Shang Jin Wei, "Siarnese Twins-Is There State-Owned Bias?", *China Economic Review*, Vol. 8, No. 1 (1997), pp. 145−158.

③ Dayal-Gulati A. & Husain A. M., "Centripetal Forces in China's Economic Take-off", *IMF Working Paper*, 2000, WP/ 00/ 86.

融市场体系还不够健全和完善,金融资源在不同地区不同部门和城乡之间的配置是不均衡的,这种不均衡性会直接制约着区际之间、部门之间和城乡之间的收入差距。从图 6-1 不难看出,中国作为世界上最大的发展中国家,二元经济结构具有典型的代表性,金融资源配置在不同地区之间、不同行业之间、城乡之间的差距是非常明显的,由于"原始资本积累的差异",不同地区、行业和城乡之间的收入差距问题就无法回避①。也就是说,城乡金融发展的非均衡效应将扩大城乡收入差距。

二、城乡金融非均衡发展影响城乡收入
差距的指标说明与实证模型

上述理论分析表明,城乡金融发展的门槛效应和非均衡效应将扩大城乡收入差距,而城乡金融发展的降贫效应将缩小城乡收入差距。也就是说,城乡金融发展对城乡收入差距具有极其重要的影响。经济决定金融,金融服务经济,受中国省际间经济发展不均衡的影响,省际之间的城乡金融发展差异也相当突出。要全面分析城乡金融发展对城乡收入差距的影响,必须考虑城乡金融发展的差异问题。

(一)变量选择与指标说明

要从定量的角度研究城乡金融发展对城乡收入差距的影响,首先必须选择有关城乡金融发展与城乡收入差距的指标,在此基础上,才可以设定相应的计量经济学模型。纵观相关的文献资料,笔者发现除了城乡金融的发展会影响城乡收入差距外,城乡就业结构、城市化水平、政府的经济政策等也会影响城乡收入差距,所以将其作为控制变量引入模型并加以考虑。

城乡收入差距指标。从现有文献资料来看,采用城镇居民人均可支配收入与农村人均纯收入的比值来衡量城乡收入差距是使用最多的方法。但

---

① 陈钊、万广华、陆铭:《行业间不平等日益重要的城镇收入差距成因:基于回归方程的分解》,《中国社会科学》2010 年第 3 期。

是,这种方法并没有反映城乡人口所占比重的变化,与中国的实际情况不相吻合。借鉴王少平和欧阳志刚[1]的做法,采用泰尔指数来衡量中国的城乡收入差距。i 省 t 时期城乡收入差距($urid_{it}$)为:

$$urid_{i\ t} = \sum_{j=1}^{2} (\frac{p_{jt}}{p_t}) \ln (\frac{p_{jt}}{p_t} / \frac{z_{jt}}{z_t}) = (\frac{p_{1t}}{p_t}) \ln (\frac{p_{1t}}{p_t} / \frac{z_{1t}}{z_t}) + (\frac{p_{2t}}{p_t}) \ln (\frac{p_{2t}}{p_t} / \frac{z_{2t}}{z_t})$$

上式中,$j=1$ 和 $j=2$ 分别表示城镇和农村地区,z_{1t} 和 z_{2t} 分别表示 t 时期的城镇和农村人口数量,z_t 表示 t 时期的总人口数量,p_{1t} 和 p_{2t} 分别表示 t 时期城镇和农村的总收入(用相应的人口和人均收入之积表示),p_t 表示 t 时期的总收入。

城乡金融非均衡发展指标。城乡金融非均衡发展指标本章也从规模、结构、效率三个维度来进行测度,各指标的测算方法与前文相同,城乡金融发展结构、规模和效率分别记为 $urfdf$、$urfds$ 和 $urfde$。

控制变量指标。在借鉴前人研究成果和结合中国实际情况的基础上,选择城乡就业结构、城市化水平和政府经济政策左右控制变量,并引入模型中。从城乡就业结构方面看,改革开放以来,农村富余劳动力大量流向城镇,来自城镇的务工人员收入已经成为农村居民纯收入的重要组成部分。同时,在农村内部,来自二、三产业的非农产业收入所占农民总收入的比重也不断提高,农民非农收入已经成为影响其收入的第一要素。基于此,可将城乡就业结构定义为:$emps=$ 第二、三产业就业人员数/总就业人数。从城市化水平方面看,陆铭、陈钊[2]认为城市化对城乡收入差距有重要的影响。由于城镇居民有一部分没有城镇户籍,采用城镇人口占总人口比重会低估城市化水平,因此,采用非农业人口占总人口的比重来表示城镇化水平。即 $urban=$ 非农业人口/总人口。从政府经济政策看,虽然政府经济政策的范围极其广泛,但对城乡收入差距具有重要影响的主要是偏城市化的财政支出政策和对外贸易政策,可将其定义为:$fina=$ 政府财政支出/GDP;$open=$ 进

---

① 王少平、欧阳志刚:《中国城乡收入差距对实际经济增长的阈值效应》,《中国社会科学》2008 年第 2 期。

② 陆铭、陈钊:《城市化、城市倾向的经济政策与城乡收入差距》,《经济研究》2004 年第 6 期。

出口贸易总额/GDP。

在定义了上述指标情况下,考虑到城乡收入差距绝非一朝一夕形成,受前期的影响较大,因此建立如下动态面板数据模型:

$$lnurid_{it} = \gamma_0 + \gamma_1 lnurid_{i,t-1} + \gamma_2 lnurfdf_{it} + \gamma_3 lnurfds_{it} + \gamma_4 lnurfde_{it} + \gamma_5 lnemps_{it}$$
$$+ \gamma_6 lnurban_{it} + \gamma_7 lnfina_{it} + \gamma_8 lnopen_{it} + c_i + u_{it}$$

上式中,为减轻异方差带来的负面影响,所有指标均取对数,c_i表示个体异质性,u_{it}表示随机误差项。

(二)数据来源及说明

城乡收入差距的原始指标来源于《新中国六十年统计资料汇编》和中国资讯行网站,上述其他指标数据来源与前文相同,实证研究的时间跨度为1992—2010年,实证研究样本量也是 31 个省级单位,选择实证研究时间跨度和样本量的理由也与前文相同。同时,为使数据具有可比性,以 1992 年的消费者价格指数作为基期的 CPI,对所有指标 1992—2010 年的数据进行处理,形成以 1992 年为基期的实际数据。

(三)实证估计方法说明

由于前文构建的是动态面板数据模型,并且文中使用的面板数据时间序列较长(1992—2010),所以,先对数据进行单位根检验,避免数据不稳定性所导致的伪回归。如果数据稳定,考虑到动态面板数据模型经常出现的内生性问题,以及误差项可能存在移动平均过程等问题(会造成估计系数有偏),选用工具变量法(IV)和广义矩法(GMM)来进行估计。Anderson & Hsiao 通过差分变换及对其滞后项的运用,给出了 AH 法;Arellano & Bond 在对 AH 工具变量法进行研究的基础上,给出了差分广义矩估计法(DIF GMM);由于该方法有限样本的特性较差,弱工具变量对其影响较大,实际估计效果不够明显[1];Arellano & Bover 和 Blundell &

----

① Anderson T.W. & Cheng Hsiao,"Estimation of Dynamic Models with Error Components", *Journal of the American Statistical Association*,Vol.76,No,375(1981),pp.589-606;Arellano M. & Stephen Bond, "Some Tests of Specification for Panel Data:Monte Carlo Evidence and An Application to Employment Equations",*Review of Economic Studies*,Vol.58,No.2,(April 1991),pp.277-297.

Bond 为了克服差分 GMM 估计效果不够明显的问题,提出了系统广义矩法(SYS GMM)[①]。

三、城乡金融非均衡发展影响城乡经济
增长差距的实证结果及解释

根据上述方法,采用 Stata10.0 对数据进行分析。为避免伪回归的存在,首先对变量进行单位根检验。由于检验面板数据单位根的方法很多,考虑到不同检验方法有其自身的优缺点,为增强检验结果的可信度,最终选择四种主要的方法同时进行检验,取四种方法均一致的结果。选择的四种经验分别是 Levin,Lin & Chu 检验、Im Pesaran and Shin 检验、ADF-Fisher Chi-square 检验和 PP-Fisher Chi-square 检验。单位根检验结果表明(表6-3),虽然所有变量的原始序列没有同时通过上述的四种检验,但是,所有变量的一阶差分序列均同时通过检验,这充分说明所选择的变量都是一阶单整的。

表6-3　单位根检验结果

变量	Levin, Lin& Chu	Im Pesaran and Shin	ADF-Fisher Chi-square	PP-Fisher Chi-square
$lnurid_{it-1}$	−0.7986 (0.5128)	0.1963 (0.0321)	68.9854 (0.0127)	99.2785 (0.9831)
$Dlnurid_{it-1}$	−15.3278*** (0.0002)	−18.4927** (0.0124)	18.8186*** (0.0018)	130.8597* (0.0014)
$lnurfdf_{it}$	−1.7895 (0.7652)	14.7994 (0.3761)	114.1798 (0.0112)	22.5578 (0.5541)
$Dlnurfdf_{it}$	−21.7591* (0.0018)	−26.6121** (0.0038)	180.9845*** (0.0214)	109.7166* (0.0058)
$lnurfds_{it}$	12.8597 (0.7162)	11.7258 (0.9985)	149.8258 (0.6241)	147.1145 (0.4156)

① Arellano M. & Bover O.,"Another Look at the Instrumental Variable Estimation of Error-Components Models",*Journal of Econometrics*,Vol.68,No.1(1995),pp.29~51;Blundell R. & Bond S.,"Initial Conditions and Moment Restrictions in Dynamic Panel Data Models",*Journal of Econometrics*,Vol.87,No.1(1998),pp.115~143.

变量	Levin, Lin& Chu	Im Pesaran and Shin	ADF-Fisher Chi-square	PP-Fisher Chi-square
$Dlnurfds_{it}$	−26.3458** (0.0125)	−4.6678*** (0.0011)	93.2516* (0.0084)	96.4811** (0.0211)
$lnurfde_{it}$	−11.8314 (0.4182)	−10.02235 (0.7165)	172.0328 (0.9916)	18.5568 (0.5412)
$Dlnurfde_{it}$	−12.4422* (0.0089)	−13.0474*** (0.0048)	285.7760*** (0.0228)	595.1580** (0.0116)
$lnemps_{it}$	−90.7584 (0.4621)	10.1542 (0.6542)	165.6914 (0.2358)	169.2148 (0.002)
$Dlnemps_{it}$	−115.3228** (0.0122)	−101.4187* (0.0032)	18.8183* (0.0098)	33.8545*** (0.0412)
$lnurban_{it}$	−110.7251 (0.7825)	104.7931 (0.2145)	104.1624 (0.4145)	2.5598 (0.5192)
$Dlnurban_{it}$	−201.6514*** (0.0124)	−6.6129*** (0.0221)	30.9825* (0.0012)	59.7191*** (0.0124)
$lnfina_{it}$	−111.2384 (0.2548)	−10.2848 (0.4168)	9.3288 (0.5568)	309.9818 (0.5982)
$Dlnfina_{it}$	−71.5624* (0.0094)	−14.8726*** (0.0386)	12.6368* (0.0024)	15.2547*** (0.0018)
$lnopen_{it}$	102.8521 (0.5214)	11.7298 (0.4435)	9.8288 (0.9812)	7.0498 (0.1118)
$Dlnopen_{it}$	−106.9834*** (0.0218)	−4.6675* (0.0012)	93.2514*** (0.0125)	96.4851** (0.0162)

在确保所有变量一阶单整的前提下,采用动态面板数据模型的相关回归分析方法进行检验,结果如表6-4所示。在表6-4中,工具变量估计量、差分 GMM 估计量、SYS GMM 估计量、工具变量过度识别的检验统计量(Sargan Test 和 Differenced Sargan Test 统计量)以及一阶差分方程误差项自相关的检验统计量等也一并给出。在表6-4中,根据方法(3)所汇报的 Sargan 检验概率值 $p(p=0.0065)$ 可知,差分 GMM 工具变量无效,这暗含着工具变量与误差项相关或误差项存在异方差的可能;方法(4)的目的是为了纠正由异方差所带来的系数估计偏差问题,m_2 即 $AR(2)$ 的概率值 $p(p=0.655)$ 表明,差分的误差项存在二阶自相关是不显著的,同时,Sargan 检验的概率值 $p(p=0.597)$ 也表明二阶差分 GMM 工具变量是有效的;当因变量

一期滞后项系数为 0.8—0.9 时,差分 GMM 估计的系数相对于系统 GMM 来说不准确性要大。基于此,通过对比表 6-4 中方法(5)和方法(6)的 Sargan 检验和差分 Sargan 检验的概率值 p 可知:方法(6)即系统 GMM(SYS GMM)的估计量具有更好的一致性和有效性。

表 6-4　城乡金融发展影响城乡收入差距的回归结果

估计方法 自变量	工具变量法 (IV)		差分广义矩法 (DIF GMM)		系统广义矩法 (SYS GMM)	
	一阶差分 2SLS(1)	Baltagi 随机效应(2)	一步 (3)	二步 (4)	一步 (5)	二步 (6)
$lnurid_{it-1}$	0.7942** (0.0336)	0.9581*** (0.0236)	0.8826*** (0.0886)	0.7789*** (0.0358)	0.8885*** (0.0223)	0.8751*** (0.1582)
$lnurfdf_{it}$	0.0135 (0.0827)	-0.0018 (0.0816)	0.0094 (0.0941)	0.0335 (0.0286)	-0.0047 (0.0725)	0.7314*** (0.3142)
$lnurfds_{it}$	0.1125 (0.0412)	-0.0129 (0.0307)	0.0228 (0.0357)	0.0078 (0.022)	-0.0232 (0.0103)	0.5654 (0.0428)
$lnurfde_{it}$	0.0166** (0.0347)	-0.1536 (0.0306)	-0.0708** (0.0318)	-0.0612*** (0.0076)	-0.1122** (0.0211)	0.7411*** (0.0205)
$lnemps_{it}$	0.0771 (0.0902)	0.2382* (0.0881)	0.2278 (0.0887)	0.0075 (0.1842)	0.1738 (0.0741)	0.0031 (0.0196)
$lnurban_{it}$	-0.1184 (0.0924)	-0.0708 (0.0808)	-0.0678 (0.0884)	-0.1984** (0.0136)	-0.0914** (0.0701)	-0.0159 (0.0304)
$lnfina_{it}$	0.0948 (0.0201)	0.0301 (0.0278)	0.0301 (0.0405)	0.1123** (0.0102)	0.0201 (0.0196)	0.0982 (0.0406)
$lnopen_{it}$	0.0694*** (0.0258)	-0.0448* (0.0257)	-0.1458* (0.0336)	-0.0418*** (0.0082)	-0.0992 (0.0174)	-0.0697 (0.0345)
常数项	0.0768*** (0.0161)	0.0162 (0.0813)	0.8856* (0.5068)	0.7128*** (0.2273)	0.1139* (0.0229)	1.879* (0.8609)
m_2	—	—	—	0.498 [0.655]	0.493 [0.648]	0.795 [0.438]
Sargan 检验	—	—	[0.0065]	[0.597]	[0.008]	[0.923]
差分 Sargan 检验	—	—	—	—	[0.000]	[1.000]
R^2	0.896	0.975	—	—	—	—
样本量	196	224	224	224	252	252

注:①* 表示10%显著性,** 表示5%显著性,*** 表示1%显著性。②小括号内数据为标准差,方括号内数据为 p 值。③在同方差假设条件下,用 Sargan 检验统计量来检验矩条件是否存在过度识别;差分 Sargan 检验统计量是用来验证系统 GMM(SYS GMM)工具变量的有效性。④ m_2 代表 $AR(2)$ 的检验统计量。

基于上述分析,选择表6-4中(6)列的回归结果来分析城乡金融发展对城乡收入差距的影响。

城乡收入差距滞后项。从城乡收入差距滞后项来看,城乡收入差距滞后项对基期的城乡收入差距影响作用很大,从表6-4中的第(6)列回归结果来看,回归系数高达0.8751,且与基期高度显著。这一方面说明中国城乡收入差距问题绝非一朝一夕产生的,而是由来已久的,这与改革开放以来尤其是20世纪90年代以来中国城乡收入差距显著扩大的事实是相吻合的;另一方面也说明,基于当前城乡收入差距存在的现实,虽然近些年来,政府高度重视改革经济成果共享与社会公平问题,并采取了一系列政策措施,但是,城乡收入差距问题并不会在短期之内消失。

城乡金融非均衡发展。从表6-4中的第(6)列回归结果来看,城乡金融发展的结构、规模和效率对城乡收入差距有极其重要的影响。从城乡金融发展结构角度来看,城乡金融发展结构的系数都为正,且显著,说明通过农村信用合作社的贷款来促进农村经济的发展,对于增加农民收入、缩小城乡收入差距意义重大。20世纪90年代国有银行实行商业化改革以来,受资本逐利性和避险性作用的影响,金融机构大规模"非农化"和"城市化",坚守农村的农村信用社成为农村金融的主力军,虽然受多方面原因的制约,农信社在农村经济发展中的作用受到一定程度的限制,但农信社的作用是不可否认的。从城乡金融发展规模角度来看,城乡金融发展的规模系数为正,但不显著,说明随着中国经济的快速发展,城乡金融发展规模巨大,但是,受当前金融体制的影响,农村金融资源大量流入城市,农村的"金融真空"问题严重制约着农村经济的发展,城乡收入差距显著拉大。从城乡金融发展效率角度来看,城乡金融发展的效率系数为正,且显著,说明城市金融资金利用的效率高于农村,资金大量流向城市,加速城市经济的发展,进而扩大城乡收入差距。

控制变量。从城乡就业结构方面来看,表6-4中的第(6)列回归结果显示,城乡就业差异的系数为正,但不显著,这与现实是相符合的。随着大量农村富余人口流向城市,第一、二、三产业就业人数发生变化,城乡就业结构随之开始变动。虽然流入城市的农村人口一方面缓解了城市用工的压力,也增加了农民收入,繁荣了农村经济,缩小了城乡收入差距;但是,毕竟受诸如就业保障体系不健全等多方面条件的制约,农民工的实际所得有限。所以,城乡就业差异的系数为0.0031,对城乡收入差距的影响不是很明显。从城市化水平方面来看,表6-4中的第(6)列回归结果显示,城市化的系数为负,且不显著,这主要是因为,随着中国城市化进程的加快,大量原农村人口变为城镇居民,在"蛋糕"不变的情况下,城镇人口的增加会降低城镇居民人均可支配收入,进而缩小城乡收入差距;但是,人为快速诸如"农民上楼""农民进城"和"农转非"式的城镇化进程无异于"杀鸡取卵、竭泽而渔",不会从长期对城乡收入差距的缩小带来实质性的作用。从政府的经济政策方面来看,由于政府的财政支出带有显著的城镇化倾向,大量资金投入到城镇经济社会的发展中,对城镇经济的发展具有明显的促进作用,间接拉大城乡收入差距;因此,财政支出方面指标的系数为正,仅为0.0982,且不显著。对外开放与财政支出一样,虽然外商直接投资不仅可以直接带动地方经济的增长,还可以提供相应的就业机会,但是,外商直接投资主要集中在城镇;因此,外商直接投资活动会拉大城乡收入差距。

第三节　城乡金融非均衡发展对城乡居民消费差距的影响

一、城乡金融非均衡发展影响城乡居民消费差距的理论分析

消费问题作为经济学研究的重要议题,一直以来都是学者们研究的热点问题,国内外学者们在此方面也进行了大量研究。与国内学者们的研究相比,国外学者们的研究相对来说更为宏观,国内学者们的研

究则相对具体。比如,在国外,Keynes 率先提出了绝对收入假说,认为消费支出的多少与收入的高低水平密切相关,收入的绝对水平决定消费水平[①];Duesenberry 考虑到过去时期的收入和消费影响,提出了"相对收入假说"[②];Friedman 又加入对未来收入因素的考虑,提出了"持久收入假说"[③];Albert Ando & Franco Modigliani 对消费进行分期考察,提出了"生命周期假说"[④];Hall 在加入理性预期考虑因素后,提出了"随机游走假说"[⑤]。在国内,近些年来,如袁志刚和朱国林、曲兆鹏和赵忠、田青等、朱信凯和刘刚、方福前、李文星等、潘彬和徐选华、周建和杨秀祯、罗知和郭熙保等也对消费问题进行了深入研究[⑥]。在借鉴前人研究成果的基础上,笔者认为城乡金融非均衡发展在下述几个方面影响城乡居民消费差距。

第一,城乡金融发展通过影响城乡居民收入,进而影响城乡居民消费。若用 C_t 表示消费,Y 表示收入,α、β 和 γ 表示参数,则有:

$$C_t = \frac{\alpha}{1-\gamma} + \beta Y_t + \gamma\beta C_{t-1} + \gamma^2 \beta Y_{t-2} + \gamma^3 \beta Y_{t-3} + L$$

①　Keynes J. M. , " *The General Theory of Employment Interest and Money* " , London: Macmillan,1936.

②　Duesenberry J. S. , " *Income, Saving and the Theory of Consumer Behavior* " , Harvard University Press,Cambridge,1949.

③　Milton Friedman,"*A Theory of the Consumption Function*",NBER Books,National Bureau of Economic Research,Inc. ,1957.

④　Ando A. & Modigliani F. , "The Life Cycle Hypothesis of Saving: Aggregate Implications and Tests", *The American Economic Review*, Vol.53, No.1(1963), pp.55-84.

⑤　Robert E.Hall, "Stochastic Implications of the Life Cycle-Permanent Income Hypothesis: Theory and Evidence", *Journal of Political Economy*, Vol.86, No.6(1978), pp.971-987.

⑥　袁志刚、朱国林:《消费理论中的收入分配与总消费及对中国消费不振的分析》,《中国社会科学》2002 年第 2 期;曲兆鹏、赵忠:《老龄化对我国农村消费和收入不平等的影响》,《经济研究》2008 年第 12 期;田青、马健、高铁梅:《我国城镇居民消费影响因素的区域差异分析》,《管理世界》2008 年第 7 期;朱信凯、刘刚:《二元金融体制与农户消费信贷选择:对合会的解释与分析》,《经济研究》2009 年第 2 期;方福前:《中国居民消费需求不足原因研究:基于中国城乡分省数据》,《中国社会科学》2009 年第 2 期;李文星、徐长生、艾春荣:《中国人口年龄结构和居民消费:1989—2004》,《经济研究》2008 年第 7 期;潘彬、徐选华:《资金流动性与居民消费的实证研究:经济繁荣的不对称性分析》,《中国社会科学》2009 年第 4 期;周建、杨秀祯:《我国农村消费行为变迁及城乡联动机制研究》,《经济研究》2009 年第 1 期;罗知、郭熙保:《进口商品价格波动对城镇居民消费支出的影响》,《经济研究》2010 年第 12 期。

也就是说,影响城乡居民消费最根本的因素是城乡居民的收入。前文的实证分析已经表明,城乡金融发展的规模、结构、效率均会制约城乡居民收入的提高,城乡金融非均衡发展会导致城乡居民收入差距的变动。由此也就不难理解城乡金融非均衡发展对城乡居民消费的影响。

第二,城乡金融发展通过影响城乡居民的消费预期,进而影响城乡居民的消费。城乡居民消费不仅与其当期可支配的收入有关,也与其未来的收入和支出紧密相关。在城乡居民收入固定的情况下,消费的多寡还需要考虑到未来诸如教育支出、养老保险支出、房价涨跌等因素;如果预期这些因素没有大的波动,消费量会增加,反之,消费量则会减少。当然,在此过程中,也需要考虑未来可能增加的收入。城乡金融的发展,一方面可以通过促进国民经济的增长,提高自身的收入增长预期,另一方面,也可以通过完善社会各项保障、福利,降低城乡居民对未来生活的担忧和支出预期,降低居民预防性储蓄,从而促进现期消费。当然,考虑到城乡金融发展的非均衡情况,城镇居民和农村居民基于现有收入的差异,在未来的消费过程中也必然会存在一定程度的差距。

第三,城乡消费信贷通过降低流动性约束,影响城乡居民的消费。一般意义上的流动性约束,指的是经济活动主体(如企业、居民)因自有资金难以满足需要,而又难从金融机构融资,进而实现其预期的投资和消费,造成经济中总需求不足的现象。流动性约束对城乡居民的直接影响是导致其增加储蓄、减少消费以应对未来可能出现的收入下降问题,很显然,流动性约束必然会阻碍和制约城乡居民的当期消费。而随着金融的发展,各类金融产品不断创新,各种金融服务不断改进,尤其是随着征信体系的不断完善,经济体内各类融资主体的融资需求能够在一定程度上得到满足,从而减少流动性约束对当期消费的制约程度,刺激消费需求。在城乡金融非均衡发展的情况下,流动性约束对城镇经济体和农村经济体内居民的影响显然是存在差异的。理论上讲,得益于整个金融行业的发展,城镇经济体内居民能够较好地面对流动性约束的冲击,整体消费能力也应该强于农村经济体内的居民;由于农村经济体内的居民,受抵押品缺乏等多方面原因的影响难以有效融资,为了应付可能出现的流动性约束,必然会削减当期消费,增加储蓄。

第四，城乡金融发展通过降低城乡金融中介成本，影响城乡居民的消费。金融发展一般指的是金融结构的变化，既包括短期的变化，也包括长期的变化；既包括各个连续时期内金融交易的流量，也包括不同时点上金融机构的变化。金融发展的重要表现主要体现在两个方面：一是各种金融工具（分为现金类和衍生类两类）的变化，二是金融机构形式、性质及其相对规模的变化。随着金融的发展，各种金融中介开始大量涌现，在有限的金融市场上，金融中介之间的竞争开始出现并越来越激烈。这种竞争，一方面表现在价格方面，另一方面表现在金融中介所推出来的新的金融服务、金融产品等方面；无论是前者还是后者，都有利于拉动消费者的当期消费。比如，信用卡业务的推广，为消费者的跨期消费提供了便利。在城乡金融非均衡发展的前提下，城镇居民与农村居民相比，更容易获得金融中介所提供的诸多新型金融服务，这为其自身的当期消费创造了条件；而农村居民，受地理区位、经济条件及金融机构自身追求资金营利性、安全性和流动性等的制约和限制，难以获得足够的金融服务，消费能力极为有限。

二、城乡金融非均衡发展对城乡居民
消费差距的指标说明与实证模型

上述理论分析表明，城乡金融非均衡发展对城乡居民消费差距具有显著的影响。考虑到中国不同省级单位间经济社会发展的差异，不仅东、中、西部经济社会的发展参差不齐，而且东北地区、北部沿海地区、东部沿海地区、南部沿海地区、黄河中游地区、长江中游地区、西南地区和大西北地区八大经济区经济社会发展也存在不同。基于此，在充分考虑到实际数据可得性前提下，对城乡金融非均衡发展对城乡居民消费差距影响进行实证研究。

（一）变量选择与指标说明

对实证研究而言，指标选择的科学合理性不仅直接关系着研究的进展，还对研究结论的有效解释具有十分重要的作用。要研究城乡金融非均衡发展对城乡消费差距的影响,需要首先考虑指标的选择问题。同时,考虑到影响城乡居民消费因素的问题,还必须选择恰当的控制变量引入模型。

城乡居民消费差距指标。借鉴刘志仁和黎翠梅的做法[1],选择城镇居民人均消费支出和农村居民人均生活消费支出来分别衡量城乡居民消费水平,并以二者之比来衡量城乡居民消费差距($urcom$)。

城乡金融非均衡发展指标。本章也从规模、结构、效率三个维度对城乡金融非均衡发展指标进行测度,各指标的测算方法与前文介绍的一样,城乡金融发展结构、规模和效率分别记为 $urfdf$、$urfds$ 和 $urfde$。

控制变量指标。方福前在研究中国居民消费需求不足原因时,选择的解释变量是未成年人口负担率、老年人口负担率、居民人均医疗支出、居民人均教育支出、居民人均可支配收入、住房制度改革、通货膨胀率、利息率[2]。在此基础上,结合研究的实际需要,选定城乡收入差距($urid$)、人口负担比($peor$)、居民人均医疗支出($peom$)、居民人均教育支出($peoe$)、通货膨胀率($infl$)、利息率($rate$)作为控制变量引入模型中。其中,人口负担比=(14 岁以下人口数+65 岁以上人口数)/(15—64 岁人口数)。

在定义了上述指标情况下,考虑到城乡居民消费受前期消费惯性的影响,设定如下动态面板数据模型:

$$lnurcom_{it} = \gamma_0 + \gamma_1 lnurcom_{i,t-1} + \gamma_2 lnurfdf_{it} + \gamma_3 lnurfds_{it} + \gamma_4 lnurfde_{it} + \gamma_5 lnurid_{it}$$
$$+ \gamma_6 lnpeor_{it} + \gamma_7 lnpeom_{it} + \gamma_8 lnpeoe_{it} + \gamma_9 lninfl_{it} + \gamma_{10} lnrate_{it} + c_i + u_{it}$$

上式中,为减轻异方差带来的负面影响,所有指标均取对数,c_i 表示个体异质性,u_{it} 表示随机误差项。

(二)数据来源及说明

城乡居民消费差距的原始指标来源于《新中国六十年统计资料汇编》和中国资讯行网站,人口负担比指标原始数据来源于历年《中国人口统计年鉴》,居民人均医疗支出指标原始数据来源于历年《中国教育统计年鉴》,

---

居民人均教育支出指标原始数据来源于历年《中国卫生统计年鉴》,通货膨胀率和利息率原始指标数据来源于中国人民银行公布的统计数据。其他指标原始数据来源与前文相同。实证研究的时间跨度为1992—2010年,实证研究样本量也是31个省级单位,选择实证研究时间跨度和样本量的理由也与前文相同。同时,为使数据具有可比性,以1992年的消费者价格指数作为基期的CPI,对所有指标1992—2010年的数据进行处理,形成以1992年为基期的实际数据。

(三)实证估计方法说明

与前文所介绍的估计方法一样,考虑到设定的是动态面板数据模型,解释变量的内生性问题会导致参数估计的非一致性,故本部分采用GMM估计法来估计参数。为增强参数估计结果的可靠性,用 *Sargan* 检验来检验工具变量的有效性,$AR(2)$ 统计量来检验原模型一阶差分后是否存在二阶自相关问题。同时,为了评价估计结果和滞后阶的稳健性,通过检验面板残差的方式来诊断面板残差的平稳性,进而确认GMM估计是否是伪回归的结果。在此基础上,对GMM的结果进行解释。

三、城乡金融非均衡发展对城乡居民
消费差距的实证结果及解释

依据上述分析思路,运用Stata10.0软件,采用中国31个省级单位1992—2010年数据进行GMM估计,实证城乡金融非均衡发展对城乡居民消费差距的影响,实证结果如表6-5所示。

表6-5　GMM估计结果

解释变量	$DIF1(1)$	$DIF1(2)$	$SYS1(1)$	$SYS1(2)$
$lnurcom_{i,t-1}$	0.4125** (0.02058)	0.4569*** (0.0029)	0.4628*** (0.0000)	0.4029*** (0.0001)
$lnurfdf_{it}$	0.1258* (0.1287)	0.1894** (0.0028)	0.1272** (0.0021)	0.1925*** (0.0000)

续表

解释变量	$DIF1(1)$	$DIF1(2)$	$SYS1(1)$	$SYS1(2)$
$lnurfds_{it}$	0.2235*** (0.0000)	0.2105* (0.0028)	0.2369*** (0.0029)	0.2936*** (0.0458)
$lnurfde_{it}$	0.1785*** (0.0000)	0.1269** (0.0039)	0.1128*** (0.0025)	0.1029*** (0.0037)
$lnurid_{it}$	0.6587*** (0.0000)	0.6328** (0.0485)	0.6398*** (0.0000)	0.6998*** (0.0000)
$lnpeor_{it}$	0.6568** (0.0025)	0.6621** (0.0098)	0.6125** (0.0000)	0.6398*** (0.0000)
$lnpeom_{it}$	0.2698*** (0.0069)	0.2015* (0.0257)	0.2298*** (0.0000)	0.2891*** (0.0000)
$lnpeoe_{it}$	0.0287*** (0.0000)	0.0212*** (0.0021)	0.0285* (0.0000)	0.0222*** (0.0000)
$lninfl_{it}$	0.1258** (0.0000)	0.1369* (0.0000)	0.1028*** (0.0000)	0.1598*** (0.0000)
$lnrate_{it}$	0.3687** (0.0000)	0.3328* (0.0025)	0.3698* (0.0000)	0.3987 (0.0000)
常数项	0.0254** (0.0271)	0.0233 (0.0362)	0.0368* (0.0000)	0.0299*** (0.0000)
$Wald$ 检验值	21.68***	85.43**	58.55**	72.37***
$Sargan$ 检验的 p 值	0.0421	1.0000	0.0054	1.0000
差分 $Sargan$ 检验的 p 值	—	—	0.0000	1.0000
$AR(2)$检验的 p 值	0.0005	0.6512	0.4125	0.4987

注:①$DIF1(1)$、$DIF1(2)$分别是 Arellano 和 Bond GMM 估计方法一步估计和两步估计得到的结果。②$SYS1(1)$、$SYS1(2)$分别是 Blundell 和 Bond 系统 GMM 估计法一步估计和两步估计得到的结果。③ *** 、** 、* 分别表示 1%、5%和 10%的显著性。④表中显示为估计参数,系数下方括号内的是标准差。⑤系数联合显著性 $Wald$ 检验的零假设为个解释变量的系数均为零。⑥$Sargan$ 检验的零假设为过度确认是有效的,即工具变量是有效的。⑦$AR(2)$检验的零假设为差分后的残差项不存在二阶自相关,即模型的设定是合理的。

从表 6-5 中可以看出:模型系数联合显著性的 $Wald$ 检验值都在 1%的水平上显著,$Sargan$ 检验结果说明工具变量有效,$AR(2)$检验结果说明一阶差分后的残差是不存在二阶自相关的。很显然,上文所设定的模型是合理的。

在确保模型设定合理的基础上,为了进一步评价 GMM 估计结果的可靠性和滞后阶的稳健性,采用上文所介绍的 IPS(Im-Pesaran-Shin)检验来验证面板残差是否平稳,进而确认 GMM 估计不是伪回归的结果。同时,为了增强结果的稳健性,将 LLC 检验和 Breitung 检验结果一并列入(见表6-6)。从表6-6 中面板残差的平稳性检验结果来看,每个模型的面板残差概率值 p 均小于1%,这说明各个面板残差均具有平稳性,GMM 的估计结果可靠。

表6-6 面板残差的平稳性检验

省　份	LLC 检验	Breitung 检验	IPS 检验	省　份	LLC 检验	Breitung 检验	IPS 检验
北　京	7.5698 (0.0000)	12.2368 (0.0027)	10.2397 (0.0000)	山　东	26.6587 (0.0045)	36.6327 (0.0012)	45.5587 (0.0000)
天　津	12.3687 (0.0035)	22.3697 (0.0027)	18.5697 (0.0000)	河　南	21.3678 (0.0325)	19.3697 (0.0047)	22.3691 (0.0425)
河　北	3.3694 (0.0022)	5.5587 (0.0425)	8.8891 (0.0492)	湖　北	105.5218 (0.0376)	115.2367 (0.0274)	99.3217 (0.0167)
山　西	26.3687 (0.0041)	38.2369 (0.0000)	25.3614 (0.0026)	湖　南	11.2367 (0.0032)	10.2367 (0.0000)	18.8617 (0.0324)
内蒙古	55.2367 (0.0032)	47.5691 (0.0015)	37.2135 (0.0000)	广　东	102.2367 (0.0071)	115.3267 (0.0425)	98.8967 (0.0000)
辽　宁	32.3697 (0.0000)	40.0258 (0.0000)	28.8621 (0.0029)	广　西	122.2364 (0.0783)	175.5487 (0.0471)	133.3262 (0.0327)
吉　林	2.3687 (0.0038)	7.2345 (0.0000)	6.2367 (0.0048)	四　川	28.2587 (0.0237)	35.1249 (0.0451)	47.7568 (0.0223)
黑龙江	44.4258 (0.0035)	40.238 (0.0018)	51.1528 (0.0021)	贵　州	34.4567 (0.0032)	37.6547 (0.0471)	40.1257 (0.0441)
上　海	29.3697 (0.0000)	44.2387 (0.0001)	50.1027 (0.0042)	云　南	99.9847 (0.0321)	130.3217 (0.0485)	150.2374 (0.0236)
江　苏	105.2367 (0.0412)	220.1259 (0.0057)	130.2357 (0.0235)	陕　西	122.2367 (0.0332)	175.5478 (0.0424)	120.3218 (0.0407)
浙　江	174.4751 (0.0347)	168.2518 (0.0000)	199.9874 (0.0337)	甘　肃	77.7891 (0.0342)	87.2318 (0.0031)	97.3621 (0.0095)
安　徽	202.2341 (0.0027)	257.5474 (0.0075)	281.0327 (0.0428)	青　海	128.6214 (0.0314)	155.5617 (0.0375)	170.3215 (0.0361)
福　建	155.5112 (0.0256)	156.3784 (0.0085)	177.4155 (0.0471)	宁　夏	40.0567 (0.0061)	55.6218 (0.0057)	60.0257 (0.0428)
江　西	45.5687 (0.0225)	55.4587 (0.0347)	50.5214 (0.0426)	新　疆	136.3221 (0.0354)	125.2235 (0.0442)	122.2214 (0.0012)

注:括号中为 W 统计量的 p 值。

通过上述分析,可以看出:上文设定的模型是合理的,工具变量也是有效的。在此基础上,对表6-5的结果进行分析。$DIF1(1)$的$Sargan$检验概率值为0.0421,说明差分GMM工具变量无效,即工具变量与误差项相关或误差项存在异方差的可能;$DIF1(2)$的检验是纠正了由异方差所带来的系数估计偏差问题,$AR(2)$的概率值为0.6512,说明差分的误差项存在二阶自相关是不显著的,同时,$Sargan$检验概率值为1,也说明二阶差分GMM工具变量是有效的。一般来说,当因变量一期滞后项系数为0.8—0.9时,差分的GMM相对于系统GMM有较大的下偏或者说是存在估计的不准确性;基于此,通过对比表6-5中$SYS1(1)$和$SYS1(2)$的$Sargan$检验和差分$Sargan$检验的概率值p可知:$SYS1(2)$)的估计量具有更好的一致性和有效性。

基于上述分析,选择表6-5中$SYS1(2)$的回归结果来分析城乡金融非均衡发展对城乡居民消费差距的影响合适。

城乡居民消费差距滞后项视角。从表6-5可以看出,城乡居民消费差距滞后项在$DIF1(1)$、$DIF1(2)$、$SYS1(1)$和$SYS1(2)$下,均在1%水平下显著,系数都在0.4以上,这说明当期城乡居民消费受前一期的影响非常显著,这与现实相符合。与国外居民大量的跨期消费行为相比,中国城乡居民的消费明显表现得更为理性和现实,"量体裁衣"的消费理念被更多的居民认同。在广大农村,除了简单的"衣、食、住、行"消费外,居民更多的是选择将多余的资金存入银行,而不是用于购买其他产品;而在城镇,除资金实力雄厚的家庭外,更多的普通家庭消费也是极为节约的;尤其是在实际收入来源较为稳定的情况下,城乡居民的消费具有很强的惯性。

城乡金融发展(规模、结构和效率)非均衡视角。从表6-5中$SYS1(2)$的回归结果可以看出,城乡金融规模、结构和效率在1%水平下显著,系数为正。这意味着城乡金融的发展,无论是规模的扩大、结构的调整,还是效率的提高,都与城乡居民消费高度正相关,这与中国的实际情况也是相符合的。城乡金融发展对城乡居民消费的最直接影响表现在两个方面:一是通过金融机构吸收存款,并为储户提供利息,增加储户的实际收入,为城乡储户的消费夯实经济基础;二是城乡金融的发展,能够为城乡居民提供更好的金融服务,比如,信用卡的广泛使用,就可以很好地促进跨期消费行为的发生,促进城乡消费。当然,基于城乡经济体自身基础的差异,城镇居民在资金实力方面远远强于农村居民。所以,尽管城乡金融发展从总体上来看,能够有效地促进城乡居民消费,但是,城乡居民消费的差距在短期之内是不会消失的。

影响城乡居民消费差距控制变量视角。从城乡收入差距视角看,城乡收入差距在 $DIF1(1)$、$DIF1(2)$、$SYS1(1)$ 和 $SYS1(2)$ 下,均在 1% 水平下显著,系数都在 0.6 以上,城乡收入差距对城乡居民消费具有十分重要的作用和影响。虽然随着城乡金融的发展,各种新的金融服务和金融产品层出不穷,有力促进城乡居民消费;但是,这并不能否认"收入对消费"的决定作用。从人口负担比、居民人均医疗支出、居民人均教育支出、通货膨胀率和利息率等视角来看,其对城乡居民消费具有显著的促进作用,在很大程度上,导致了城乡居民消费差距的产生。在城镇,受多年来国家宏观经济发展战略的影响和制约,农村居民人口负担比高于城镇居民,城镇居民人均医疗支出和教育支出远远高于农村,城乡居民实际所承受的负担存在差异,这些都会直接影响城乡居民消费。同时,通货膨胀率和利息率对城镇居民的消费影响更为显著,这与城乡间信息化程度密切相关,城镇居民在信息获取方面的能力强于农村居民,而在广大农村,信息化程度低,居民获取信息来源的渠道狭窄,消息传播的速度慢,而且农村市场化程度也远远低于城镇,农村居民对市场各方面价格信息的变化敏感度远远低于城镇居民,城乡居民消费在通货膨胀和利息率变动等方面必然存在差距。

第七章　城乡金融协调发展的
调控模型与调控范式

　　城乡金融非均衡发展,不仅导致城乡经济增长差距的扩大,制约城乡收入差距的缩小,还直接影响城乡居民的消费,对省域单位间本来就存在的发展差异进一步固化。也就是说,过大的城乡金融非均衡发展必然带来区际间经济社会发展的诸多不均衡问题,对和谐社会的构建与区域协调可持续战略的实施形成巨大的障碍。在某种意义上,城乡金融的非均衡发展及其所引致的一系列问题,与社会的公平和正义也是不相吻合的。因此,基于目前中国城乡金融非均衡发展的实际状况,要实现城乡经济金融的协调发展,提高经济金融体制改革和宏观政策的有效性与针对性,对城乡金融非均衡发展进行合理的调节和控制显得非常有必要。本章在构建城乡金融非均衡发展调控模型基础上[①],选择破解城乡金融非均衡发展的范式,并提出具体对策。

第一节　城乡金融协调发展的调控模型

　　从中国城乡金融非均衡发展的现状可以看出,中国城市金融发展水平显著高于农村金融发展水平,整个国家自然也就可以分为金融发展水平低的农村 R 和金融发展水平高的城市 U;相应地,可以记农村金融发展水平为

---

　　① 李敬和冉光和在研究区域金融发展差异调控的时候,构建了区域金融差异调控的基本模型,考虑到城乡金融是区域金融的特殊表现形式;因此,在他们研究的基础上,本章重新构建了城乡金融非均衡发展调控的基本模型。参见李敬、冉光和:《中国区域金融发展差异调控:模型、范式与政策》,《开发研究》2008 年第 2 期。

F_R，城市金融发展水平为 F_U。考虑到金融在现代经济发展中的极端重要性，可以认为农村 R、城市 U 两个区域的产出主要分别取决于农村金融发展水平为 F_R、城市金融发展水平为 F_U，记农村 R、城市 U 的人均产出函数分别为 $\varphi_R(F_R)$、$\varphi_U(F_U)$；由于 $\varphi_R(F_R)$ 和 $\varphi_U(F_U)$ 同时也分别反映了两个区域金融发展对经济影响的程度，因此，$\varphi_R(F_R)$、$\varphi_U(F_U)$ 也是农村 R、城市 U 金融发展的转换函数。鉴于国家区域分为农村和城市两个区域，因此，$\varphi_R(F_R)$、$\varphi_U(F_U)$ 人均产出的加权和为整个国家的产出；对于中央政府来说，实现整个国家（农村和城市）经济效益的最大化是其追求的重要目标之一，即中央政府会追求 $\varphi_R(F_R)$、$\varphi_U(F_U)$ 人均产出加权和的最大化。从整个社会稳定的角度考虑，过大的城乡差距会影响社会稳定，与社会的公平和正义也是相违背的，因此，$\varphi_R(F_R)$ 与 $\varphi_U(F_U)$ 之间的差距需要中央政府的调控。假定社会风险利益损失和 $\varphi_R(F_R)$ 与 $\varphi_U(F_U)$ 之差具有正向相关关系，则可以将整个社会（农村和城市）的风险利益损失函数表示为：$\xi=\lambda[\varphi_U(F_U)-\varphi_R(F_R)]$，$\lambda$ 为社会风险利益转换系数。基于以上分析可知，中央政府调控城乡金融非均衡发展的目标是实现总的目标利益函数 U 的最大化。总的目标利益函数 U 的表达式为：

$$MaxU=\varphi_R(F_R)+\varphi_U(F_U)-\lambda[\varphi_U(F_U)-\varphi_R(F_R)]$$

进一步整理可得：

$$MaxU=(1-\lambda)\varphi_U(F_U)+(1+\lambda)\varphi_R(F_R)$$

上式表明，社会风险利益转换系数 λ 在中央政府总利益目标函数中，给予了金融发展水平低的区域（农村 R）更高的产出权重，因此，中央政府受社会风险利益转换系数 λ 的制约，具有扶持经济金融发展水平低的区域的动机。考虑到城市经济体和农村经济体内金融发展水平非均衡存在的现实，$\varphi_R(F_R)$ 和 $\varphi_U(F_U)$ 本身就存在较大的差异，如若采取整齐划一的城乡金融政策调控城乡金融非均衡发展，必然造成城乡金融发展差异的损失，因此，不能不允许城乡金融非均衡发展的存在，城乡金融非均衡发展应当保持在一种"效率差异"的水平上。Thomas & Nancy、Townsend & Ueda 和 Stiglitz 等人的研究成果表明，在金融抑制的条件下，穷人由于自身资本积累的限制达不到财富门槛水平而得不到高收益的回报，富人则由于自身在资本积累上的优势可以享受到高收益的回报,穷人和富人因原始资本积累的不同而带来的贫富差距会越来越大①。也就是说,基于金融发展"门槛效应"的存在,金融发展水平高的区域(城市 U),金融对经济的促进作用可能更明显,金融发展的转换效率更高,中央政府基于效率的视角必然更有动力去支持金融经济发展水平较高的区域(城市 U),这将会拉大两个区域(农村 R 和城市 U)的经济与金融发展水平;但是,两个区域的差异不能太大,否则可能爆发社会风险。很显然,当城乡金融非均衡发展达到一定程度的时候,社会风险利益转换系数 λ 会产生突变,达到正无穷大。因此,基于社会稳定的角度考虑,中央政府对城市金融发展的偏好具有一定的限度。

基于上述分析,如果以横轴代表城市 U 的金融发展水平,纵轴代表农村 R 的金融发展水平,OS 为过原点 O 的角平分线,也就是城市 U 和农村 R 的金融发展水平无差异曲线,PC 曲线是现有城乡金融制度下城市 U 和农村 R 金融发展水平的可能性边界,OD 和 OA 分别为全国金融系统视角下农村 R 和城市 U 的临界金融发展水平,则 OPNA 和 ODGC 分别为农村 R 和城市 U 金融发展水平的"不可能区域"(如图 7-1 所示)。在社会稳定的压力下,城市 U 和农村 R 金融非均衡发展水平不可能太大,否则将导致社会风险利益转换系数 λ 产生突变。图中,AB、DH 均为城乡金融非均衡发展的临界值;相应地,F 点和 I 点就均代表可以容忍的区域金融发展差异的最大值点。F 点和 I 点均以斜率为 1 的趋势向上移动,直到与可能性边界 PC 曲线相交,形成的 FK 线和 IJ 线是城乡金融非均衡发展的临界线。FKG 和 NIJ 区域内的点,表明区域金融发展差异超过临界值,是"风险爆发区域"。城乡金融非均衡发展的临界线 FK 线和 IJ 线与可能性边界 PC 曲线以及不可能区域 OPNA 和 ODGC 围成的 EIJKF 区域,是城乡金融非均衡发展的容忍

————————

①　Thomas Piketty & Nancy Qian, "Income Inequality and Progressive Income Taxation in China and India: 1986 - 2015", *Journal of Applied Economics*, Vol. 1, No. 2 (2009), pp53 - 63; Townsend R. & Ueda K., "Financial Deepening, Inequality, and Growth", *Review of Economic Studies*, Vol. 73, No. 1 (2006), pp. 251 - 273; Stiglitz Joseph E., "Risk and Global Economic Architecture: Why Full Financial Integration May Be Undesirable", *American Economic Review*, Vol. 100, No.2(2010), pp.388 - 392.

空间,政策调控者必须要保证城市金融和农村金融发展水平不突破 EIJKF 区域。根据 $MaxU = (1-\lambda)\varphi_U(F_U) + (1+\lambda)\varphi_R(F_R)$ 可以解出一个最有效率的城乡金融非均衡发展水平值,即为效率差异,在 EIJKF 区域中的 YV 线和 XZ 线均是效率差异线。

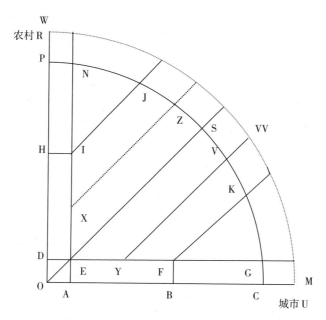

图7-1 城乡金融非均衡发展调控模型

上述分析说明了政府调控城乡金融非均衡发展的适度区域即 EIJKF 区域。虽然在 EIJKF 区域内部城乡金融非均衡发展不会爆发社会风险,但可能存在金融发展效率不高的问题。只有在金融发展的可能性边界的 JK 线上,才能真正发挥城市 U 和农村 R 的金融发展水平潜力。但在 JK 线上并不是所有的点都能保证中央政府总的利益目标函数 U 的最大化。只有效率差异线 YV 线和 JK 线相交,才能真正保证调控目标利益最大化。因此 V 点是城乡金融非均衡发展调控的最优控制点。随着城乡金融发展外部条件的改善,城市金融发展水平和农村金融发展水平的可能性边界可能会发生外移,即 WM 线,则此时城乡金融非均衡发展调控的最优控制点变为 VV 点。

第二节　城乡金融协调发展的调控范式

1962 年,美国著名科学哲学家托马斯·库恩(T.Kuhn)①在《科学革命的结构》中阐述了范式(Paradigm)的概念,认为以具体的科学理论为载体而表现出来的科学的具体的发展阶段模式即为范式;英国学者玛格丽特·玛斯特曼(Margaret Masterman)②对库恩的研究成果进行了归纳和总结,将范式分为三类,即哲学范式(作为一种信念、一种形而上学的思辨)、社会学范式(作为一种科学习惯、一种学术传统、一个具体的科学成就)和人工范式或构造范式(作为一种依靠本身成功示范的工具、一个解疑难的方法、一个用来类比的图像)。虽然范式不能等同于理论,但是,范式却可以代表近乎固定的解决问题的思路和模式。

一、国外典型的农村金融发展范式

在国外,在金融发展范式的研究方面,学者们更为偏向于农村金融发展范式的研究,所涉及的典型理论有"农业信贷补贴论""农村金融市场论""不完全竞争市场论"和"局部知识论"等,每一种理论的优劣势可以如表7-1 所示。

(一)农业信贷补贴论

20 世纪 80 年代以前,农村信贷补贴论(Subsidized Credit Paradigm)在农村金融理论中一直处于主导地位。该理论假设为:第一,农村居民特别是对农村贫困阶层来说,他们储蓄能力近乎为零,因此,农村经济社会发展所

---

①　托马斯·库恩:《科学革命的结构》,金吾伦、胡新和译,北京大学出版社 2003 年版,第 15 页。

②　玛格丽特·玛斯特曼:《范式的本质》,伊姆雷·拉卡托斯、马斯格雷夫主编:《1965年伦敦国际科学哲学会议论文汇编(第四卷)——批判与知识的增长》,周寄中译,华夏出版社 1987 年版,第 7 页。

面临的是慢性资金不足的问题;第二,基于农业收入的不确定性、投资的长期性、低收益性等产业特性的考虑,农业不可能成为以利润为目标的商业银行的融资对象。基于此,要缓解农村金融困境,加快农业发展的步伐,需要来自外部政策性资金的注入,需要建立非营利性的专门金融机构来强化金融资源的配置。显然,农业信贷补贴论主张的是信贷供给先行的农村金融战略。虽然很多发展中国家广泛实行信贷供给先行的农村金融战略,但由于农村储蓄动员力度不够,农村发展过于依赖外来资金投入、资金使用效率不高、资金用途被转移等问题较为严重,许多发展中国家逐步陷入严重的困境。

表 7-1　国外农村金融发展范式比较

	农业信贷补贴论	农村金融市场论	不完全竞争市场论	局部知识论
观点	农村金融市场不完全,市场机制不能满足农村信贷需求	农村金融市场不完全、发育程度低	市场不完全,信息不完全	市场不完全,信息不完全
解决问题的思路	政府补贴信贷,向农村地区注入低成本资金	发展金融市场,包括发展商业金融和合作金融,信贷遵循商业原则	政府干预金融市场	拓展市场过程和市场机制,允许所有金融机构和活动利用全局性和局部知识,不排除政府的作用
优劣之处	从新中国成立到现在,一直没有借以解决农村金融服务需求满足程度低的问题,而且扭曲和破坏农村金融市场,破坏农民的市场意识和还款意愿,增强农民对政府补贴的依赖性	商业原则促进了农村金融市场的发育,满足了农民的金融服务需求,但由于不考虑政府的积极作用,容易遭到政府部门的排斥	政府对信贷市场的干预不能利用现有和潜在的市场机制,不能真正满足农民的金融服务需求,破坏农村金融市场和农民的市场意识和还款意愿,增强农民对政府补贴的依赖性	从知识论角度明确了农村金融市场的发育途径,那就是自下而上和自上而下两头并进的农村金融组织和活动的多元化,其结果将是一种以金融组织和活动多元化为特征的、真正意义上的农村金融多元生态

资料来源:赵丙奇、冯兴元:《基于局部知识范式的中国农村金融市场机制创新》,《社会科学战线》2011 年第 1 期。

(二)农村金融市场论

农村金融市场论(Rural Financial Markets Paradigm)又叫农村金融系统论(Rural Financial Systems Paradigm),是在批判农业补贴论基础上产生的,

强调市场机制的作用,与农业信贷补贴论不同的是,农村金融市场论假设认为:第一,农村居民甚至是农村贫困阶层都有储蓄能力;第二,低息政策不能够有效激发居民存款的欲望,抑制了农村金融发展;第三,大量运用外来资金,导致农村发展对外来资金依存度过高和贷款回收率低;第四,由于农村资金拥有较多的机会成本,直接导致农村市场非正规金融的高利率。以此为基点,该理论极力反对政策性金融对整个金融市场的扭曲,主张完全依赖市场机制来解决农村金融发展问题,特别强调利率市场化的作用。该理论认为,利息补贴是造成补贴信贷活动存在缺陷的根本原因,而利率自由化则可以使农村金融中介机构补偿其经营成本,因此,可以要求农村金融中介承担合适的利润限额;同时,考虑到利率自由化在鼓励金融中介机构有效动员农村储蓄方面的优势,更应该重视利率自由化在缓解农村金融困境方面的作用。虽然农村金融市场论在缓解农村金融困境、促进农村经济发展方面具有显著的作用,但是,过分夸大其功效与现实不相符合。比如,自由化的利率可能会减少对信贷的总需求,从而可以在一定程度上改善小农户获得资金的状况,但农村贷款中高成本和缺少担保品的问题难以有效解决,至少会在贷款额度上影响农户的融资。

(三)不完全竞争市场论

随着 20 世纪 90 年代以来,东南亚国家和地区金融危机的爆发,人们逐渐认识到市场机制并不是万能的,培育有效率的金融市场,需要一些社会性的、非市场的要素的支持。斯蒂格利茨的不完全市场竞争论就是其中之一。该理论认为发展中国家的金融市场并不是一个完全竞争的市场,特别是基于信息不完全因素的考虑,贷款方无法对借款人的真实情况予以了解,如果完全依靠市场机制是无法培育出一个社会所需要的金融市场的。该理论认为,要更好地弥补市场的失效,有必要采取诸如政府适当干预金融市场或借款人组织化等非市场化因素,这为政府干预农村金融市场提供了理论基础。与过去不同的是,不完全竞争市场主张从完善金融体制结构的层面来对农村金融市场进行干预,反对对农村金融市场的无序干预,认为发展中国家对农村金融市场进行干预,首先需要关注改革和加强农村金融机构,排除阻碍农村金融市场有效运行的障碍,诸如培训农村金融结构的管理人员、监督人员和贷款人员,以及建立完善的会计、审计和管理信息系统。总体来看,不完全市场竞争论对金融发展具有较大的影响,但其隐含的政府干预论基于农村融资主体分散在不同时间和地点的现实而存在明显的盲点。

(四)局部知识论

与城市信贷市场相比,农村信贷市场的信息不对称问题表现得极为严重,这直接导致了农村信贷的整个申请、获得、使用过程中的道德风险和逆向选择问题极为突出,信用风险发生的频率较高[1]。也就是说,在信息不对称的情况下,贷款人很难辨别贷款的风险程度,但这不应该是首先采取政府干预的理由,相反恰恰可以利用市场机制的拓展和完善来发展和利用局部知识从而减少农村金融市场的信息不对称问题。局部知识范式强调哈耶克知识论中局部知识理念的重要性,它与农村金融市场范式相呼应,但是更多考虑了如何从知识论角度出发,通过发现和利用局部知识来解决不完全竞争和信息不完全问题[2]。局部知识论认为,在农村金融市场中,金融服务供给者更多的是应该创新金融工具,逐步融入到存在局部知识的人和地方中去,只有贴近农户和其他金融需求者,金融机构才最容易利用局部知识作出有效率的决策。局部知识论主张,政府在农村金融市场中的直接参与供给作用应该是辅助性的,政府补贴信贷的作用也一样。

二、中国城乡金融发展现有范式及其缺陷

所谓城乡金融发展范式,可以认为是金融研究者和实务界在一定时期内基本认同并加以遵循的分析、解决城乡金融发展问题的原则体系和方法准则。新中国成立以来,中国城乡关系先后经历过三个发展阶段,即1949—1978 年的"城市优先发展、以农支工"阶段、1979—1992 年的"农村先行改革、以农促工"阶段和 1993 年以来的"统筹城乡发展、以工支农"阶

---

[1]　冯兴元、何梦笔、何广文:《试论中国农村金融的多元化:一种局部知识范式视角》,《中国农村观察》2004 年第 5 期。

[2]　赵丙奇、冯兴元:《基于局部知识范式的中国农村金融市场机制创新》,《社会科学战线》2011 年第 1 期。

段;伴随中国城乡关系的变化,中国城乡金融发展范式也经历了不同的发展阶段。1949—1978 年,中国处于高度集中的计划经济时期,在"城市优先发展、以农支工"城乡关系协调发展政策的作用下,城乡金融发展范式在这一时期表现出明显的"大一统"特征,无论是城乡金融机构的设置,还是城乡金融发展政策的制定,都表现出向城市"一边倒"的特点。随着党的十一届三中全会的召开,市场经济体制开始在中国建立,作为计划经济时期重要体现的旧的城乡金融发展范式逐渐被抛弃,城乡金融机构范式和功能范式开始在中国兴起。

城乡金融机构范式是指从城乡金融机构及其体系的设置、调整、变革等视角出发探究城乡金融发展的一种世界观与方法论,该范式在城乡金融供求关系上强调供给领先,在城乡金融工具性价值与自身性价值方面强调自身价值优先[1],主张在政府的主导下,通过政府的强制性制度变迁方式,实现城乡金融发展的目标。城乡金融机构范式的突出缺陷表现在两个方面:一是国家主导强制性制度变迁。城乡金融机构范式下的城市和农村金融机构及其制度的构建与完善,并不是直接内生于城市和农村经济体内,而是在国家的强制性干预下形成的,这种政府干预形成的城乡金融结构范式自身具有诸多无法避免的缺陷。以城乡金融范式下的农村金融为例,国家主导的农村金融强制性变迁,虽然一定程度上符合中国农村经济社会发展实际,但在这个过程中,政府往往从满足制度供给者和制度生产者本身的需求出发,而不去适应金融需求者的金融需求,使农村金融服务供给严重滞后于农村金融需求[2]。同时,国家为保证对金融资源的控制,也自然打压非正式金融[3],抑制了农村金融诱致性制度变迁进程,导致强制性制度安排本身不足。而且,诱致性制度安排亦显不足,加剧了农村金融的抑制状态。二是城

---

[1]　在这里,城乡金融的工具性价值指的是城乡金融城乡经济发展等外部环境的效能与作用,城乡金融的自身性价值指的是在城乡金融系统自组织和他组织的共同作用下,城乡金融系统自身能够实现自身产权明晰、治理结构完善、历史包袱减轻等功效,进而实现城乡金融系统的可持续性发展。

[2]　何广文:《中国农村金融供求特征及均衡供求的路径选择》,《中国农村经济》2001 年第 10 期。

[3]　周立:《农村金融政策与农村资金流向》,《银行家》2009 年第 4 期。

乡分割的金融发展政策。城乡金融机构范式的逻辑起点是城市经济体和农村经济体内大量既有的异质性金融机构,鉴于城乡经济体内不同融资主体的差异化融资需求,城乡金融供给与需求难以有效匹配,政府通过控制城乡金融体系重构的方式来推进城乡金融发展,特别是在政府的城市化倾向作用下,难以有效齐头并进地推进城乡金融发展,反而会留下不少弊端。以政府对农村金融体系的调控为例,政府不是通过整体规划来实现农村金融体系的重构,而是通过分头推进(如农业银行上市、农村信用社改革、农业发展银行改革的分别安排)、不断调整(如农村信用合作社改革的 1996 方案、2002 方案、2003 方案、2004 方案等)的方式,形成头痛医头、脚痛医脚、顾此失彼甚至"推倒重来"的局面。

针对城市金融结构范式的缺陷,学者们提出了城乡金融功能范式的理论框架。城乡金融功能范式遵循的是"外部环境—功能—结构"的分析思路,认为随着外部竞争环境的变化,金融机构需要具有动态的灵活多变性,基本金融功能则应该具有稳定的特征,也就是说,在处理金融与经济关系方面,在处理城乡金融供需关系上强调需求领先,在城乡金融工具性价值与自身性价值上强调工具性价值优先,主张从城乡经济发展等外部环境对城乡金融的需求入手,按照满足实现城乡金融功能的要求,对城乡金融机构、机制、工具等进行相应安排设置。城乡金融功能范式的突出缺陷表现在三个方面:一是原假设本身存在缺陷。城乡金融功能范式以完全市场竞争的一元经济为假设,完全抽象掉金融工具、金融中介、金融市场等具体形式和载体来探讨金融的微观功能,排斥或忽视结构分析的缺陷;而中国是典型的二元经济结构的国家,如果完全照搬城乡金融功能范式的话,必然会与中国的二元经济结构相违背。二是理论基础存在欠缺。既有的金融功能框架是一个微观分析的框架,具有明显的微观金融特征[1];作为传统农业大国二元经济结构重要体现的城乡金融发展,不仅要满足城市经济体和农村经济体内各类融资主体的融资需求,还具有满足国家战略安排、宏观政策实现、城乡

---

① 禹钟华:《从汇率的财富效应看现行国际货币体系的不公正性》,《中国外汇管理》2005 年第 6 期。

经济协调发展等目标需要的宏观功能。显然,如果局限在既有的金融功能微观分析框架内,只会使人们对城乡金融的发展局限于微观视角,难以看到城乡金融发展对于整个国家经济社会建设的重要作用,其最终的结果只会是使农村金融游离于波澜壮阔的农业现代化、二元经济现代性转换之外。三是静止观点的缺陷。城乡金融功能范式遵循的是"外部环境—功能—结构"的分析思路,"功能稳定,结构可变"是其基本前提。从微观金融功能的角度来看,这一基本前提是成立的,但是以城乡金融发展的宏观视角,考虑到城市经济体和农村经济体内资金需求主体的个体特征及两个不同的经济体的整个金融供给与需求状况,这一前提则很难成立。

三、中国城乡金融协调发展新范式的现实选择

上述分析表明,城乡金融机构范式更多的是局限于城乡金融本身来谈城乡金融,城乡金融功能范式则更多的是局限于城市经济体或农村经济体内的某种融资主体来谈城乡金融,也就是说,无论是城乡金融机构范式,还是城乡金融功能范式,两者在分析中国城乡金融发展问题方面都存在显著的不足,城乡金融现有范式不仅不符合中国的经济现实,也难以对中国的经济现实做出合理的解释,城乡金融范式迫切需要进行调整。考虑到近些年中国城乡经济发展的实际情况,尤其是 2006 年以来,以"增量改革"为重点的新一轮农村金融改革的开展,与时俱进地推进城乡金融范式的转变,夯实城乡金融发展的理论基础势在必行。

(一)城乡金融协调发展新范式及其基本特征

作为一种新的金融发展范式,城乡金融发展新范式吸纳了城乡金融机构范式和城乡金融功能范式的优点,回避和克服了两者的缺点,其更为注重的是在满足城乡金融可持续发展需求的前提下实现城乡金融的协调发展。具体来说,城乡金融发展新范式指的是在城乡金融二元结构的背景下,通过追求农村和城市、农业与非农业、宏观与微观、当前与长远相统一的城乡金融需求而设置城乡金融体系以求城乡金融协调发展的一种世界观和方法论。作为一种新的范式,其具有三个方面的特征。

第一，新范式高度重视需求导向。与城乡金融机构范式和城乡金融功能范式不同的是，新范式更强调城乡金融发展的需求导向，不是简单地割裂城市与农村、农业与非农业、宏观与微观、当前与长期之间的关系，而是强调两者之间的平衡；不再是偏向于城市金融和农村金融的任何一方，而是将两者同时置于城乡经济协调发展的框架范围内。新范式充分考虑到了当前中国城市经济体和农村经济体内的各种融资主体的融资需求，主张在科学引导和全面优化各类融资需求的前提下，切实有效地采取各种措施挖掘现有城乡金融机构的服务潜力并全面重构城乡金融机构。在需求导向作用下，新范式不仅注重城市经济体和农村经济体内的融资主体的融资需求，还追求有限金融资源在两个经济体内的科学合理配置，对过去农村金融资源大量流入城市、农业资金大量流入非农产业的现象都持反对态度，要求在城乡经济协调发展的过程中，坚持"城市反哺农村、工业反哺农业"的基本方针，实现城乡金融资源的合理流动。

第二，新范式追求的是可持续发展。城乡金融发展范式作为生产关系的重要体现，在当前生产关系与生产力相一致的社会发展过程中，城乡金融发展范式只可能变更自身，追求与生产力的一致；从中国社会发展的趋势来看，中国处于社会主义初级阶段，未来发展趋势是实现共产主义，这是一个漫长的发展过程，作为生产关系重要体现的城乡金融发展范式也会在这个漫长的发展过程中逐步调整自身，积极主动地与生产力保持一致。也就是说，基于生产力与生产关系的视角，从社会发展趋势方面来看，城乡金融发展新范式必然追求的是可持续发展。

第三，新范式强调功能创新的及时性、竞争协作的协调性和对金融生态的适应性。从功能创新的视角看，与城乡金融功能范式相比，新范式不仅强调城乡金融自身的功能，更为强调的是城乡金融功能创新的及时性。一方面，新范式更为强调的是城乡金融功能能够及时准确地反映出城乡经济发展的金融诉求，追求金融发展与经济发展之间的和谐与平衡。另一方面，当城乡金融发展与城乡经济发展不协调的时候，新范式更为强调的是在城乡金融系统自身自组织和外在他组织的共同作用下，自身矫正并逐步创新自身功能，新范式更多的是主张在市场机制失效过程中的政府干预和介入。

从竞争协作的角度看,新范式更为强调城乡金融系统内部及之间的竞争与协作。从竞争的角度来看,新范式强调无论是城市金融系统与农村金融系统之间还是两个金融系统内部不同金融机构之间,必须强化竞争意识;通过竞争,有利于提高金融机构的活力,改善金融机构的服务质量,更有利于整个金融机构的可持续发展;从协作的角度来看,新中国成立以来,中国长期以来实行的都是"农业支持工业、农村支持城市"的工业化发展道路,在当前形势下,应该实行"工业反哺农业、城市反哺农村"的战略,城市金融资源也应该支持农村经济社会发展,农村金融资源更应该回流支持农村发展。从对金融生态的适应性角度看,在当前经济环境下,国内外宏观经济环境并不景气,内需不足,出口不畅,区际之间经济发展差距日益扩大,城乡金融非均衡发展问题突出,整个城乡金融生态并不理想;针对这些情况,新范式强调对城乡金融生态的适应性,认为城乡金融系统在这个宏观经济系统中,并不能够直接决定宏观经济系统的基本走势,而应该调整自身的发展态势适应金融生态环境的变化。

(二)城乡金融协调发展新范式的理论指导意义

作为一种新的金融发展范式,城乡金融发展新范式对指导中国城乡金融协调发展具有十分重要的作用,这种作用主要体现在处理城乡金融工具性价值与自身性价值、农业功能与非农业功能、市场调节与政府干预、正规金融与非正规金融等关系的处理方面。

新范式视角下工具性价值与自身性价值的关系。城乡金融机构范式和功能范式在处理工具性价值和自身性价值的关系上,前者强调自身性价值,后者强调工具性价值,而新范式则更为强调两者的和谐统一。也就是说,新范式在强调城乡金融与城乡经济协调发展的同时,也强调城市经济体和农村经济体内各自金融机构的自组织作用,主张不同经济体内的各类金融机构应该按照现代企业治理结构完善自身组织体系,对自身历史包袱更应该在金融机构的发展过程中逐步消化,也强调作为他组织的政府在城乡金融非均衡发展问题处理上采取适度的政府干预政策。进一步分析,如果将新范式处理工具性价值与自身性价值关系的理念具体到农村经济体的话,则很明显,新范式反对只强调农村金融的自身性价值,把农村金融改革发展仅仅当成是农村金融量的扩张、绩效的提升、机制的优化,而看不到这种金融供给对外部环境特别是农村经济发展的适应与满足;也反对只强调满足外部环境特别是农村经济发展的需要,而忽略农村金融机构自身的良性发展与可持续性。也就是说,农村金融改革要自觉实现二者之间的平衡,力争做到满足需求的可持续供给,实现福利、覆盖面与可持续性的统一。

新范式视角下农业功能与非农业功能的关系。借鉴杨德平等①分析农村金融的农业功能与非农业功能的做法,可将城乡金融的功能也分为农业功能和非农业功能。在二元经济结构下,城乡金融的农业功能与非农业功能并不是统一的,而是相违背的;对此,城乡金融机构范式没有展开专门的研究,功能范式也未进行深入分析。从中国的实际来看,无论是改革开放以前的高度集中的计划经济时期,还是改革开放以来的社会主义市场经济阶段,中国城乡金融的农业功能极为弱化,非农业功能则一直处于统治地位;虽然近些年来,政府高度重视农村金融的发展,强调城乡金融的农业功能,但是,这种状况整体上并没有得到实质性的改观;不仅在城市经济体内,这种状况表现得极为明显,在农村经济体内,这种状况亦是如此。比如,在农村经济体内,受长期以来非农业功能统治地位的影响,一方面,农村金融资源大量流出农村,城乡间金融资源配置极不均衡,另一方面,涉农资金非农化问题也表现得极为突出,农村工业、商贸流通业等非农产业发展所获得的资金占整个农村信贷资金的比重远远超过单纯农业生产的资金投入。

新范式视角下市场调节与政府干预的关系。如何有效处理城乡金融发展过程中的市场调节与政府干预的关系,已经成为城乡金融协调发展的关键问题。城乡金融新范式,在处理市场调节与政府干预关系问题上,并不像城乡金融机构范式或功能范式那样,侧重某一方面,而是将对两者关系的处理纳入到中国宏观经济发展的阶段中。城乡金融发展新范式认为,在农业经济向工业经济全面转变的初期,主要受城乡经济发展不充分、金融资源匮乏、国家工业化战略等因素的影响,为支持国家的工业化进程,政府应该加强对城乡金融发展的干预,为国家的工业化夯实资金基础;随着工业化中期

---

① 杨德平、张俊岩:《农村金融新范式研究》,《经济学动态》2010年第12期。

阶段的到来,农村经济获得快速发展,农村金融应该逐步强调市场调节,当然,适当的政府干预仍然是有必要的。在刘易斯转折点过后,城乡金融的发展应该推行以市场调节为主导的内生成长型金融。很显然,新范式更为强调的是市场调节或政府干预应该随着城乡二元经济结构的变化而变化,主张将调控城乡金融发展手段的选择与城乡二元经济结构的转换紧密结合起来;也就是说,在城乡金融发展新范式看来,城乡金融发展需要随着二元经济的转换,经历从金融抑制到金融约束最后实现金融自由化的过程,不能超越某一阶段而盲目推进,也不能进入新的阶段还故步自封。

　　新范式视角下正规金融与非正规金融的关系。由于具有信息、成本、担保等诸多方面的优势,新中国成立以来,内生于传统农业的非正规金融就一直与正规金融共同支撑中国城乡经济的发展;虽然基于对非正规金融认识的差异,非正规金融在中国的发展并不是一帆风顺的,但是,非正规金融无论是在城市经济体中还是在农村经济体内都广泛地存在。随着中国经济的快速增长,二元经济结构的一元化趋势将逐步加快,在此过程中,传统农业将向现代农业发展,农村劳动力将进一步向城镇转移,城镇化进程加快,建立在血缘、地缘关系上的社会信用资本必然逐渐减少,非正规金融赖以生存的原有城乡关系将面临新的变革,而非正式金融信贷规模、交易对象、交易范围有限及监管难度、金融风险较高的内在属性,将使其既难以满足"交易范围扩大"后的农村微观金融需求,又难以实现传统农业改造、农业现代化推进等农村宏观金融需求①。基于此,城乡金融发展新范式,要求注重对正规金融和非正规金融发展的予以有力的扶持和引导,将正规金融发展和非正规金融的发展与城乡二元经济结构的转换紧密结合起来,通过引导城乡正规金融与非正规金融的发展来促进城乡经济的协调发展。

---

① 杨德平、张俊岩:《农村金融新范式研究》,《经济学动态》2010 年第 12 期。

第八章 城乡金融协调发展的
调控机制与调控模式

要彻底破解城乡金融非均衡发展问题,通过协调城乡金融发展来实现城乡经济发展一体化,需要构建城乡金融协调发展的调控机制和调控模式。在紧密结合中国金融经济发展的现状基础上,本章拟从人才机制、动力机制、评价机制、激励机制和监管机制构建等方面来着手,构建城乡金融协调发展的调控机制;同时,从城乡金融协调发展的政府引导模式、市场主导模式和企业参与模式等方面来探究城乡金融均衡发展的调控模式。

第一节 城乡金融协调发展的调控机制构建

要在科学认识城乡金融非均衡发展的问题基础上,顺利达成城乡金融协调发展的目标,促进城乡经济的协调发展,必须研究城乡金融协调发展的调控机制。只有构建了切实有效的城乡金融协调发展机制,城乡金融协调发展的目标才有可能达成;反之,城乡金融非均衡发展的问题就不会得到有效的解决。在紧密结合中国现实国情的基础上,本节拟从人才机制、动力机制、评价机制、激励机制和监管机制构建等方面来着手,构建城乡金融协调发展的调控机制。这五个机制是环环相扣、紧密相关的,其中,人才机制是基础,动力机制、评价机制和激励机制是关键,而监管机制则是重要保障。

一、城乡金融协调发展的人才机制构建

不同的学科对于人才机制有不同的看法,不同的学者对人才机制的界

定也存在显著差异。本节研究所涉及的人才机制,指的是在城乡金融发展过程中,已经制度化了的或即将制度化的关于金融人才的选拔、考评、开发和流动的方法体系的总称。也就是说,本节研究的人才机制包括城乡金融机构员工从进入金融机构开始,经过培训、再教育,直至离开金融单位的全过程的"一条龙"式的选才、育才、用才的方法体系。充分考虑到金融行业的特殊性,城乡金融协调发展人才机制的构建具有艰巨性,不仅要求招聘到好的人才,还要求科学合理地开发和评价人才,更要高度重视高层次、高素质人才的合理流动。任何一个环节出现问题,都会影响人才的发展与去留等现实问题,因此,在构建城乡金融协调发展人才机制过程中,必须高度重视每一个环节。

(一)侧重农村金融机构的人才招聘机制

人才招聘机制是人才进入城乡金融机构的首要环节,对城乡金融机构人才的战略储备尤为重要。构建科学合理的人才招聘机制,对于破解城乡金融非均衡发展问题意义重大。要做好这一工作,需要高度重视健全和完善城乡金融协调发展的校园人才招聘机制和社会人才招聘机制。充分考虑到中国城镇金融机构与农村金融机构的现实差距,无论是在校园人才招聘方面,还是在社会人才招聘方面,都应该适当向农村金融机构倾斜,也就是说尤为侧重农村金融机构的人才招聘机制构建问题。

第一,健全侧重农村金融机构的校园人才招聘机制。从目前中国的实际情况来看,校园招聘是金融机构吸纳优秀人才的重要手段。正常情况下,金融机构都会定期开展校园招聘活动。受传统观念的限制,当前无论是城镇金融机构招聘还是农村金融机构招聘,往往青睐于专业财经类院校的毕业生,这样做确实可以吸纳优秀的毕业生,但是,随着时代的发展,非专业财经类院校在借鉴国内外经验的基础上也培育了大批优秀的人才,这些人才在某种程度上甚至比专业财经类院校的毕业生更有优势。如果按照当前金融机构的招聘方式,他们往往无法进入金融机构,这对金融机构来说本身就是一种隐性的损失。更为重要的是,即便是农村金融机构,他们在校园招聘的过程中,也多是坚持招收某一类或几类专业毕业生,这种做法是存在缺陷的。与城镇相比,相当部分热门专业(如金融学专业)毕业生从农村走到城市,多不愿意重新回到农村,城镇生源的热门专业(如金融学专业)毕业生也往往不愿意走向农村,这就会导致农村金融机构在专业财经类院校很难招到对口人才。此外,当前农村金融机构的招聘透明度并不高,参加农村金融机构考试后,到底哪些学生有资格进入下一轮面试等是不公开的,金融机构往往只通知毕业生本人,这就为招聘过程中的寻租行为产生便利,不利于更多优秀人才进入农村金融机构。科学合理的校园招聘机制,不仅应该给非专业财经院校学生公平的竞争机会,还应该尽可能地公开整个招聘的环节,受毕业生不愿意回归农村思想的影响,农村金融机构在招聘过程中更应该坚持德才兼备的原则,切实有效地缩小与城镇金融机构在人才储备方面的差距。

第二,健全侧重农村金融机构的社会人才招聘机制。社会人才招聘,作为金融机构获取专业金融人才的重要手段,其在节约招聘成本、培训成本等方面具有显著的优势,但从目前的情况来看,这种招聘机制还存在不少缺陷,有待进一步健全完善。这种缺陷更多的是表现在农村金融机构招聘金融专业人才的过程中。比如,社会招聘人才的忠诚度问题一直以来都是农村金融机构不得不面对的难题,相当部分跳槽到农村金融机构工作的人员往往是抱着过渡的心态工作,一旦城镇有新的工作机会,他们往往会跳槽或者是辞职。一般来说,通过校园招聘并逐步培养成长起来的金融人才,不仅对招聘和培育自己的单位熟悉,在实际工作中使用起来也更便利,更重要的是,这些人才往往对单位具有很高的忠诚度,离职或跳槽的相对较少;而通过社会招聘的人才,稳定性相对较弱,忠诚度也相对较差,在实际使用的过程中,存在因为不熟悉农村金融机构内部规定而带来无法避免的损失的可能性。再比如,对于农村金融机构来说,要完全了解社会招聘人员的跳槽动机比较困难,受信息不对称的影响,可能会出现招聘的社会人才无法胜任该工作的情况。以笔者2014年对重庆市某金融机构实地调研为例,部分应聘人员来自重庆市主城区名不见经传的小公司,他们原有工作经历是否造假值得验证,有些应聘人员刻意隐瞒自己的工作经历,还有些应聘人员编造自己的工作岗位,这些应聘人员很难胜任自己在农村申请的工作岗位。切实有效的社会人才招聘机制,应该坚决杜绝招聘过程中信息不对称现象的发生,即便是农村金融机构增加招聘成本,理论上也应该对应聘的社会人员整体情况作出科学研判。

(二)侧重农村金融机构的人才开发机制

招聘到优秀的人才只是金融均衡发展人才机制构建的第一步,招聘完成后,还必须高度重视对人才的开发利用。对人才的开发利用是一项复杂的系统工程,不仅涉及金融机构自身的发展,还会涉及人才自身的长远发展问题。对金融机构人才的开发来说,不仅要高度重视对新招聘员工的岗前培训,还需要为在职员工的进修、深造创造条件,尽可能地让所有员工与时俱进,在不断积极学习新知识的同时,紧握时代脉搏,将最新的服务理念贯彻到实际工作中。

第一,高度重视新员工的岗前培训工作,为农村金融机构的发展夯实基础。理论来源于实践,实践可以促进理论的不断完善。对新招聘的员工,尤其是通过校园招聘的员工,他们往往理论知识丰富,而缺乏实际工作经验,如何将他们所掌握的理论知识用于实际工作,是所有金融机构人力资源部门不得不面临的难题。从目前国内绝大多数金融机构的培训做法来看,多是将新招聘的员工集中到高校进行短期培训,而后直接上岗,在工作过程中逐步提升员工的实际技能。这种做法具有一定的合理性,但是其缺陷也是比较明显的。因为在短期的集中培训中,确实可以让新员工熟悉基本的操作流程,但是,这与实际的操作还是存在明显差距的。比如,在集中培训的过程中,对于如何研判企业贷款是否存在骗贷行为的时候,多是照本宣科地讲授如何在实际调查中看"三表""三品"等问题,这是非常抽象的。"三表"是可以直接查看的,在相应的报表中也有所显示,这是比较容易判断的,而对于"三品"问题则更多的是依靠业务人员的经验,这需要一个长期积累的过程。需要特别说明的是,看"三表""三品"对城镇工业企业来说,在一定程度上存在合理性;但是,对于从事农村金融工作的人员来说,是十分困难的。再比如,对于部分实力较弱的农村金融机构来说,为了尽可能地节约成本,集中培训往往也存在"注水"行为发生,从而使得新员工在上岗前几乎学不到多少实际有用的知识。要做好新员工的岗前培训工作,需要农村金融机构正确认识岗前培训的重要性,需要同时聘请理论界和实务界的专业人士授课,在必要的时候,可以加大实务操作在研判岗前培训是否合格考核中的比重。

第二,高度重视农村金融机构员工的在岗进修工作,在条件成熟的情况下,支持、鼓励和引导员工在职攻读相应的学位。在信息经济时代,知识的更新速度尤为迅速,不积极主动学习而一味墨守成规的话,必然会被淘汰。与城镇相比,农村消息往往更为闭塞,强化农村金融机构工作人员的在岗进修和鼓励其在职攻读学位,这些都可以加快农村金融机构工作人员的开发力度。从目前国内的实际情况来看,农村金融机构更多的是把工作重心放在业务上,而对于员工的在岗进修关注度并不高。一些农村金融机构不在员工在岗进修方面投入任何资金,甚至一些农村金融机构对员工在职攻读学位等不是创造条件,而是出台种种规定把员工死死困在工作岗位上,不让员工在岗攻读学位,限制员工发展,这些都是极其不科学的。要让员工在农村金融机构的岗位上充分发挥个人潜能,农村金融机构自身必须加大在此方面的投入,采取措施鼓励员工自觉学习,在必要的情况下,要定期聘请高素质专业人员对员工进行培训。同时,农村金融机构还应该通过适当减免工作量或资助学费等方式,支持、鼓励和引导员工在职攻读学位,不断提高自身个人能力。只有城乡金融机构充分信任员工、尊重员工,支持、鼓励和引导员工不断学习,将员工的发展与农村金融机构的自身发展紧密联系在一起,员工才可能竭尽全力为农村金融机构的发展壮大添砖加瓦,促进农村金融机构自身的不断发展。

(三)侧重农村金融机构的人才评价机制

对金融机构来说,如何客观公正地评价人才十分重要。客观公正地评价人才,直接关系金融机构员工的切身利益;评价客观公正的话,不仅有利于全面激发员工的工作热情,还有利于发现人才、挖掘人才,有利于城乡金融机构的发展,反之,极有可能引发员工跳槽离职现象的发生。基于城镇金融机构和农村金融机构自身的特点,应该建立符合自身需要的考评体系,并卓有成效地定期开展人才各项考核工作。事实上,如果城镇和农村金融机构考评体系千篇一律,根本不体现自身特点的话,考核工作是不会发挥实际成效的;只有量身制定考评标准体系,并扎实开展各项考核工作,整个人才评价机制才会发挥实际作用。

　　从目前实际情况来看,农村金融机构在此方面存在明显的缺陷。一方面,相当部分农村金融机构考评体系大同小异,不能有效地体现出自身的特色。理论上来说,城镇金融机构和农村金融机构所从事的业务侧重点有区别,所服务的对象和范围也存在差异,这就决定了两者的考评体系不能够大同小异,即便是以业绩作为最主要的考核标准,对两者相关员工的考核标准也应该体现出差异。另一方面,部分农村金融机构人才评价的主观随意性比较大,缺乏基本的公平性。一旦考评标准确定后,理论上就应该严格按照标准认真开展考评工作。在开展考评工作之前,应该让所有的考评对象熟悉考评的标准,该由自我评价的应由员工自己评价,该由组织评价的,也应该在集体讨论的基础上作出考评结论。特别是在组织考评时,应该严厉禁止"一言堂"的荒谬做法,应该群策群力,充分发挥集体的智慧,力求客观公正地对待每一位员工。考评直接关系着员工的切身利益,考评工作的开展应该尽量客观公正,尽量减少外在因素的干扰。也就是说,要构建偏重农村金融机构的人才评价机制,最核心的就是两条,一是要制定出适合自身发展需要的考评标准,设计出客观的考评体系;二是要在端正对考评认识的基础上,切实有效地开展考评工作,切实把考评工作落到实处,平等客观地对待每一位被考评的员工。只有如此,城乡金融协调发展的人才考评体系才会真正发挥作用。

（四）侧重农村金融机构的人才流动机制

　　人才流动包括两个方面,分别是纵向流动和横向流动。纵向流动指的是员工按照金融机构的晋级晋升条件,逐步从底层走向中层、高层的过程,而横向流动指的是员工在同业不同单位之间或者是不同行业之间的正常流动过程。无论是纵向流动,还是横向流动,都属于市场经济条件下的正常现象,金融机构应该充分认识到这一点。为此,在必要的情况下,金融机构应该在尊重双方利益的前提下,为员工的正常合理流动创造条件,不应该采取不恰当的方式来限制员工合理流动,以强迫的方式留住员工的做法在短期看来可能会有一定的好处,但从长远来看,只可能是为金融机构自身的发展带来不利的影响,甚至是意想不到的隐患。

　　第一，从纵向层面来看，为员工的晋升晋级创造条件。从目前农村金融机构的发展状况来看，普通员工的晋升晋级比较困难，尤其是领导岗位的晋升远比其他领域困难。一方面，农村金融机构领导岗位的位置有限，每个员工都晋升到领导岗位是不可能也是不现实的；另一方面，作为"金领行业"，金融业即便是农村金融机构，其人才的储备也不是特别匮乏，竞争极为惨烈。为此，要让员工心甘情愿地在平凡的基层岗位努力工作，必须在工资晋级方面尽可能地做到公开公平公正，充分让员工看得到努力工作的前景。对农村金融机构来说，与在岗的现有员工相比，新招聘的员工在专业知识储备方面具有明显优势，随着时间的推移，他们的业务技能会越来越熟练，若无良好的晋级晋升机会，农村金融机构是难以留住他们的。短期来看，员工的流失对城乡金融机构的影响不大，但从长期来看，员工的流失尤其是具备专业知识的员工的流失，必然会影响到农村金融机构的发展。要从纵向层面为员工创造晋级晋升的优越条件，在同一家农村金融机构内部，必须采取整齐划一的晋级晋升标准，要让所有的在岗员工明确晋级晋升的具体标准，避免因信息不对称导致晋升晋级机会的不对等，同时，在确定员工晋升晋级过程中，严格执行亲属回避制度，尽量减少因人为因素所导致的晋升晋级过程中违法乱纪行为的发生。

　　第二，从横向层面来看，为员工的正常流动创造条件。在市场经济条件下，员工在同业不同企业或不同行业之间的流动是正常现象，任何阻碍这种流动的做法都是不可取的。从目前国内农村金融机构人员流动情况来看，不同金融机构之间员工的流动是比较正常的，绝大多数农村金融机构对这种正常的员工流动也能够正确看待；当然，也有部分农村金融机构对这种员工正常流动的现象采取不恰当的手段进行人为阻挡，甚至引发一些不必要的纠纷。一般来说，员工跳槽的理由更多的是为了获得更高的收入，而辞职的理由更多则是诸如夫妻团聚、换行业发展自身等。针对这些理由，农村金融机构应该更多的是找寻自身的原因，反思为什么员工会离开，而不是把主要精力放在如何限制员工离开，或者是如何想办法收取更多的违约金等方面。在某些时候，跳槽或者辞职的员工亦会选择在合适的时机重新回到原单位的。在为员工正常流动创造条件的同时，农村金融机构应该增强自身的美誉度,改善员工的待遇,避免更多员工跳槽辞职。笔者2014年实地调研发现,农村金融机构某一个部门一两位员工的跳槽离职不会直接对部门工作的开展带来直接冲击,三位五位以上的员工跳槽离职往往会带来连锁效应,甚至是一个部门全部跳槽离职,这是极为不正常的现象。任何一起员工的跳槽离职现象都应该引起农村金融机构人力资源部的高度重视,如果坚持缺谁都一个样子的话,长期下去,农村金融机构的发展必然会受到影响,农村金融机构与城镇金融机构的差距只会是越来越大。

二、城乡金融协调发展的动力机制构建

要实现城乡金融非均衡发展向城乡金融协调发展的转变,迫切需要创造条件,通过城镇金融机构与农村金融机构的通力合作,有效配置金融资源,科学引导城镇金融资源流向农村。从当前中国的实际情况来看,要构建城乡金融协调发展的动力机制,需要完善当前城镇金融资源"下乡"的推力机制和拉力机制。其中,推力机制是重要前提,受资本逐利性和避险性的影响,没有推力的直接作用,城镇金融资源主动"下乡"不现实;拉力机制是重要手段,即便是推力机制发挥作用再大,没有有效的拉力机制发挥作用的话,城镇金融资源也不可能有效促进农村经济的发展。

(一)城镇金融资源"下乡"的推力机制

城镇金融资源"下乡"的推力机制,指的是在外力的直接作用下,城镇金融资源直接流向农村地区,服务于农村经济社会发展需要的已经制度化的或即将制度化的规则的总称。推力机制的产生主要受两个方面的影响,一是城镇金融机构密集度越来越高,竞争越来越激烈,为了求得生存和发展,城镇金融机构必须开拓广阔的农村金融市场;二是随着中国"工业反哺农业、城市支持农村"战略的实施,作为重要的战略性资源,城镇金融资源必须紧跟国家的战略部署,积极主动地支持农村经济建设。理论上来说,前者是城镇金融机构的主动行为,而后者则是城镇金融机构的被动行为。要将城镇金融机构的主动行为和被动行为结合起来,切实发挥城镇金融资源"下乡"推力机制的作用,需要做好两个方面的工作。

第一,城镇金融机构应该在科学认识农村经济社会发展现实基础上,切实做好城镇金融资源"下乡"的准备工作。基于历史与现实的原因,城镇与农村差异较为明显,农村经济社会发展有其自身独特的规律。要开拓农村金融市场,城镇金融机构不仅需要科学认识农村融资主体的特性,还需要根据实际需要,积极主动地调整自己的发展战略,设计出农村实际发展需要的新型金融工具。比如,与城镇工业企业融资贷款不同,农村融资主体往往在贷款抵押品方面比较欠缺,且农村融资主体所需要的资金量相对较少,这就要求城镇金融机构在拓展农村金融市场的同时,设计出农村金融市场的贷款品种。比如,农村融资主体的融资需求较为频繁,而且融资时间更为紧迫,往往需要贷款能够在短期内及时到位,这就要求城镇金融机构在贷款审批方面尽可能地简化程序,节约农村融资主体的融资成本。再比如,农村融资主体比较分散,如何在较短的时间内对农村融资主体进行贷前调查,这对城镇金融机构开拓农村金融市场也提出了挑战;按照当前部分城镇金融机构的普遍做法,往往是需要充分发挥农村信贷人员的地缘优势,可以通过划范围、分片区招聘农村信贷人员,扎实有效地拓展农村金融市场。据笔者2013 年和2014 年对中西部部分省市的实地调研,结果发现:绝大部分城镇金融机构为开拓农村金融市场,多是采取在当地设立村镇银行的方式来解决上述诸多现实问题的,充分依靠和发挥农村地区信贷人员的人脉关系,在快速放款满足农村融资主体融资需求的同时,切实把贷款过程中的风险控制问题做好。

第二,城镇金融机构应该正确认识国家"工业反哺农业、城市支持农村"战略,切实发挥自身在支持国家战略方面的作用。新中国成立以来,针对旧社会所遗留下来的一穷二白的窘境,中国实施的是重工业优先发展战略。为了将这种战略落到实处,在整个计划经济体制时期,国家采取"农业支持工业、农村支持城市"的方式,人为地让农业和农村为工业和城市的发展做出了巨大的贡献。改革开放以来,中国经济建设取得了举世瞩目的成就,需要高度重视农业、农村和农民问题,需要实施"工业反哺农业、城市支持农村"战略。从某种意义上说:如果没有农业和农村的贡献,当前城镇的经济社会发展不会取得如此成就。城镇金融机构作为金融资源配置的重要部门,在国家大力实施"工业反哺农业、城市支持农村"战略情况下,应该积极主动地发挥自身在引导城镇金融资源流向农村、支持农村经济社会发展方面的独特作用。作为典型的农业大国,中国农村的发展直接关系着中国的整个国民经济的健康稳定可持续发展;没有农村经济的繁荣昌盛,城镇经济的发展必然会后继乏力。城镇金融机构支持农村经济的发展,从短期来看是为农村发展服务,从长期来看,是为自身的可持续发展做努力。只有达成城乡金融协调发展的目标,实现城乡经济的一体化,城镇金融机构的发展才会真正具有活力。城镇金融机构应该充分利用国家出台的优惠政策,主动挑战自己的发展战略,不"离农弃农",主动投身于农村经济建设中,才有可能在未来激烈的金融市场竞争中获取不竭动力。

(二)城镇金融资源"下乡"的拉力机制

城镇金融资源"下乡"的拉力机制,指的是在城乡金融资源"下乡"的过程中,农村金融市场如何吸引更多的城镇金融资源"下乡",并且采取措施切实有效地让这些"下乡"的金融资源更好地参与到支持农村经济社会发展过程中的一系列制度化的或即将制度化的规则。换句话来说,就是农村通过什么样的手段、项目吸纳更多的城镇金融资源"下乡",让已经"下乡"的城镇金融资源更长久地服务农村经济建设的相关规则。

第一,强化财政金融政策对城镇金融资源"下乡"的扶持力度。在财政政策方面,可以通过财政贴息和税收减免的方式,支持所有涉农金融业务的发展。针对城镇金融机构不愿意开展农村金融市场,针对农村金融机构部分不愿意从事开展涉农业务的现实问题,可以通过财政政策的引导作用,繁荣农村金融市场,发展涉农金融业务。对凡是投入涉农贷款方面的业务,适当给予财政贴息的方式予以补助,对凡是积极主动从事农村金融业务工作的城镇金融机构和积极主动从事涉农业务的农村金融机构,采取税后减免的方式予以鼓励。在金融政策方面,进一步将利率市场化改革落到实处。与城镇相比,农村融资主体往往是"先天不足、后天失调",要满足农村融资主体的融资诉求,在同等条件下,应该在可以接受的范围内允许农村贷款利率适当上浮,切实让"下乡"的城镇金融机构"有利可图",让他们切实享受"高风险、高回报"政策所带来的红利。之所以如此,是因为与城镇贷款相比,农村每笔贷款的交易成本要高得多,这些交易成本如果完全由"下乡"的城镇金融机构负担的话,他们的盈利空间会进一步缩小,他们不愿意开展农村金融市场;如果这些交易成本由农村融资主体承担的话,则农村贷款利率必然会上涨。与此同时,为更好地引导城镇金融资源"下乡",必须彻底破除农村原来的金融机构的市场垄断地位,营造良好的农村金融市场竞争氛围。

第二,强化农村保险业务和农村担保业务的发展,减轻城镇金融资源"下乡"的风险。农村保险业务的发展,可以增强农村融资主体抵御风险的能力,可以为农村融资主体争取城镇金融资源的贷款创造条件;而农村担保业务的发展,则可以增强城镇金融机构开拓农村金融市场的信心。从目前实际情况来看,无论是农村保险业务还是农村担保业务,发展态势并不好。农业保险业务受农村传统思想的抵制,其覆盖面和覆盖范围比较狭窄,该投保的业务没有投保,该覆盖的范围没有被覆盖,往往是这部分群体的融资诉求比较强烈,在没有参保的情况下,受农业生产周期长和容易遭受自然灾害等现实问题的影响,城镇金融机构多不愿意给这部分融资主体提供贷款。农村担保业务的发展,在很大程度上也会受到农村传统思想观念的影响,相当部分群体把担保公司的担保费看作是加重自身负担的枷锁,认为担保公司介入纯粹是加重自身负担,而担保公司的介入往往是城镇金融机构降低自身贷款风险的重要筹码。很显然,在农村担保业务缺失的情况下,农村融资主体的融资诉求往往难以有效得到城乡金融机构的满足。为此,要切实有效地满足农村融资主体的融资诉求,必须强化农村保险业务和农村担保业务的发展。

三、城乡金融协调发展的评价机制构建

城乡金融协调发展的评价机制,指的是城乡金融机构自身、同行间及政府主管部门,通过对其开展的涉农业务进行评估,科学研判城乡金融资源支持"三农"发展实际成效的一整套制度。科学合理的城乡金融协调发展评价机制,有利于优化城镇金融资源的合理配置,有利于促进农村经济社会的

发展,还有利于促进国民经济的健康稳定可持续发展。

(一)侧重农村金融业务的评价机制:基于城镇金融机构自评的视角

在内部压力和外部推力的共同作用下,城镇金融机构必须高度重视对农村金融市场的拓展。但是,与城镇贷款相比,农村贷款往往面临抵押品缺失、抵押品难变现或抵押品不足值等现实问题,基于风险和回报考虑,城镇金融机构工作人员往往对农村贷款比较谨慎。为了将城镇金融机构的农村金融业务顺利开展,城镇金融机构自身应该定期对其自身业务进行分析,探究顺利开拓农村金融市场的具体措施。比如,可以对自身业务人员消极对待农村金融业务的行为进行分析,找出制约和影响自身业务人员不愿意积极主动面对农村金融业务的深层次原因,对症下药,有意识地引导自身业务人员主动开展农村金融业务。比如,可以对农村融资主体有关抵押品相关问题的分析,通过寻求地方政府协助或农村金融机构帮助的方式,有效破解农村融资主体抵押品缺失、难变现或不足值等问题。再比如,针对城镇金融机构与农村金融机构在农村金融市场的竞争问题,可以充分发挥城镇金融机构资金充足、管理规范和农村金融机构熟悉地方情况、人脉关系畅通的优势,通过共同出资兴建村镇银行的方式避免恶性竞争行为的发生,在致力于共同促进农村经济社会发展的同时,切实有效地维护彼此的利益。自评的最终目的,不是为了撤离农村金融市场,而是为了更加积极主动地面对农村金融市场的诸多现实问题,竭力有效开拓农村金融市场;在促进农村经济社会发展的同时,更好地追求自身利益,实现自身的可持续发展。

(二)侧重农村金融业务的评价机制:基于城镇金融机构同行互评的视角

从目前中国的实际情况来看,金融机构之间的竞争十分激烈。虽然从总体上来看,彼此知道对方的发展态势,但在具体业务方面保密性都较强。以从事的农村金融业务为例,不同金融机构之间的保密程度都较高,公开的业务只是冰山一角,各自具体的涉农发展战略多是处于保密状态。要达成城乡金融协调发展的目标,仅仅依靠城镇金融机构自评和主管部门的评价是远远不够的,还必须强化城镇金融机构之间的同行互评。一方面,通过城镇金融机构之间的同行互评,有利于促进彼此更好地贯彻国家"工业反哺农业、城市支持农村"战略,起到很好的监督作用。仅仅通过账面情况来对城镇金融机构开展的农村金融业务进行评价是不够科学和准确的,引入同行评价的话,即便是彼此对对方有较多的保密,但是,都是从事具体业务,同行评价可以更好地评价对方。另一方面,城镇金融机构之间的同行评价,有利于增加彼此的了解,可以相互学习彼此成功的经验,吸取彼此失败的教训,为彼此之间的合作创造条件。从当前的城乡金融机构来看,不同的金融机构在不同的方面都有其自身优势,有些金融机构在风险控制方面经验丰富,有些金融机构在考察贷款项目方面具有特别的经验,还有些金融机构所开发的金融产品市场前景广阔,通过互评可以为双方共同开发农村金融市场创造条件。

(三)侧重农村金融业务的评价机制:基于城镇金融机构主管部门评价的视角

作为城乡金融机构的主管部门,比如中国人民银行、各地的金融办,都会经常定期对城乡金融机构进行检查。要在国家实施"工业反哺农业、城市支持农村"战略背景下,强化对城乡金融机构开展农村金融业务情况进行检查。从目前实际情况来看,相当多数的城乡金融机构能够积极主动地贯彻国家的战略,科学合理地配置金融资源,主动投身到农村经济社会发展中,也有一些城乡金融机构把农村金融市场当作是纯粹的"提款机",大规模吸收农村存款,而在农村开展的其他金融业务几乎为零。作为主管部门,应该在定期检查过程中,支持、鼓励和引导城乡金融机构科学地将金融资源配置到"三农"领域,对"只存不贷"的城乡金融机构进行处罚,竭力实现城乡金融资源的科学配置。在条件成熟的地区,主管部门可以试点将涉农贷款发放量的多少作为考核城乡金融机构的硬性指标之一,将其作为城乡金融机构享受国家优惠条件的硬性指标,通过引导城乡金融资源回流反哺"三农"。发达国家的实践已经证明,城镇金融资源反哺农业、农村和农民,对于协调城乡金融发展,实现城乡经济一体化发展具有重要意义。如果对于金融资源的配置不加任何干涉,完全由市场进行配置的话,金融资源只可能是更多地流入到城镇和工商业部门;不采取措施鼓励资金回流,农村融资主体的融资诉求不能得到有效解决。当然,在市场经济条件下,对于金融资源的偏农村配置不能采取强制手段,而应该更多的是政策引导。

四、城乡金融协调发展的激励机制构建

不同的学科对于激励机制都有研究,特别是心理学领域,更是在激励机制研究方面成果丰硕。在借鉴心理学领域对激励机制研究基础上,本节认为城乡金融协调发展的激励机制,指的是城乡金融机构通过特定的方法与管理体系,将员工对实现城乡金融协调发展目标的承诺最大化,并为之付诸实际行动的制度化或即将制度化的体系。要构建城乡金融协调发展的激励机制,需要从精神激励、薪酬激励、荣誉激励和工作激励等四个方面作出努力。

(一)城乡金融协调发展的精神激励机制构建

所谓精神激励,指的是内在激励,是精神方面的无形激励。城乡金融协调发展的精神激励,指的是采取诸如授权、认可工作业绩、提供晋升晋级和在岗培训进修机会等方式,对城乡金融机构中主要从事农村金融业务或其他涉农业务的工作人员进行的激励。在城乡金融机构众多的业务中,城镇工商企业的业务理论上远比农村金融业务好做,且又更容易干出实际成绩,农村金融业务受农村融资主体自身条件的限制,相对来说很难做。因此,对城镇金融机构从事农村金融业务或其他涉农业务的工作人员,应该予以高度重视。比如,在贷前调查阶段,可以尝试让业务人员和风险控制部门工作人员一起参与,让风险控制部门工作人员对农村融资主体和农村融资项目有更多的认识。比如,可以授权从事农村金融业务或其他涉农业务的工作人员,赋予他们直接与上级审批部门直接沟通的权利,切实减少烦琐的贷款程序对其工作带来的干扰。再比如,在提供晋升晋级和在岗培训进修机会等方面,应该优先考虑城乡金融机构中从事农村金融业务或其他涉农业务的工作人员,让更多的工作人员参与到扶持"三农"发展的过程中。只有如此,才能够更好地达成乡金融协调发展的目标。如果所有的城乡金融机构工作人员都对农村金融业务或其他涉农业务持消极态度的话,城乡金融是无法实现协调发展目标的。

（二）城乡金融协调发展的薪酬激励机制构建

所谓薪酬激励,指的是物质激励,是对劳动者的劳动给予报酬的激励。城乡金融协调发展的薪酬激励,指的是对主要从事农村金融业务或其他涉农业务的城乡金融机构工作人员给予物质的激励。从实际情况来看,薪酬激励比较直接,其对有效提高员工的主观能动性具有显著作用,能够有效地把员工的潜力充分发挥出来。结合当前中国城乡金融机构工作人员的薪酬构成情况,可以尝试从两个主要方面采取措施。一是在绩效考核方面,可以加大对主要从事农村金融业务或其他涉农业务的城乡金融机构工作人员的倾斜力度,激励其工作的积极性,从而带动更多的城乡金融机构工作人员投入到农村金融业务或其他涉农业务中来。二是可以对从事农村金融业务或其他涉农业务的城乡金融机构工作人员给予更多的电话费补贴、午餐补贴以及交通补贴等,让从事农村金融业务或其他涉农业务的城乡金融机构工作人员得到实实在在的优惠。从现实来看,对从事农村金融业务或其他涉农业务的城乡金融机构工作人员加大补贴的力度,是有其必要性的。以一般的省级单位为例,开展农村金融业务调研或者是大型涉农业务的贷前调查,从省会城市到乡村,各方面支出都较大,部分支出可能会涵盖在正常的补贴中,但有些花费是不包含在正常补贴范围内的,如果不对其进行补贴,可能意味着工作人员自己还得为正常的工作额外支出成本,这是很不科学的,长期下去,只可能打击相关工作人员工作的积极性和主动性。

（三）城乡金融协调发展的荣誉激励机制构建

所谓荣誉激励,作为一种终极的激励手段,其主要是将员工的实际工作成绩与其晋升晋级、选模范和评先进等联系起来,以某种特定的形式或名义确定下来,通常采用的方法有表扬、奖励、先进经验介绍等。城乡金融协调发展的荣誉激励,主要是在精神激励和物质激励之外,根据主要从事农村金融业务或其他涉农业务的城乡金融机构工作人员的工作成绩,对其给予晋升晋级、选模范和评先进等褒奖,以不断鞭策荣誉获得者保持和发展成绩的力量,同时,对城乡金融机构内部其他员工产生感召力,激发整个城乡金融机构内部形成比、学、赶、超的动力,从而更好地促进城乡金融机构的发展,为城乡金融协调发展提供保障。对城乡金融机构内部的绝大部分员工来说,他们完全有能力从事农村金融业务或其他涉农业务,之所以他们不愿意参与到农村金融业务或其他涉农业务中,或者是以比较消极的态度来对待,主要是因为畏难,不愿意将更多的时间和精力投入到工作中,而更愿意从事相对容易出成绩且麻烦更少的其他业务中。通过荣誉激励,可以让评上先进的员工以自己的切身说法,传授从事农村金融业务或其他涉农业务的工作经验,这不仅有利于进一步激发这些员工在今后工作中的干劲,还可以帮助部分畏难而退的员工重新树立信心,逐步投入到农村金融业务或其他涉农业务中来,更好地促进城乡金融机构的发展,早日达成城乡金融协调发展的目标,为城乡经济一体化发展创造条件。

(四)城乡金融协调发展的工作激励机制构建

所谓工作激励,主要指的是通过分配给员工恰当的工作,通过工作来逐步满足员工自我实现和尊重的需要,进而激发员工内在的工作热情的激励方法。通常的做法,主要有根据员工的特长和爱好来分配工作、给员工分配具有一定挑战性的工作和让员工参与到组织的管理中来的。根据员工的特长和爱好来分配工作,主要是为了最大限度地让员工在自己熟悉和擅长的领域发挥自己的才干,在充分展现员工个人魅力的同时,把工作做好。给员工分配具有一定挑战性的工作,主要是基于员工愿意接受挑战的假设,给员工分配具有一定挑战性的工作,不能是员工尽其所能也无法实现的工作目标,也不能是不需要员工作出努力就可以完成的工作目标,而应该是员工通过一定的努力可以完成的目标。而让员工参与到组织的管理中来,主要是为了充分发挥员工的主人翁精神,让员工切身体会到领导者尊重和信任员工,以便激发员工无限的工作热情。城乡金融机构在开展工作激励的探索过程中,也应该从上述三个方面作出相应的努力。据笔者2013年和2014年对重庆市城乡金融机构调研发现,这些城乡金融机构员工普遍都是硕士及以上学历,绝大多数员工都想在自己的工作岗位上干出成绩,需要尊重和认可的程度都较高;对他们进行恰当的工作激励,可以激发他们的工作热情,即便开展农村金融业务或其他涉农业务存在诸多的现实困难,若激励措施得当的话,必然会有大批的员工愿意投入到支持农村经济建设中去,这对于破解当前重庆市城乡金融非均衡发展局面无疑具有很强的积极作用。

五、城乡金融协调发展的监管机制构建

金融监管对于城乡金融协调发展来说至关重要。因为资本本身就具有逐利性和避险性,如果没有任何监管的话,金融资源只可能是更多地流入到城镇和工商行业,而农村和农业的融资困境问题永远不会得到有效解决。所谓的金融监管,最根本的问题在于回答"谁对金融机构、金融市场和金融业务进行监管""以什么样的方式来对金融机构、金融市场和金融业务进行监管""谁来对监管效果负责和如何负责"这三个最基本的问题。相应地,构建城乡金融协调发展的监管机制,需要从上述三个方面来作出努力。

(一)城乡金融协调发展的监管主体多样化机制

从目前中国各地的实际情况来看,对城乡金融机构进行监管的主要是中国人民银行及其分支机构和各地的金融办[①]。作为"发行的银行""政府的银行""银行的银行"和"管理金融活动的银行",中国人民银行及其分支机构对城乡金融协调发展的监管更多的是侧重于宏观方面,尽管他们也对城乡金融机构活动进行领导、管理和监督,但实际过程中,在涉及城乡金融机构具体业务方面管理得相对较少;只要城乡金融机构在国家法律法规范围内正常开展经营活动,中国人民银行及其分支机构对其几乎没有过多的干预。对于地方政府金融办来说,他们对于城乡金融机构的管理也是侧重宏观方面,对城乡金融机构是否开展了农村金融业务或其他涉农业务以及开展的相关业务具体情况如何,他们也主要是通过城乡金融机构的报表来判断,其实,在很多时候依据报表来判断是不准确的。也就是说,对于城乡金融机构是否开展了农村金融业务或其他涉农业务以及开展的相关业务具体情况如何,监管主体从某种意义上来说是缺失的。事实上,对于城乡金融机构开展业务的具体情况,最熟悉最了解情况的莫过于农村各级各类融资主体,他们在实际过程中,会与种类繁多的城乡金融机构打交道。为此,对

[①]　理论上,对金融机构进行监管的是中国人民银行及其分支机构、银监会、证监会、保监会等部分;但是,在实际过程中,对城乡金融机构监管最多的是中国人民银行及其分支机构和各地的金融办。

城乡金融机构的监管,还应该充分考虑农村融资主体的真实反映。换句话来说,对城乡金融机构的监管,除了自上而下的监管外,还需要充分发挥自下而上的、来自城乡金融机构服务对象的直接监督,通过自上而下与自下而上两种监督模式的衔接,构建城乡金融协调发展的监管主体多样化机制。当然,监管主体的多样化并不是否认主管机构监管的权威性和合法性,监管最终要以自上而下的监管为主,自下而上的监管为辅,两者作用的共同发挥才能真正将监管落到实处。

（二）城乡金融协调发展的监管方式多样化机制

从目前中国各地金融监管机构对城乡金融机构的监管情况来看,监管方式都比较单一,更多的是侧重从"合规性"的角度来进行监管。实际上,要科学合理地监管城乡金融机构,仅仅从"合规性"角度来进行监管是远远不够的。之所以会出现监管方式单一,一方面在于中国金融监管机构的监管理念存在问题,不明白在新形势下,应该与时俱进,全方位、多角度对城乡金融机构进行有效监管;另一方面在于中国当前的金融监管体系存在缺陷,不同部门之间不能够切实有效地实施联合监管。为此,要达成城乡金融协调发展的目标,需要实现监管方式的多样化。具体来说,就是要与时俱进地更新对城乡金融机构监管的监管理念,特别是要高度重视对新形势下城乡金融机构创新出来的金融工具的监管,高度重视对城乡金融机构"离农弃农"行为的监管,高度重视对城乡金融机构不正当竞争的监管;要改进对城乡金融机构监管的监管方式,要将金融监管的重心由"合规"监管转向"合规与风险"并重监管,改变过去只注重"事后化解"或者只注重特定时点上的资产状况的做法,逐步做到注重"事前防范"、随时化解风险;要完善对城乡金融机构监管的监管体系,要在进一步加强中国人民银行及其分支机构、银监会、证监会、保监会的独立性同时,进一步强化不同金融监管机构之间联络会晤机制,通过发挥监管体系上每一家监管机构的作用,对业务交叉领域和从事混业经营的金融集团,实施联合监管。

（三）城乡金融协调发展的监管结果法治化机制

从中国目前的实际情况来看,城乡金融协调发展的监管结果法治化机制并没有完全建立,还存在诸多现实问题,比如督查制度、问责制度、追究制度和复命制度等均存在较多缺陷。在实际过程中,监管机构的督查制度并没有切实有效地落到实处,问责制度流于形式,追究制度存在较大的阻力,复命制度几乎是可有可无。为此,要实现城乡金融协调发展,构建城乡金融协调发展的监管结果法治化机制,需要在相应方面作出努力。具体来说,就是要明确各监管机构监管部门的工作职责,增强全体监管人员对规章制度的执行力;要强化问责制度,对监管过程中发现的问题,要实现责任人追责制度,确保监管工作的严肃性;要强化追究制度,对不同层次、各个岗位的员工制定出精细的、具有可操作性的责罚条例,让执行力弱或有过错者为其行为"买单";完善复命制度,对不同监管部门领导所安排的监管工作,不管是否完成或完成情况如何,被安排人都要在规定时间内向安排人复命,保证事事有落实、件件有回音,让监管落到实处。城乡金融的协调发展,必须强化法治化惩罚力度,对金融监管机构的最终结果依法进行处理,对做出突出贡献的单位和个人予以及时的奖励,对于人为干扰监管工作开展以及监管过程中发现的违法乱纪行为,坚决依法进行查处。

第二节　城乡金融协调发展的调控模式选择

在构建城乡金融协调发展调控机制基础上,要将城乡金融协调发展的目标落到实处,还必须重新选择有助于城乡金融协调发展的调控模式。城乡金融协调发展调控模式的选择,是将城乡金融协调发展调控机制落到实处的重要举措。在充分考虑到中国城乡金融经济发展现实基础上,本节拟从城乡金融协调发展的政府引导模式、市场主导模式和企业参与模式等方面来探究城乡金融发展均衡发展的调控模式。在实际操作过程中,这三个模式并无轻重之分,关键在于扬长避短,充分发挥每一种模式的优点,规避每一种模式的缺点。不同地区金融经济发展存在差异,应该在根据自身特点基础上有选择地采用某种模式或同时采用某几种模式,最终达成城乡金融协调发展的目标,促进城乡经济的协调发展,实现城乡经济发展的一体化。

一、城乡金融协调发展的政府引导模式

在政治学和公共管理学及其他学科中,对政府引导模式已经进行了多方面的研究,以此为基础,本节将重点介绍城乡金融协调发展的政府引导模式。与其他学科不同的是,本节的研究侧重从金融学领域来进行,侧重探究政府引导模式的手段或者对象,通过对政府引导模式手段或者对象的研究,寻求达成城乡金融协调发展、实现城乡经济一体化发展的可操作模式。

(一)城乡金融协调发展政府引导模式的含义及特点

城乡金融协调发展的政府引导模式,指的是政府部门通过制定差别化的城乡金融政策,协调金融监管机构强化对城乡金融机构的监督和管理,最终将城乡金融协调发展的目标落到实处的模式。这种模式的侧重点有两个方面,一是制定实施差别化的城乡金融政策,二是协调金融监管机构对城镇从事农村金融业务或涉农业务金融机构以及农村金融机构的监督和管理。很显然,这两个侧重点一个是侧重于宏观方面,即侧重于政策方面;一个是侧重于微观方面,即侧重于机构方面。从这个概念来看,城乡金融协调发展的政府引导模式具有以下两个方面的特点。

第一,权威性。权威性,多是泛指个体对组织及其代表具有敬畏、尊重和服从的心理态势。权威性的产生,首先要求组织自身的合法性,要求组织能够得到绝大多数人的认可。从城乡金融协调发展的政府引导模式概念来看,无论是对差别化城乡金融政策的制定,还是对不同金融监管机构的协调,其最终主体都是政府。差别化的城乡金融政策服务对象广泛,其必须同时兼顾城镇和农村居民的诸多利益诉求,且还要充分考虑到政策的倾斜度问题,到底哪些居民的诉求应该优先得到满足,该如何满足,政策倾斜又该如何倾斜,这些都是事关经济发展和国家稳定的事情,任何个人或团体不可能解决这些问题,即便是他们出面来解决这些问题的话,其权威性也必然会受到质疑;为此,要解决这些问题,最终只可能是政府,政府的权威性能够得到绝大多数居民的一致认同。同时,对于不同金融机构的协调,单靠个体的力量也是无法实现的,只有通过强有力的政府来出面进行协调,由政府来决定哪些机构具体监管哪些单位哪些内容,协调不同监管机构为城乡金融协调发展而努力,最终才会取得实际成效。

第二,公平性。公平性,严格意义上指的就是不偏不倚,绝对的平等、平均。当然,在现实生活中,这只是一种理想状态,不可能存在所谓的绝对的平等和平均。城乡金融协调发展政府引导模式的公平性,更多的是体现在相对公平方面,而不是体现在绝对公平方面。以差别化的城乡金融政策为例,这本来就是不公平的,差别化就是要求有区别地对待不同的城乡金融主体;反过来看,差别化的城乡金融政策又是相对公平的,之所以实行差别化的城乡金融政策,主要是因为现实中存在城乡金融非均衡发展的问题,而且这一问题还表现得比较严重。实现差别化的城乡金融政策,其最主要的目的还是实现城乡金融非均衡发展向城乡金融协调发展的转变。与此同时,一旦差别化城乡金融政策和金融监管机构协调模式确定下来,那么对于所有的城乡金融机构又都会是公平的,任何违反差别化城乡金融政策的机构和个人必然会受到应有的惩处,且不同金融监管机构又会在统一协调的框架范围内,定期或者不定期开展对城乡金融机构的检查,所有的城乡金融机构必须无条件在政策框架范围内开展正常的经营活动。

(二)城乡金融协调发展政府引导模式的具体做法

厘清了城乡金融协调发展政府引导模式的概念,并不等于就完全理解和掌握了这种模式。对这种模式而言,除了理解其概念,还需要从该模式所要求的具体做法入手,深入了解这种模式的具体要求。该模式的具体做法包括两个方面的内容,分别是制定差异化的城乡金融政策和协调不同种金融监管主体对城乡金融机构的监管。

第一,差别性的城乡金融政策。货币政策是影响城乡金融发展最重要的金融政策,而且一直以来,作为国家宏观经济政策体系的有机组成部分和调节经济运行的最重要手段之一,货币政策的高度统一性和相对独立性似乎成为一种逻辑惯性。因此,分析差别性的城乡金融政策需从货币政策着手。具体来说,首先,在城乡间实行差别化的存款准备金政策。针对城镇和农村两大经济体金融经济发展的现实差异,如果在城乡采取整齐划一的存款准备金制度,势必对农村经济的发展带来不利影响。针对当前中国城乡金融经济发展的现实差距,可以适当调高城镇金融机构的存款准备金率,适当降低农村金融机构的存款准备金率,切实发挥存款准备金在调剂城乡金融资源配置方面的导向作用,引导城镇金融资源流入农村,促进农村经济社会的发展,进而更好地调节城乡金融的发展,缓解城乡金融非均衡发展的局面。其次,在城乡间实行差别化的再贴现率政策。在城镇和农村之间,实行差别化的再贴现政策,引导城镇金融资源流入农村地区,促进农村经济的发展。比如,中国人民银行及其分支机构可以根据城镇和农村经济发展的现实差异,对农村地区票据贴现的种类等给予相对较为宽松的政策,对其贴现率的规定适当放松,通过对贴现率的调整促进农村金融业的发展,缩小城乡金融发展差距。最后,在城乡间实行差别化的存贷款率政策。在利率市场化的条件下,对于农村地区的存贷款利率应该进一步放宽。可以通过财政补贴、税收减免等方式,切实引导城镇金融资源更好地流向农村地区,支持农业发展、农村繁荣和农民增收。比如,可以对种养殖业贷款、农产品加工企业以及农村商贸物流业的发展给予政策扶持,通过促进农村自身第一、二、三产业的发展来促进农村经济的发展,进而缓解城乡金融非均衡发展问题。

第二,协调性的城乡金融监管。要实现城乡金融协调发展,必须强化对城乡金融发展的监管。针对中国当前城乡金融监管现状,需要从以下几个方面作出努力:首先,合并监管内容相同的监管业务。从目前中国的实际情况来看,自上而下的城乡金融机构监管主体较多,且有些部门的监管业务大同小异,甚至是完全雷同,这是极其不科学和不合理的。要协调好不同金融监管机构对城乡金融机构的监管,需要合并监管内容相同的监管业务,将金融监管机构最主要的精力集中到对城乡金融机构最核心最重要部分的监管。当然,对于监管内容相同且又很重要的内容,可以通过建立监管部门之间的沟通机制,实现信息共享,节约监管的成本,提高实际监管的成效。其次,规范监管内容较差的监管业务。在整个监管过程中,尽量减少只查账目、报表等形式化的做法,强化监管的力度,力求中心下垂,规范监管内容较差的监管业务。对于长期监管而效果始终不明显的内容,适当调整监管方式,在必要的时候,可以同时联合多家监管机构对关键部分进行集中检查,真正让监管工作在把握重点的同时不留下监管的漏洞。最后，重置监管内容缺失的监管业务。针对城乡金融机构快速发展过程中出现的新问题新现象，金融监管机构应该及时将这些问题这些现象纳入到监管范围内，对于新问题新现象等监管职责范围内不曾出现的，应该通过不同监管机构之间的通力合作，制定出相应的监管办法，明确监管部门和监管主体，力求做到金融监管不留下盲点。比如，针对近些年来农村金融市场出现的 P2P 借贷问题，如何规避金融风险，尽量减少 P2P 借贷过程中出现的违法乱纪行为，这是以往的监管机构不曾碰到的新问题，到底对这一块的工作由谁负责、如何监管，这必须要求所有城乡金融机构监管部门共同协商来解决。

二、城乡金融协调发展的市场主导模式

西方发达国家的发展历程已经证明，即便是在市场经济体制条件下，发展经济，协调经济与金融之间的关系，在坚持市场化的同时，也不能够排除政府在宏观调控方面的作用。要实现中国城乡金融的协调发展，需要构建城乡金融协调发展的政府主导模式，还需要构建城乡金融协调发展的市场主导模式。在整个城乡金融协调发展的过程中，如果把前者看作是重要基础的话，后者则是重要保障；离开基础的保障是无法实现的保障，离开保障的基础是不牢固的基础。

（一）城乡金融协调发展市场主导模式的含义及特点

城乡金融协调发展的市场主导模式，指的是在城乡金融协调发展的过程中，应该按照市场化运作的方式，充分发挥市场配置城乡金融资源的作用，在政府的主导下，通过城镇金融机构与农村金融机构及其相互之间的竞争与合作，实现城镇金融资源回流反哺农村经济建设的模式。这种模式追求市场竞争，但是，遵循政府的宏观调控。在政府的宏观调控下，这种模式侧重竞争，注重合作。在竞争的过程中，优胜劣汰，确保能够提供优质金融服务的金融结构逐步发展壮大，而对于仅将农村金融市场作为"提款机"的金融结构则应该逐步淘汰。在合作的过程中，不同金融机构充分发挥自身的优势，力争为农村经济社会发展提供适销对路的金融产品。从概念来看，

这种模式具有以下两个方面的显著特点。

第一,竞争性。竞争是市场经济的重要特征,没有竞争的市场经济是不存在的;竞争可以最大限度地激发城乡金融机构的发展活力,也有利于促进城乡金融机构与时俱进,不断地开发新的城乡金融产品,竞争是城乡金融协调发展的重要前提。在城乡金融机构合理配置城乡金融资源的过程中,如果没有竞争,完全以垄断的方式来配置城乡金融资源的话,城乡金融资源无法有效持久地促进农村经济社会的发展。在实际过程中,城镇金融机构拓展农村金融市场业务,不仅会面临来自其他城镇金融机构的激烈竞争,也会面临来自农村各类金融机构的竞争。对于来自其他的城镇金融机构的竞争,这就会迫使城镇金融机构不断因地制宜地设计出符合农村发展需要的金额产品;而来自农村各类金融机构的竞争,必然会促使城镇金融机构加快自身本土化的力度,甚至会直接选择与农村金融机构合作,共同开拓农村金融市场。无论以何种方式来参与农村金融市场的竞争,所有的金融机构都必须以农村融资主体的现实诉求为导向,以此来不断地调整自己的发展战略。只有那些能够不断满足农村融资主体各种诉求的城乡金融机构,才有可能在农村金融市场发展中保持长期的活力。

第二,合作性。与竞争相对的就是合作,合作更多强调的是以更科学有效的方式配置资源,进而更好地参与竞争。在市场经济条件下,合作是与竞争相伴而生的。对企业来说,竞争的目标是为了获取更多的利润;当然,在获取利润的过程中,企业还必须具有社会责任意识。企业选择合作,往往也是为了避免不必要的恶性竞争而带来的损失甚至是灾难。在城乡金融协调发展的过程中,要构建城乡金融协调发展的市场主导模式,必须高度重视合作。在开拓农村金融市场过程中,竞争往往是非常激烈的,单靠某一家城乡金融机构付出努力是不现实的,而众多城乡金融机构的恶性竞争往往也不利于农村金融市场的开拓,这就必然会导致部分城乡金融机构之间甚至是城乡金融机构与农村金融机构间的合作,通过合作,在增强自身竞争力的同时,更好地开拓农村金融服务。从实际情况来看,任何一家城乡金融机构都不可能在资源、信息、管理等方面具有绝对优势,农村金融机构也有可能在服务农村金融市场方面具有自身的独特优势,通过他们之间的合作,可以实现资源共享、信息共享,可以实现彼此之间的互通有无,这些都有利于促进金融机构间的共赢,进而更好地达成城乡金融协调发展的目标。

(二)城乡金融协调发展市场主导模式的具体做法

明晰了城乡金融协调发展的市场主导模式,可以对城乡金融协调发展有较为清晰的认识。毕竟,在市场经济条件下,协调城乡金融发展必须要依靠市场,充分发挥市场的作用,当然,这都是在不排斥政府宏观调控前提下进行的。在现实中,若要将城乡金融协调发展的市场主导模式付诸实践,还必须大力培育农村金融市场新型金融机构,竭力创新农村金融市场的金融工具,不断完善农村金融市场的金融服务。

第一,大力培育新型农村金融机构。长期以来,受城乡二元经济结构影响,中国农村地区经济发展水平严重滞后,城乡差距不断扩大,城乡金融二元化问题日益突出,金融资源配置严重扭曲。为缓解这种局面,首先,支持、鼓励和引导城镇金融机构到农村地区开办村镇银行。20世纪90年代开始,随着国家对金融行业管制的加强,大量金融机构撤离农村,留守农村的农村信用合作社和邮政储蓄银行等在很多时候也扮演着只存不贷的角色,农村金融机构匮乏。随着作为农村新型金融机构的村镇银行的快速发展,农村金融机构缺乏的难题在一定程度上得到缓解,但是,村镇银行的发展远远无法满足农村各级各类融资主体的强劲资金需求,为此,必须加大力度培育村镇银行。在条件成熟的地区,可以引导城镇金融结构在农村地区开办村镇银行,甚至是鼓励城镇金融机构与农村金融机构共同出资组建新型村镇银行。其次,引入城镇金融结构,支持农村贷款公司的发展。与其他金融机构相比,农村贷款公司因其在人脉和地缘等方面的独特优势,在促进农村经济发展方面成效显著。从目前中国农村贷款公司发展的实际情况来看,绝大多数农村贷款公司资金实力较弱,难以满足农村实际的资金需求,在条件成熟的地区,可以引导城镇金融机构通过比如注资等方式来促进农村贷款公司的发展。通过注资的方式,不仅可以缓解农村贷款公司资金不足的现实问题,还可以为城镇金融机构下乡探索新路径,实现农村贷款公司与城镇金融机构的共赢。最后,引入城镇金融机构,支持农村资金互助社的发展。理论上,农村资金互助社指经银行业监督管理机构批准,由乡镇、行政村农民和农村小企业自愿入股组成,为社员提供存款、贷款、结算等业务的社区互助性银行业金融业务。一般来说,农村资金互助社的实力都较弱,在短期解决居民的融资需求确实可以起到一定的作用,但从长期来看,其无法满足农村日益增长的融资需求。为此,可以探索引入城镇金融机构,对农村资金互助社进行适当的改造,进一步壮大农村资金互助社的实力,更好地为城乡金融协调发展夯实基础。

第二,竭力创新农村金融市场的金融工具。理论上来说,金融工具指的是在金融市场中可以进行交易的金融资产,其具有偿还性、流动性、风险性和收益性等特征,若按照流动性进行划分,可以分为法定货币符号和有价证券等两大类。从中国农村金融市场实际发展情况来看,可供选择的金融工具较少,有价证券极为匮乏。随着改革开放以来中国经济的持续高速增长,农村经济建设成就突出,但是,有价证券匮乏的问题一直没有得到有效解决,农民可供选择的投资渠道极其狭窄。要达成城乡金融协调发展的目标,可以尝试以农村现有的金融机构网点为依托,尝试进行诸如股票、基金、债券等金融工具的交易,逐步激活农村金融市场。比如,以股票和基金的交易为例,可以在诸如春节等大型节假日开展股票和基金基本知识的宣传和普及,可以在农村金融机构网点尝试提供股票和基金交易等方面的咨询服务,为繁荣农村金融市场创造条件。再比如,对于国债等有价证券的交易,也可以通过在农村地区普及相关的基础知识,让农民自愿购买收益稳定、风险极低的国债等有价证券。此外,在条件成熟的地区,可以尝试农产品期货交易,鼓励农民参与到农产品期货交易活动中。作为确保农民增产增收的一种新型方式,期货交易在一定程度上可以减轻价格波动(如因自然灾害导致的价格波动)对农民带来的直接损失,增强个体农户抵御市场风险的能力。在农村地区,可以通过大力发展各级各类农民专业合作社,将从事种养殖业的个体农户组织联合起来,并与农产品期货交易签订农产品期货买卖契约,在维护农民切身利益的同时,繁荣农村金融市场。当然,在此过程中,可以通过城镇金融机构对农民专业合作社的扶持来促进农产品期货交易的发展,进而有效破解城乡金融非均衡发展的态势,促进城乡经济一体化发展。

第三,不断完善农村金融市场的金融服务。从目前中国农村金融市场所提供的金融服务情况来看,当前最迫切的就是要加快农村保险业和农村担保业的发展,为城镇金融机构引导资金回流支持农村经济建设提供保障。首先,巩固现有农业保险公司和农业担保公司的架构体系。可以尝试在重点社区、街道办事处、乡镇设立农业保险和农业担保咨询服务站,安排专业人员设立常驻机制;对县级农业保险公司和农业担保公司进行包装,集中办公,分散展业,确保公司有独立的办公场所,对外挂牌营业,各项规章制度和标识规范统一,做到"六有":有办公场所、有形象招牌、有规章制度、有传真电话、有查勘数码相机和车辆,杜绝乱贴乱挂现象,让农民相信农业保险公司和农业担保公司。其次,提升现有农业保险公司和农业担保公司的服务质量。深入发挥现有农业保险公司和农业担保公司的服务职能,把涉及农村保险和农业担保的业务真正实现与农村行政工作一同部署、一同考核、一同服务,围绕建立便民服务中心的机遇,积极争取乡镇行政服务中心,设置"三农"保险和担保服务窗口,把"三农"保险和担保服务纳入政府行政服务工作范围,真正服务农民。最后,提升现有农业保险公司和农业担保公司工作人员的综合素质。坚持"围绕发展用干部,通过发展选干部,选好干部促发展"的用人理念和"重用想干事、能干事、会干事、不出事的干部,重用经济型干部"的用人导向,大胆启用业绩突出的现有农业保险公司和农业担保公司的骨干人员;鼓励农村营销员发展业务,制定奖励机制,营销部、咨询站营销员保费达到不同等级给予不同的津贴,设立月度、季度、年度奖励基金,并设置相应的下乡出差补贴;设立"保费营销标兵奖""效益标兵部门奖""优质服务示范岗奖""出差下乡勤劳奖"等奖项,定期进行评比,对优秀单位和个人予以精神鼓励和经费补贴。通过大力发展现有的农村保险业和农村担保业,为城乡金融机构下乡提供保障,为城乡金融资源支持和服务"三农"发展创造条件。

三、城乡金融协调发展的企业参与模式

作为市场经济的重要主体,城乡金融机构的健康稳定可持续发展对于

城乡金融的协调发展来说尤为重要。在城乡金融市场中,城乡金融资源的科学配置不可能依赖政府,更多的是直接依赖城乡金融机构。在市场经济条件下,政府更多的是发挥"看不见的手"的作用,城乡金融机构才是城乡金融资源配置的最直接参与者。因此,要协调城乡金融发展,除了研究城乡金融协调发展的政府引导模式和市场主导模式外,还必须研究城乡金融协调发展的企业参与模式。

(一)城乡金融协调发展企业参与模式的含义及特点

城乡金融协调发展的企业参与模式,指的是在城乡金融市场中,在政府的引导下,城乡金融机构本着逐利性和避险性的原则,科学引导金融资源在城乡融资主体之间的高效配置,进而协调城乡金融发展,促进城乡经济一体化发展的模式。城乡金融机构毕竟不是政府部门,而是属于企业,作为企业首要的任务往往是盈利,因此,逐利性和避险性便成为城乡金融机构开展各项业务首先需要考虑的问题。对于城乡金融机构的逐利行为和避险行为,政府不应该干涉,但是,政府应该引导城乡金融机构在逐利和避险的同时,更好地服务农村经济社会建设,促进城乡一体化发展。

第一,逐利性。无论是资本主义国家,还是社会主义国家,企业追逐利润是与生俱来的。在市场经济的条件下,企业追逐利润往往表现得更为明显。雄厚的利润,是企业持续发展的不竭动力;而利润的枯竭,往往意味着企业的衰败甚至是死亡。这对城乡金融机构的发展来说亦是如此。如果单纯从获利性的角度来看,城镇金融机构往往会更多地选择在城镇拓展业务,愿意将有限的金融资源投入到工商企业中,而不愿意将有限的金融资源投入到农业和农村;但是随着城乡经济的稳步发展,城镇金融机构之间的竞争越来越激烈,获利空间也不再如以前,这就迫使城镇金融机构必须开拓广阔的农村金融市场。与城镇金融市场相比,虽然农村金融市场还不够完善,但是,作为典型的发展中农业大国,中国农村金融市场的前景尤为明朗。这对于城镇金融机构来说,无疑具有很强的吸引力。在未来的发展中,谁在农村金融市场中占据主导地位,或者说是在农村金融市场中占据一席之地,都将获得丰厚的回报,这满足城镇金融机构逐利性的需求,它们必须尽可能地开拓农村金融市场,为自身的可持续发展创造条件。

第二,避险性。对企业来说,投资重要,避险更重要;投资意味着有获取更多利润的机会,而避险不仅意味着投资能赚取多少利润,更意味着投资能否收回成本。这对城镇金融机构拓展农村金融市场业务来说更是如此。以贷款业务为例,与城镇企业相比,农村融资主体在贷款过程中往往都会面临抵押品缺失、不足值或难以变现等诸多现实问题,一旦贷款出现问题,风险出现的时候,金融机构往往面临更多的损失。因此,即便国家支持、鼓励和引导城镇金融资源反哺农村,支持农村经济社会发展,亦有大量城镇金融机构积极拓展农村金融市场,但是,风险性问题始终是所有金融机构不得不面对的难题。换句话来说,受金融机构业务避险性的影响和制约,开拓农村金融市场的城乡金融机构都较为谨慎。实际过程中,为了科学避险,城镇金融机构在农村金融市场开展业务,尤其是贷款业务时,多会要求农村融资主体寻找可靠的担保公司为其贷款业务提供担保;对于部分无担保公司介入的业务,往往难以及时有效地从金融机构获得贷款。在城乡金融协调发展过程中,城镇金融机构的介入有必要和城镇担保公司同时介入,相互促进业务发展。

(二)城乡金融协调发展企业参与模式的具体做法

科学把握了城乡金融协调发展的企业参与模式概念及其特点后,还应该对城乡金融非均衡发展背景下城乡金融机构为协调城乡金融发展所应该作出的努力予以明晰。在现实中,城乡金融机构为协调城乡金融发展所从事的具体工作较为繁杂,对这些繁杂的工作,除具体的业务工作外,本节将其概括为三个方面,分别是城乡金融机构网点布局的协调、城乡金融机构业务的合作以及坚决抵制同行业间不正当的恶性竞争行为的发生。

第一,城乡金融机构的网点布局要合理。田杰等[①]使用 2006—2009 年中国 2029 县个(市)的数据,对中国 278 家村镇银行网点选址的因素进行了研究,结果发现:表征社会经济特征的人均收入、地方财政支出、城镇固定资产投资、城镇化比例、就业人数和村镇银行选址正相关,同时,村镇银行选址偏好于信息化水平高的地方。很显然,即便是村镇银行,在选址与网点布

---

① 田杰、刘勇、陶建平:《社会经济特征、竞争优势与农村金融机构网点布局:来自我国 278 家村镇银行的经验证据》,《西北农林科技大学学报》(社会科学版)2012 年第 6 期。

局方面"爱富嫌贫"特征明显。要实现城乡金融的协调发展,必须科学布局城乡金融机构网点。结合中国的实际,要引导农村信用合作社(部分地区已经改制为农村商业银行)和邮政储蓄银行在人口相对集中、农贸市场交易活跃的乡镇增设基层网点,即便是在偏僻的乡镇也不应该留下农村信用合作社(部分地区已经改制为农村商业银行)或邮政储蓄银行的网点盲点,需要支持农业银行撤并产能过剩的城区网点、恢复或增设县域网点,鼓励农业发展银行及其他商业银行增设县域支行,提高县域和农村金融网点的人均拥有率和网点覆盖率。与此同时,考虑到任何金融机构在增设网点的过程中都会产生额外支出的情况,各级政府应该对积极主动支持"三农"发展、积极按照政府规划增设网点的金融机构给予相应的奖励。比如,对于完善城乡金融网点布局成效显著、风险控制能力强的金融机构,政府可以在审批代理支库、乡镇国库业务资格,组织地方国库现金管理招标等方面给予优先考虑,在金融产品创新和基层机构网点布局调整方面实施市场准入绿色通道,并支持其跨区域兼并重组、出资设立新型农村社区金融机构或分支机构。当然,城乡金融机构网点的建设无法完全由城乡金融机构独立完成,在此过程中,政府应该做好相关的配套工作。比如,政府应该竭力提升区域的信息化水平,确保城乡金融机构增设的网点能够正常运转,应该强化区域的治安水平,确保城乡金融机构增设的网点能够安全运行,甚至在部分条件艰苦的地区,政府还应该为新下乡的城乡金融机构增设营业网点提供租房等最基本的服务,让新下乡的城乡金融机构能够及时运转,减少不必要的麻烦。

第二,城乡金融机构的业务要通力合作。如果从竞争者的角度来看,城镇金融机构与农村金融机构之间是竞争关系,两者之间存在合作的可能性并不大;如果从合作者或者是帮扶者的角度来看,两者之间不仅存在合作的可能,而且合作的潜力还十分巨大。从合作的角度来看,城镇金融机构与农村金融机构之间的合作更多的是体现在业务合作方面。首先,强化城镇金融机构对农村金融机构的业务指导。城乡金融协调发展的企业参与模式,要求强化城镇金融机构与农村金融机构间的互动,通过交流互动,农村金融机构可以学习城镇金融机构规范的操作流程。以信贷业务为例,与农村金融机构相比,城镇金融机构在贷前受理、贷中调查、贷后管理等方面都有一套严格的操作流程,尽可能地确保有限的资金尽可能地流向好的项目,进而获取更多的利润;而受人手限制以及专业知识的欠缺,农村金融机构贷款的相关环节规范性较差,人为因素影响较大。通过交流互动,无疑有助于提升农村金融机构的业务水平。其次,强化城镇金融机构对农村金融机构的业务培训。对于长期从事金融业务的工作人员来说,如果不定期进行培训,必然会与时代脱节,先进的工作理念无法学习,成功的操作经验无法借鉴。通过城镇金融机构定期或不定期对农村金融机构开展培训帮扶活动,有利于提升农村金融机构工作人员的业务水平。比如,在一个辖区范围内,可以让一家大型城镇银行牵头组织培训,其他城镇金融机构派出业务精湛的员工参与,定期或不定期对辖区范围内农村金融机构进行培训,切实提高他们的业务水平,这有利于提升整个区域范围内金融机构工作人员的水平,从长远来看,有利于缩小城乡金融发展水平。最后,强化城镇金融机构与农村金融机构共同开拓农村金融市场的力度。对于广阔的农村金融市场,单靠某一家金融机构的力量是无法开脱的,需要城镇金融机构和农村金融机构的通力合作,共同开发。比如,可以尝试由农村金融机构按照城镇金融机构的实际需要,对农村金融市场进行调研工作,对农村金融市场的各级各类融资主体进行调研,归纳总结不同类别农村融资主体的具体融资诉求及所需要的其他金融服务,由城镇金融机构据此开发出适合农村金融市场发展需要的相关金融产品,满足农村金融市场各级各类融资主体的融资诉求,进而促进农村经济发展,缓解城乡金融非均衡发展局面,协调城乡金融发展,确保城乡经济发展一体化。

　　第三,坚决抵制城乡金融机构的恶性竞争。正当的竞争,有利于激发城镇金融机构和农村金融机构发展的活力;而不正当的恶性竞争,则会直接扰乱农村金融市场,直接影响城镇金融机构和农村金融机构的健康稳定可持续发展。因此,在城乡金融协调发展的企业参与模式下,应该坚决避免城镇金融机构之间恶性竞争行为的发生。具体来说,首先要构建城乡金融机构之间的信息共享机制。避免恶性竞争的重要手段之一,就是构建城乡金融机构之间的信息共享机制,城镇金融机构对农村金融机构的优势和劣势应该有较为清晰的认识,而农村金融机构对城镇金融机构的优劣势也应该有比较全面的了解。只有在彼此都比较了解的情况下,对项目的竞争才能够比较理性,而不是以非理性的方式对待共同竞争的项目。同时,基于中国人民银行征信系统滞后性的影响,城镇金融机构和农村金融机构风险控制部门之间还应该定期分享辖区内存在信用问题的个人和企业信息,这对于彼此开展业务、控制风险都有积极意义。其次要构建城乡金融机构之间的信息保密机制。在信息经济时代,城乡金融机构之间共享信息可以在一定程度上避免骗贷行为的发生,但若保密工作存在欠缺的话,可能会引起不必要的法律纠纷。为此,凡是城乡金融机构之间共享的信息,应该抱着对客户负责的原则,坚决不外传,仅供城乡金融机构在开展具体业务过程中使用。

第九章 研究结论与研究展望

本书构架了城乡金融非均衡发展的理论基础,确立了城乡金融非均衡发展的理论分析框架,对城乡金融非均衡发展状况及变化趋势进行了剖析,探究了城乡金融非均衡发展的原因及影响,在构建城乡金融非均衡发展调控模型基础上,提供了城乡金融非均衡发展的范式选择,并就调节和控制城乡金融协调发展提出了相应的对策建议。

第一节 研究结论

本书的研究结论概述如下:

第一,城乡金融非均衡发展状况及变化趋势。中国城乡金融制度经过了 1949—1978 年、1979—1992 年、1993 年以来三个阶段,在每一个阶段,城镇金融制度与农村金融制度都存在显著的差异。在第一个阶段(1949—1978 年),整个金融制度的变迁经历了从"无序性"向"有序性"、"有序性"向"单一性"转变的历程。1949—1952 年,随着国民经济的恢复和发展,中国金融制度从"无序"走向"有序",全国统一的金融制度开始逐步建立;1953—1978 年,随着一系列"五年计划"的实施,中国金融制度逐步从"有序"走向"单一","大一统"金融制度开始形成。在第二个阶段(1979—1992 年),随着党的十一届三中全会的胜利召开,中国经济体制改革的全面展开和不断深化,中国金融业也进行了一系列改革和开放,金融机构不断增多,金融市场日益繁荣,金融工具日趋多样化,多元化的金融体系逐步形成,在此过程中,城乡金融制度的发展差异越来越大。在第三个阶段(1993 年以来),虽然城乡金融制度都经过了变革,但是,农村金融制度的变革并不彻底,不仅难以满足农村经济发展的实际需要,在某种程度上也直接造成了城乡金融发展的非均衡。从改革开放以来的实际来看,无论是国家层面还是区域层面,无论是当前还是未来,城乡金融非均衡发展均会存在。也就是说,城乡金融非均衡发展问题不仅在当前表现得极为明显,在未来一段时间内还会影响和制约着中国城乡经济的协调发展。

第二,城乡金融非均衡发展的形成原因。城乡金融系统是一个极为复杂的系统,造成城乡金融非均衡发展的原因也是多方面的。从定性的角度来看,制度初始禀赋的差异和制度变迁内在约束的作用,不仅造成了城乡金融供给的非均衡,也造成了城乡金融需求的非均衡,城乡金融非均衡发展是城乡金融制度供给与制度需求失衡的结果。从定量的角度来看,城乡市场化水平、生产总值、人均生产总值、固定资产投资额的差距直接导致了城乡金融发展的非均衡,而城乡实际利用外资的差距则不会导致城乡金融非均衡发展的形成。

第三,城乡金融非均衡发展对城乡经济发展的影响。城乡金融发展与城乡经济发展的关系原理已经表明,城乡金融发展会制约城乡经济发展,城乡经济发展决定城乡金融发展,城乡金融非均衡发展必然会对城乡经济的发展带来诸多影响。从城乡经济增长差距来看,在控制城乡固定资产投资、城乡市场化水平和城乡外商直接投资等指标前提下,城乡金融非均衡发展对城乡经济增长的差距极为显著。从城乡收入差距来看,在控制城乡就业结构、城市化水平和政府经济政策指标前提下,城乡金融非均衡发展可以看作是导致城乡收入差距的最主要原因。从城乡居民消费差距来看,在控制城乡收入差距、人口负担比、居民人均医疗支出、居民人均教育支出、通货膨胀率、利息率等变量前提下,城乡金融非均衡发展直接导致了城乡居民消费的差距。

第四,城乡金融非均衡发展的调节与控制。要达成城乡金融协调发展的目标,有效促进城乡经济的健康稳定可持续发展,迫切需要树立通过追求农村和城市、农业与非农业、宏观与微观、当前与长远相统一的城乡金融需求而设置城乡金融体系以求城乡金融协调发展的一种世界观和方法论。在此前提下,需要构建城乡金融协调发展的人才机制、动力机制、评价机制、激励机制与监管机制,积极探索城乡金融协调发展的政府引导模式、市场主导模式和企业参与模式,切实有效地将城乡金融协调发展的机制与模式结合起来,进而为城乡金融协调发展夯实基础。

第二节　对策建议

本书认为要有效解决城乡金融非均衡发展问题,缓解城乡金融非均衡发展水平进一步扩大的趋势,破解"三农"发展的融资困境,促进农村经济健康发展,缩小城乡经济社会发展差距,实施"工业反哺农业、城市支持农村"战略,全面贯彻落实城乡统筹发展战略,不仅需要对现有的城乡金融机构进行改革重组,科学引导金融资源流向农村,扶持"三农"事业发展,发挥城乡金融在支持城乡经济协调发展中的重要作用,还要竭力挖掘农村金融体制内在的各种资源,通过内外联动的方式破解城乡金融非均衡发展问题,有力支持农村经济的发展。

一、强化城乡商业性金融的功能发挥

商业性金融是一个多元化金融机构的统称,具有市场主体明确、经营目标明确、业务范围广泛等多方面的特征。从目前中国的实际情况来看,农村商业性金融主要有中国农业银行、农村商业银行(已经改制的农村信用合作社)和邮政储蓄银行等;而在城镇,商业性金融范围则较为广泛,除有以四大国有银行为代表的金融机构外,还拥有随城镇经济发展而兴起的众多的新型金融服务机构。目前,中国处于经济社会转型期,广大农村既面临着农业规模化、产业化经营中的金融需求,又面临着农村工业化过程中工商业的融资需求,同时种养殖业大户也成为农村重要的融资需求主体,现有的农村商业性金融难以满足农村各类融资主体的融资需求[1]。特别是在破解城

---

[1]　白钦先、李钧:《中国农村金融"三元结构"制度研究》,中国金融出版社 2008 年版,第197—227 页。

乡金融非均衡发展的现实背景下,必须要强化城乡商业性金融的功能发挥。

第一,加快农村现有商业性金融结构的改革力度,拓展城镇商业性金融机构的业务范围,培育农村新型金融机构,完善农村金融市场不同金融机构之间的竞争机制。

在改革农村现有商业性金融机构方面,中国农业银行作为支持"三农"的骨干,需要继续发挥在支农惠农方面的作用,要加大对农村工商企业的支持力度,特别要注重对农村种养殖业大户的扶持,要尽量开发适销对路的农村金融产品,提供多样化的农村金融服务[①]。在新形势下,农村商业银行应该强化自身与时俱进的特质,因地制宜地创新金融产品,竭力为农村经济发展夯实基础。比如,重庆市农村商业银行为重庆市"三权抵押"工作的开展创新了一系列金融产品,有效满足了农村融资主体的融资需求,在一定程度上缓解了农村融资的困境[②]。邮政储蓄银行以往仅仅从事存款工作,在某种意义上,成为农村闲置资金流向城市的"抽水机",并不能够有效服务"三农",要大力推广一些省市邮政储蓄银行尝试发放贷款的业务,切实将邮政储蓄银行贴近"三农"的优势转化为促进服务"三农"的强项。要大力培育以村镇银行为代表的新型金融机构的发展,在控制风险的前提下,科学引导民间金融在法律法规范围内开展业务,促进农村金融的发展,繁荣农村经济[③]。

在拓展城镇商业性金融机构业务范围方面,20 世纪 90 年代,随着四大国有银行的商业化改革,在资本逐利性和避险性的作用下,四大国有银行在农村的网点大量缩减,服务"三农"力度显著减缓。从表 9-1 中可以看出,2000—2005 年,受前一阶段商业化改革的影响,四大国有银行的机构数量和员工数量均在锐减。目前,四大国有商业银行仍然是中国金融业的主体,维系着国民经济的命脉和经济安全。据统计,65% 的居民储蓄、80% 的支付

---

① 何广文:《中国农村金融组织体系创新路径探讨》,《金融与经济》2007 年第 8 期。

② 高圣平、刘萍:《农村金融制度中的信贷担保物:困境与出路》,《金融研究》2009 年第 2 期。

③ 具体文献可参见:吕伟:《关于民间非正规金融的若干分析》,《西华大学学报》(哲学社会科学版)2006 年第 1 期;王霄岩、钱海刚、于遨洋:《促进我国民间金融规范化发展的对策研究》,《经济研究参考》2009 年第 22 期。

结算、56%的贷款发放均由四大国有商业银行负责。基于四大国有商业银行的雄厚实力,在服务"三农"、破解城乡金融非均衡发展方面,需要拓展业务范围,支持和鼓励涉农业务的开展,延伸服务半径,切实将服务范围通过诸如金融产品创新等方式延伸到农村,有力地支持城镇金融资源服务农村经济发展①。同时,还可以根据行业类别和区域发展实际,由四大国有商业银行牵头组建相应的区域性商业银行,更好地支持区域经济发展,尤其是要高度重视中西部欠发达地区广大农村地区经济的发展。

表 9-1　四大国有商业银行机构和人员变化情况表

(单位:个、人)

年份	中国工商银行		中国农业银行		中国银行		中国建设银行	
	机构数量	员工数量	机构数量	员工数量	机构数量	员工数量	机构数量	员工数量
2000	31671	471097	50546	509572	12925	192279	25767	320682
2001	28345	429706	44417	490999	12529	184529	23291	316329
2002	25960	405558	39285	443986	12062	184396	21607	306809
2003	24129	389045	36138	511425	11609	171777	16613	342967
2004	21223	375781	31004	489425	11307	220999	14585	310391
2005	18746	427383	28234	478895	11019	229740	14088	300288

资料来源:卢颖、苏彤、孙岩:《构筑商业性、政策性、合作性三元结构的农村金融体制研究》,《科学发展与社会责任(B 卷)(第五届沈阳科学学术年会文集)》2008 年 4 月,第 871—878 页。

在培育农村新型金融机构发展方面,要以当前村镇银行的发展为契机,因地制宜地推广尤努斯在孟加拉国所取得的成功经验,在各地大力发展村镇银行,一方面,通过村镇银行的发展可以为当地经济的发展提供资金支持;另一方面,通过村镇银行的发展,还可以有效地吸纳当地存款,避免农村闲置资金的大量外流。同时,在有效控制风险的情况下,降低农村金融市场

① 具体文献可参见:米运生、戴文浪、罗必良:《金融联结的理论机理与实践绩效:文献梳理的视角》,《金融理论与实践》2011 年第 7 期;田霖:《基于统筹联通的农村金融体系重构》,《财经研究》2008 年第 5 期;武翔宇:《我国农村金融联结制度的设计》,《金融研究》2008年第 8 期。

的准入门槛,支持、鼓励和引导外来资本注入农村金融业,加快农村金融行业的发展步伐。

第二,在有效配置城乡金融机构的前提下,需要专门建立并逐步完善涵盖所有金融机构的农村小额信贷市场。从目前的实际来看,农村融资主体主要通过信用和非信用两种方式来融资。前者主要是小额的贷款,金额小,期限短;后者由于涉及金额相对较大,期限相对较长,均需要提供相应的抵押品。要破解城乡金融非均衡发展问题,需要高度重视农村小额信贷市场的发展。无论是通过信用方式来融资,还是通过提供抵押品的方式来融资,均离不开小额信贷市场的发展。一方面,需要根据区域自身资金供求状况和经营成本水平,放开小额信贷市场的利率,确保小额信贷机构的健康快速可持续发展。严格按照国家的银行利率,在考虑到交易成本的影响下,小额信贷机构难以成长。另一方面,需要强化农村的信用环境建设。通过健全农村的信用环境,可以有效规避借贷行为中可能存在的道德风险问题,扫清农村小额信贷市场发展的障碍。

第三,在有效配置城乡金融机构的前提下,还需要强化对所有金融机构的监督和管理力度。强化对农村金融市场所有金融机构的监督和管理,是确保城乡金融协调发展的重要保障,是有效破解城乡金融非均衡发展的必然选择。具体来说,一是要健全农村金融监督的法律制度。不仅需要抓紧制订和完善适应当前农村金融发展的法律法规,还需要建立一套科学合理的考核指标体系,强化对农村金融风险的监控,此外,还需要健全信息披露机制,确保农村金融市场的各类金融机构安全有效运转,切实有效地引导城市农村金融资源支持农村经济发展。二是针对农村金融机构的诸如地域差异、大中小的规模差异、好中差的质量差异等,需要实施分类和有区别的监管模式。

二、重塑农村合作性金融的服务体系

农村合作金融是在农村经济体内,由于资金供求严重失衡,为缓解融资困境,而由一定数量的个体农户本着自愿的原则而自发组织起来的农村集体金融形态。农村合作金融体内实行民主管理,自负盈亏,不以营利为目的,经营收益主要用于组织自身的发展;当然,可以适当分红。农村合作金融的显著特点主要是自发性、民主性和非营利性。其实,在中国金融发展的历史上,合作金融在城市也出现过,不过,均早已改制为相应的商业银行等,学者们对合作性金融相关问题也进行了诸多研究①。在借鉴学者们研究成果的基础上,可以认为农村合作金融不仅是适应中国"三农"发展的重要金融制度安排,也会是今后一个时期内中国农村和农业经济领域的基础性金融②。第一,对于还没有改制成农村商业银行的农村信用社而言,需要强化农村信用社的合作性,要将农村信用社切实发展成为有效破解城乡金融非均衡发展的重要载体。具体来说,一要继续完善社员代表大会。作为农村信用合作社的最高权力机构,社员代表大会必须真实地代表社员的切身利益,能够在不受外界干扰的情况下,决定农村信用社经营发展过程中所遇到的重大问题。二要建立独立的理事制度。作为社员代表大会的常设机构和执行机构,理事会必须独立,甚至可以直接从社会公开招聘。在此过程中,必须保证理事长与信用社下属负责人的独立,杜绝两者之间可能存在裙带关系,以便建立有效的权力制衡机制。三是要建立高效运转的监事会制度。监事会要定期对农村信用社的各项工作进行定期披露,对管理层和理事长的违规失范行为进行监督。第二,对于已经放弃合作性而彻底商业化的农村信用社(也就是农村商业银行)来说,需要在紧密结合农村经济发展实际的情况下,重新培育其合作性的一面。虽然在中国信用社发展历史上,恢复自发性、民主性、群众性和非营利性的改革都以失败告终,但是,也有学者③认为,这是因为农村信用社的经营体制一直都是国家强制性的制度变迁的

---

①　具体可参见:饶国平:《西部开发的金融运行模式选择:政策性金融主导》,《河北金融大学学报》2002 年第 6 期;何剑伟、罗剑朝:《农业政策性金融支持农业产业化的思考》,《商业研究》2006 年第 20 期;朱超:《农村金融体系发展中的政府干预:以印度为例》,《经济与管理研究》2007 年第 1 期;孟珏:《农村金融创新面临的问题及路径选择》,《华北金融》2009 年第 1 期;王曙光:《大型商业银行在构建多层次农村金融体系中的作用和创新机制》,《中国农村金融》2011 年第 7 期。

②　曾康霖:《农村金融制度安排必须审时度势》,《管理世界》2008 年第 1 期。

③　白钦先、李钧:《中国农村金融"三元结构"制度研究》,中国金融出版社 2008 年版,第1—24 页。

产物,绝对不能因为实践不成功就否认中国没有信用合作产生和发展的土壤。培育合作性,主要表现在农村商业银行应该开发创新农村融资主体的联保贷款等方面的业务。

三、重视农村政策性金融的与时俱进

政策性金融指的是由国家或国有机构发起成立的,不以利润最大化为目标,专门为贯彻政府特定的发展战略,在法律限定的业务范围内,直接或间接从事某种特殊政策性融资活动,从而充当政府发展经济、促进社会发展稳定、作为宏观经济调节管理工具的金融机构[①]。在中国,中国农业发展银行是政府主要的农业政策性金融机构。长期以来,农业发展银行在支持"三农"发展方面发挥了巨大的作用。随着当前经济社会的发展,农业发展银行面临进一步的改革。要成功破解城乡金融非均衡发展,需要高度重视以农业发展银行为核心的农村政策性金融的与时俱进。第一,完善农村政策性金融服务体系。农村政策性金融服务体系,不仅包括中国农业发展银行,还应该将国家开发银行纳入进来。中国农业发展银行是直属国务院领导的中国唯一的一家农业政策性银行,以法律法规为准绳,以国家信用为基础,筹集资金,承担国家规定的农业政策性金融业务,代理财政支农资金的拨付,为农业和农村经济发展服务。国家开发银行职能主要表现在:支持基础设施、基础产业和支柱产业建设;促进经济结构调整,支持自主创新,推动产业优化升级;促进民生领域和社会事业的发展等。很显然,虽然两者同属政策性金融机构,但两者的业务侧重点是不一样的。由于两者均是政策性的金融机构,不以营利为目的,所以,可以很好地贯彻国家宏观调控的政策目标,理应在破解城乡金融非均衡发展过程中发挥作用[②]。第二,拓展农村政策性金融业务范围。比如,目前中国农业发展银行的主要业务是发放国

---

① 白钦先:《政策性金融论》,《经济学家》1998 年第 3 期。

② 王定祥等对此进行深入研究,具体可参见:王定祥、李伶俐、王小华:《中国农村金融制度演化逻辑与改革启示》,《上海经济研究》2010 年第 11 期;王定祥、李伶俐:《发达国家农村金融市场发展的经验与启示》,《上海金融》2009 年第 7 期。

家粮油收购贷款、专项储户贷款等方面,总体来看,发放贷款规模较小,难以有效满足农村经济发展的需要,应该拓展诸如农田水利等基础设施建设、农业科技推广、农业生态资源保护等方面的业务。比如,国家开发银行在股份制商业化改革后,尽管退出了政策性金融范围,但基于银行业业务发展惯性,并不会在短期内完全退出农村,应该考虑与地方性金融机构合作,共同促进农村金融发展①。第三,稳步推进中国农业发展银行的改革。由于中国农业发展银行是唯一的一家农业政策性银行,与"三农"发展息息相关,因此,中国农业发展银行的改革与破解城乡金融非均衡发展具有非常重要的作用。中国农业发展银行的改革必须始终坚持政策性与商业性并举的方针,处理好执行政策与获取效益的关系,在此前提下,可以引进、消化和吸收国内外其他金融机构改革的成功经验,比如,可以结合自身实际,完善自身治理结构,创新自身经营管理模式,拓展相应的业务范围等。

第三节　研究展望

本书虽然就中国城乡金融非均衡发展的诸多问题,如城乡金融非均衡发展的理论基础、城乡金融非均衡发展的理论分析框架、城乡金融非均衡发展状况及变化趋势、城乡金融非均衡发展的原因及影响、调节和控制城乡金融协调发展对策等方面进行了研究。但是,囿于多方面的原因,本书的研究还不够充分,有些内容存在进一步研究的空间。

第一,城乡金融发展与城乡经济发展的关系是极其复杂的,本书虽然已经在一定程度上作了一定的研究;但是,考虑到金融与经济之间的复杂关系,对这一重要议题应该进行进一步深入研究。比如,通过建立数理模型的方式对城乡金融发展与城乡经济发展的关系进行进一步的研究。

第二,城乡金融非均衡发展空间特征的研究有待进一步拓展。本书虽

---

① 钟田丽、王用生、秦捷:《开发性金融在辽宁棚改项目中的创新实践》,《经济管理》2009 年第 8 期。

然已经从史学的视角出发,对新中国成立以来中国城乡金融制度的演变历程进行剖析,并从城乡金融存贷款非均衡、城乡金融资产总量非均衡、城乡经济金融化水平非均衡、城乡金融中介及金融市场发展非均衡等维度考察了中国城乡金融非均衡发展的演化状况,并对未来一段时间内中国城乡金融非均衡发展的发展趋势进行了预测。应该来说,从时间维度,本书是对中国城乡金融非均衡发展问题进行了研究,但是,考虑到不同省级单位间经济社会发展的差异,未来还可以运用空间经济学的有关理论对城乡金融非均衡发展的空间特征进行进一步的研究。

第三,城乡金融非均衡发展的原因及影响方面的深入研究也有待进一步拓展。造成中国城乡金融非均衡发展的原因是多方面的,本书运用定性分析与定量分析相结合的方法进行了探究,尤其是在定性分析方面,本书运用的是制度经济学研究方法,可能还可以从史学、法学与社会学等视角出发来进行研究。对于城乡金融非均衡发展的影响,本书考虑了城乡金融非均衡发展对城乡经济发展的影响,未考虑对其他方面的影响,这些方面都有待进一步拓展。

主要参考文献

一、英文文献

1. Alene A.D.& Coulibaly O.," The Impact of Agricultural Research on Productivity and Poverty in Sub-Saharan Africa",*Food Policy*,Vol.34,No.2,2009,pp.198-209.

2. Adrew W.Lo,"Long-term Memory in Stock Market Prices",*Econometrica*,Vol.59,No.5,1991,pp.1279-1313.

3. Aghion P. & Bolton P.," A Trickle-Down Theory of Growth and Development with Debt Overhang",*Review of Economic Studies*,Vol.64,No.2,1997,pp.151-172.

4. Ando A. & Modigliani F., " The Life Cycle Hypothesis of Saving: Aggregate Implications and Tests",*The American Economic Review*,Vol.53,No.1,1963,pp.55-84.

5. Allen F.& Santomero,Anthony M.,"The Theory of Financial Intermediation",*Journal of Banking and Finance*,Vol.21,1997,pp.1461-1485.

6. Anderson T. W. & Cheng H., " Estimation of Dynamic Models with Error Components",*Journal of the American Statistical Association*, Vol. 76, No. 375, 1981, pp. 589-606.

7. Andersen H.T.,Moller-Jensen L. & Engelstoft S.,"The End of Urbanization? Towards a New Urban Concept or Rethinking Urbanization",*European Planning Studies*,Vol.19,No.4, April 2011,pp.595-611.

8. Arellano M. & Stephen B.,"Some Tests of Specification for Panel Data:Monte Carlo Evidence and An Application to Employment Equations",*Review of Economic Studies*,Vol.58, No.2,April 1991,pp.277-297.

9. Arrow K.,Debreu G.,"Existence of An Equilibrium for A Competitive Economy",*Econometrica*,Vol.22,No.3,1954,pp.265-290.

10. Banerjee A. & Newman, Andrew F., " Information, the Dual Economy, and Development",*Review of Economic Studies*,Vol.65,No.4,1998,pp.631-653.

11. Barr,"Microfinance and Financial Development",*Michigan Journal of International Law*,Vol.26,No.4,1995,pp.271-296.

12. Barro R. J. & Grossman H. I., " A General Disequilibrium Model of Income and Employment",*American Economic Review*,Vol.61,No.1,March 1971,pp.82-93.

13. Becerril J. & Abdulai A., "The Impact of Improved Maize Varieties on Poverty in Mexico: A Propensity Score Matching Approach", *World Development*, Vol.38, No.7, 2010, pp. 1024-1035.

14. Beck T., Demirguc-Kunt A. & Levine R., "Finance, Inequality and the Poor", *Journal of Economic Growth*, Vol.38, No.12, 2007, pp.27-49.

15. Belan P., Michel P. & Wigniolle B., "Does Imperfect Competition Foster Capital Accumulation in a Developing Economy?", *Research in Economics*, Vol.59, No.2, 2005, pp. 189-208.

16. Bencivenga V. & Smith B., "Financial intermediation and Endogenous Growth", *Review of Economic Studies*, Vol.58, No.2, 1991, pp.195-209.

17. Blundell R. & Bond S., "Initial Conditions and Moment Restrictions in Dynamic Panel Data Models", *Journal of Econometrics*, Vol.87, No.1, 1998, pp.115-143.

18. Bodie Z., Merton R.C., *"Pension Benefit Guarantees in the United States: A Functional Analysis"*, University of Pennsylvania Press, 1993.

19. Bolay J. C., Rabinovich A., "Intermediate Cities in Latin America Risk and Opportunities of Coherent Urban Development", *Cities*, Vol.21, No.5, 2004, pp.407-421.

20. Boot A. & A.Thakor, "Financial System Architecture", *Review of Financial Studies*, Vol.10, No.3, 1997, pp.693-733.

21. Chaudhuri S., "Foreign Capital, Welfare and Urban Unemployment in the Presence of Agricultural Dualism", *Japan and the World Economy*, Vol.19, No.1, 2007, pp.149-165.

22. Coase R.H., "The Nature of the Firm", *Economica*, Vol.4, No.16, 1937, pp.386-405.

23. Cunguara B. & Darnhofer I., "Assessing the Impact of Improved Agricultural Technologies on Household Income in Rural Mozambique", *Food Policy*, Vol.36, No.3, 2011, pp.378-390.

24. Dale W.J., "The Development of a Dual Economy", *The Economic Journal*, Vol.71, No.282, 1961, pp.309-334.

25. Daron A., "*Introduction to Modern Economic Growth*", Princeton University Press, 2008.

26. David C.C. & Otsuka K., *"Modern Rice Technology and Income Distribution in Asia"*, Boulder and London: Lynne Riener Publishers, 1994.

27. Dayal-Gulati A., Husain A.M., "Centripetal Forces in China's Economic Take-off", *IMF Working Paper*, 2000, WP/ 00/ 86.

28. Demirgüc-Kunt A. & Levine R., "Stock Market Development and Financial Intermediaries: Stylized Facts", *The World Bank Economic Review*, Vol.10, No.2, 1996, pp. 291-321.

29. Dollar D. & Kraay A., "Neither a Borrower Nor a Lender: Does China's Zero Net

Foreign Asset Position Make Economic Sense?", *Journal of Monetary Economics*, Vol.53, No. 5, 2006, pp.943-971.

30. Mathieson D., "Financial Reform and Stabilization Policy in a Developing Economy", *Journal of Development Economics*, Vol.7, No.3, 1980, pp.359-395.

31. Duesenberry J. S., "*Income, Saving and the Theory of Consumer Behavior*", Cambridge, Harvard University Press, 1949.

32. Dutta J. & Kapur S., "Liquidity Preference and Financial Intermediation", *Review of Economics Studies*, Vol.65, No.3, 1998, pp.551-572.

33. Ebenezer H., "*Garden Cities of Tomorrow*", London: S. Sonnenschein & Co., Ltd, 1902.

34. Ergungor O. E., "Financial System Structure and Economic Development: Structure Matters", *Working Paper, Federal Reserve Bank of Cleveland*, No.03-05, 2003.

35. Fry M. J., "*Money, Interesting and Banking in Economic Development*", Baltimore: John Hopkins University Press, 1988.

36. Galbis V., "Financial Intermediation and Economic Growth in Less Developed Countries: A Theoretical Approach", *Journal of Development Studies*, Vol.13, No.2, 1977, pp. 58-72.

37. Goldsmith R. W., "*Financial Structure and Development*", Newhaven, CT: Yale University Press, 1969.

38. Greenwood J. & Jovanovic B., "Financial Development, Growth, and the Distribution of Income", *Journal of Political Economy*, Vol.98, No.5, 1990, pp.1076-1107.

39. Greenwood J. & Smith B. D., "Financial Markets in Development, and the Development of Financial Markets", *Journal of Economic Dynamics and Control*, Vol.21, No.1, 1997, pp.145-181.

40. Gurley J. G. & Shaw E. S., "Financial Aspects of Economic Development", *The American Economic Review*, Vol.45, No.4, 1955, pp.515-538.

41. Gurley J. G. & Shaw E. S., "Financial Intermediaries and the Saving-Investment Process", *Journal of Finance*, Vol.11, No.2, 1956, pp.257-276.

42. Gurley J.G. & Shaw E.S., "*Money in a Theory of Finance*", Washington D.C.: The Brookings Institution, 1960.

43. Gustav Ranis & John C. H. Fei, "A Theory of Economic Development", *American Economic Review*, Vol.51, No.4, 1961, pp.533-565.

44. Hansson P., Jonung L., "Finance and Economic Growth: the Case of Sweden 1834-1991", *Research in Economics*, Vol.51, No.3, 1997, pp.275-301.

45. Harris J.R., Todaro M.P., "Migration, Unemployment and Development: A Two-Sector Analysis", *American Economic Review*, Vol.60, No.1, 1970, pp.126-142.

46. Hicks J., "The Foundations of Welfare Economics", *The Economic Journal*, Vol.49, No.196, 1939, pp.696-712.

47. Hurst H. E., "Long-term Storage Capacity of Reservoirs", *American Society of Civil Engineers*, No.116, 1951, pp.770-799.

48. Jalilian H. & Kirkpatrick C., "Does Financial Development Contribute to Poverty Reduction?", *Journal of Development Studies*, Vol.41, No.5, 2005, pp.636-656.

49. Jeanneney S. G. & Kpodar K., "Financial Development, Financial Instability and Poverty", *CSAE Working Paper*, *Oxford*: *Centre for the Study of African Economies*, 2005.

50. Kaldor N., "Will Underdeveloped Countries Learn to Tax?", *Foreign Affairs*, Vol.41, No.2, 1963, pp.410-419.

51. Kapur B. K., "Alternative Stabilization Policies for Less-developed Economies", *Journal of Political Economy*, Vol.84, No.4, 1976, pp.777-795.

52. Keynes J. M., "*The General Theory of Employment Interest and Money*", London: Macmillan, 1936.

53. King R. G., Levine R, "Finance, Entrepreneurship, and Growth: Theory and Evidence", *Journal of Monetary Economics*, Vol.32, No.3, 1993, pp.513-542.

54. Kontuly T. & Tammaru T., "Population Subgroups Responsible for New Urbanization and Suburbanization in Estonia", *European Urban and Regional Studies*, Vol.13, No.4, 2006, pp.319-336.

55. Kuznets S., "Children and Adults in the Income Distribution", *Economic Development and Cultural Change*, Vol.30, No.4, 1982, pp.697-738.

56. Kuznets S., "Modern Economic Growth: Findings and Reflections", *American Economic Review*, Vol.63, No.3, 1973, pp.247-258.

57. Leland H. E. & Pyle D. H., "Informational Asymmetries, Financial Structure, and Financial Intermediation", *Journal of Finance*, Vol.32, No.2, 1977, pp.371-387.

58. Levine R., Zervos S., "Stock Markets, Banks, and Economic Growth", *American Economic Review*, Vol.88, No.3, 1998, pp.537-558.

59. Lewis W. A., "Economic Development with Unlimited Supplies of Labour", *The Manchester School*, Vol.22, No.2, 1954, pp.139-191.

60. Mandelbrot B. B., Wallis J. R., "Some Long-Run Properities of Geographical Records", *Water Resource Research*, Vol.5, No.2, 1969, pp.321-340.

61. Mandelbrot B. B., Wallis J. R., "Rebustness of the Rescaled Range R/S in the Measurement of Noncyclic Long Run Stastical Depenndence", *Water Resource Research*, Vol.5, No.5, 1969, pp.967-988.

62. Mandelbrot B.B., "Statistical Methodology for Nonperiodic Cycles: From Covariance to R/S Analysis", *Annals of Economic and Social Measurement*, Vol.1, No.3, 1972, pp.259-290.

63. Matsuyama K., "The Rise of Mass Consumption Societies", *Journal of Political Economy*, Vol.11, No.10, 2002, pp.1035-1070.

64. Mcgee T.G., "*The Emergence of Desakota Regions in Asia: Expanding A Hypothesis*", In Nginsburg B, Koppel, T. Mcgee, eds., The Extended Metropolis: Settlement Transition in Asia, University of Hawaii Press, Honolulu, 1991.

65. Mckinnon R.L., "*Money and Capital in Economic Development*", Washington: Bookings Institution, 1973.

66. Milton Friedman, "*A Theory of the Consumption Function*", Nber Books, National Bureau of Economic Research, Inc., 1957.

67. Minten B. & Barrett C.B., "Agricultural Technology, Productivity, and Poverty in Madagascar", *World Development*, Vol.36, No.5, 2008, pp.797-822.

68. Moren-Alegret R., "New Forms of Urbanization: Beyond the Urban-Rural Dichotomy", *Cities*, Vol.2, No.3, 2006, pp.80-82.

69. Moore K., Hulme D., "The International Finance Facility-Reaching the MDGs without Spending More?", *Journal of International Development*, Vol.16, No.6, 2004, pp.887-895.

70. Moyo S., Norton G.W. & Alwang J., "Peanut Research and Poverty Reduction: Impacts of Variety Improvement to Control Peanut Viruses in Uganda", *American Journal of Agricultural Economics*, Vol.89, No.2, 2007, pp.448-460.

71. Mude A.G., Barrett C.B., McPeak J.G., Doss C.R., "Educational Investments in a Dual Economy", *Economica*, Vol.74, No.2, 2007, pp.351-369.

72. Nieuwerburgh S.V., Buelens F., Cuyvers L., "Stock Market Development and Economic Growth in Belgium", *Explorations in Economic History*, Vol.43, 2006, pp.13-38.

73. Otsuka K., "Role of Agricultural Research in Poverty Reduction: Lessons from the Asian Experience", *Food Policy*, Vol.25, No.4, 2000, pp.447-462.

74. Patrick H. & Yoder S., "Financial Transactions Tax: Panacea, Threat, or Damp Squib?", *Policy Research Working Paper*, *The World Bank*, No.5230, 2010.

75. Patrick H.T., "Financial Development and Economic Growth in Underdeveloped Countries", *Economic Development and Cultural Change*, Vol.14, No.2, 1966, pp.174-189.

76. Rajan R., Zingales L., "The Great Reversals: the Politics of Financial Development in the Twentieth Century", *Journal of Financial Economics*, Vol.69, No.1, 2003, pp.5-50.

77. Robert E. Hall, "Stochastic Implications of the Life Cycle-Permanent Income Hypothesis: Theory and Evidence", *Journal of Political Economy*, Vol. 86, No. 6, 1978, pp. 971-987.

78. Robert M. Townsend & Kenichi Ueda, "Welfare Gains From Financial Liberalization", *International Economic Review*, Vol.51, No.3, 2010, pp.553-597.

79. Rousseau P., Wachtel P., "Financial Intermediation and Economic Performance:

Historical Evidence from Five Industrialized Countries", *Journal of Money Credit and Banking*, Vol.30, No.4, 1998, pp.657–678.

80. Schumpeter Joseph, "*The Theory of Economic Development*", Cambridge, Harvard University Press, 1912.

81. Shang J.W., "Siarnese Twins-Is There State-Owned Bias?", *China Economic Review*, Vol.8, No.1, 1997, pp.145–158.

82. Shaw E. S., "*Financial Deepening in Economic Development*", New York: Oxford University Press, 1973.

83. Somanathan E., "Can Growth Ease Class Conflict?", *Economics and Politics*, Vol.14, No.1, 2002, pp.65–81.

84. Stiglitz Joseph E., "Risk and Global Economic Architecture: Why Full Financial Integration May Be Undesirable", *American Economic Review*, Vol.100, No.2, 2010, pp.388–392.

85. Thomas Hellmann, Kevin Murdock and Joseph Stiglitz, "*Financial Restraint: Towards a New Paradigm*", in The Role of Government in East Asian Development: Comparative Institutional Analysis, eds., M. Aoki, M. Okuno-Fujiwara and H. Kim, Oxford University Press, 1997.

86. Thomas Piketty & Nancy Qian, "Income Inequality and Progressive Income Taxation in China and India: 1986–2015", *Journal of Applied Economics*, Vol.1, No.2, 2009, pp.53–63.

87. Thorsten Beck, Asli Demirgüç-Kunt, Ross Levine, "Financial Institutions and Markets across Countries and over Time: The Updated Financial Development and Structure Database", *World Bank Economic Review*, Vol.24, No.1, 2010, pp.87–92.

88. Todaro M. P., "Model of Labor Migration and Urban Unemployment in Less Developed Countries", *American Economic Review*, Vol.59, No.1, 1969, pp.138–148.

89. Townsend R. & Ueda K., "Financial Deepening, Inequality, and Growth", *Review of Economic Studies*, Vol.73, No.1, 2006, pp.251–273.

90. Vera L.V., "Macroeconomic Adjustment Under an External and Fiscal Constrain: A Fix-Price/ Flex-Price Approach", *Metroeconomica*, Vol.56, No.1, 2005, pp.126–156.

91. Wright F.L., "*The Disappearing City*", New York, W.F.Payson, 1932.

92. Wei, Gu & Shigemi Yabuuchi, "Inperfect Labor Mobility and Unemployment in a Dual Economy", *Review of International Economics*, Vol.14, No.4, 2006, pp.698–708.

93. Weinstein, David & Yishay Yafeh, "On the Costs of a Bank Centered Financial System: Evidence from the Changing Main Bank Relations in Japan", *Journal of Finance*, Vol.53, No.2, 1998, pp.635–672.

二、外文译著

1. 刘易斯·芒福德:《刘易斯·芒福德著作精粹》,宋俊岭、宋一然译,中国建筑工业出版社 2010 年版。

2. 玛格丽特·玛斯特曼:《范式的本质》,伊姆雷·拉卡托斯、马斯格雷夫主编:《1965 年伦敦国际科学哲学会议论文汇编(第四卷)——批判与知识的增长》,周寄中译,华夏出版社 1987 年版。

3. 舒尔茨:《论人力资本投资》,吴珠华等译,北京经济学院出版社 1990 年版。

4. 托马斯·库恩:《科学革命的结构》,金吾伦、胡新和译,北京大学出版社 2003 年版。

5. 兹维·博迪,罗伯特·C.莫顿:《金融学》,尹志宏译,中国人民大学出版社 2000 年版。

6. 伊利尔·沙里宁:《城市:它的发展衰败与未来》,顾启源译,中国建筑工业出版社 1986 年版。

三、中文文献

1. 白钦先:《政策性金融论》,《经济学家》1998 年第 3 期。

2. 白钦先:《再论以金融资源论为基础的金融可持续发展理论:范式转换、理论创新和方法变革》,《国际金融研究》2000 年第 2 期。

3. 白钦先:《论以金融资源学说为基础的金融可持续发展理论与战略:兼论传统金融观到现代金融观的变迁》,《广东商学院学报》2003 年第 5 期。

4. 白钦先:《以金融资源学说为基础的金融可持续发展理论和战略:理论研究的逻辑》,《华南金融研究》2003 年第 3 期。

5. 白钦先、李钧:《中国农村金融"三元结构"制度研究》,中国金融出版社 2008 年版。

6. 白永秀:《城乡二元结构的中国视角:形成、拓展、路径》,《学术月刊》2012 年第 5 期。

7. 白永秀、王颂吉:《城乡发展一体化的实质及其实现路径》,《复旦学报》(社会科学版)2013 年第 4 期。

8. 蔡立雄、何炼成:《中国农村经济市场化指数:各地区的相对进程研究》,《经济学家》2008 年第 2 期。

9. 蔡四平:《构建和谐城乡金融体系研究》,《湖南商学院学报》2007 年第 3 期。

10. 蔡雪雄:《我国城乡二元经济结构的演变历程及趋势分析》,《经济学动态》2009 年第 2 期。

11. 常明明:《私人借贷与农村经济和农民生活关系研究:以土改后中南区为例》,《中国农史》2007 年第 2 期。

12. 常明明:《建国初期国家农贷的历史考察:以中南区为中心》,《当代中国史研究》2007 年第 3 期。

13. 陈飞翔、王溪若、郭英:《经济增长、外商直接投资与政府选择》,《财贸经济》

2004 年第 9 期。

14. 陈纪瑜、刘桔林:《城乡统筹发展的财政对策》,《财会月刊》(综合版)2006 年第 27 期。

15. 陈浪南、陈景煌:《外商直接投资对中国经济增长影响的经验研究》,《世界经济》2002 年第 6 期。

16. 陈利、谢家智、吴玉梅:《统筹城乡金融资源促进农村生态金融链的良性循环》,《生态经济》2009 年第 5 期。

17. 陈雯:《"城乡一体化"内涵的讨论》,《现代经济探讨》2003 年第 5 期。

18. 陈锡文:《推动城乡发展一体化》,《求是》2012 年第 23 期。

19. 陈晓枫、叶李伟:《金融发展理论的变迁与创新》,《福建师范大学学报》(哲学社会科学版)2007 年第 3 期。

20. 陈钊、万广华、陆铭:《行业间不平等日益重要的城镇收入差距成因:基于回归方程的分解》,《中国社会科学》2010 年第 3 期。

21. 陈智容:《第 6 个经济周期以来固定资产投资与经济增长关系探析》,《昆明理工大学学报》(社会科学版)2009 年第 6 期。

22. 仇娟东、何风隽:《中国城乡二元经济与二元金融相互关系的实证分析》,《财贸研究》2012 年第 4 期。

23. 崔满红:《金融资源理论研究》,中国财政经济出版社 2002 年版。

24. 丁晓燕:《吉林省统筹城乡经济发展的思路与对策》,《经济纵横》2006 年第 12 期。

25. 董金玲:《江苏区域金融作用机制及发展差异研究》,中国矿业大学博士学位论文 2009 年。

26. 董晓峰、尹亚、刘理臣、刘琼琪:《欠发达地区城乡一体化发展评价研究:以甘肃省为例》,《城市发展研究》2011 年第 8 期。

27. 方福前:《中国居民消费需求不足原因研究:基于中国城乡分省数据》,《中国社会科学》2009 年第 2 期。

28. 冯新灵、罗隆诚、邱丽丽:《成都未来气候变化趋势的 R/S 分析》,《长江流域资源与环境》2008 年第 17 卷第 1 期。

29. 冯兴元、何梦笔、何广文:《试论中国农村金融的多元化:一种局部知识范式视角》,《中国农村观察》2004 年第 5 期。

30 冯云廷:《我国城乡经济关系的评价及分析》,《中国软科学》2009 年第 10 期。

31. 傅江媛、汪发元:《农村金融生态环境的困境与出路分析:以法律视角看农村金融生态环境的改善》,《农村金融研究》2010 年第 10 期。

32. 高帆:《二元经济理论的演化与最新发展》,《学术探索》2004 年第 1 期。

33. 高帆:《中国二元经济结构转化:轨迹、特征与效应》,《学习与探索》2007 年第 6 期。

34. 高帆：《中国各省区二元经济结构转化的同步性：一个实证研究——兼论地区经济结构转变与经济增长差距的关联性》，《管理世界》2007 年第 9 期。

35. 高圣平、刘萍：《农村金融制度中的信贷担保物：困境与出路》，《金融研究》2009 年第 2 期。

36. 高铁梅：《计量经济分析方法与建模：Eviews 应用及实例》，清华大学出版社 2008 年版。

37. 葛红玲、杨德勇：《城乡金融协调发展的目标体系及路径选择》，《中国流通经济》2008 年第 12 期。

38. 葛顺奇、罗伟：《外商直接投资与东道国经济增长：基于模仿与创新的研究》，《世界经济研究》2011 年第 1 期。

39. 顾朝林、李阿琳：《从解决"三农问题"入手推进城乡发展一体化》，《经济地理》2013 年第 1 期。

40. 郭峰、胡金炎：《农村二元金融的共生形式研究：竞争还是合作——基于福利最大化的新视角》，《金融研究》2012 年第 2 期。

41. 郭福春、周建松、郭延安：《金融资源集聚与扩散视角下浙江城乡金融和谐发展研究》，《浙江金融》2008 年第 4 期。

42. 郭国锋、刘孟晖：《城乡居民收入差距原因探究》，《经济问题》2007 年第 2 期。

43. 郭鹏辉、吴琳、钱争鸣：《我国 FDI 区位分布影响因素的动态面板数据模型分析》，《商业经济与管理》2009 年第 4 期。

44. 郭庆平：《统筹城乡金融发展的重点和难点在农村：关于加快农村金融发展的调查报告》，《浙江树人大学学报》2008 年第 6 期。

45. 郭志仪、杨曦：《外商直接投资对中国东、中、西部地区经济增长作用机制的差异：1990—2004 年地区数据的实证检验》，《南开经济研究》2008 年第 1 期。

46. 韩国文、江春：《金融发展理论国外研究的最新进展》，《广东金融学院学报》2008 年第 23 卷第 1 期。

47. 韩俊：《中国城乡关系演变 60 年：回顾与展望》，《改革》2009 年第 11 期。

48. 韩正清：《中国城乡金融二元结构强度分析》，《农村经济》2009 年第 5 期。

49. 何广文：《中国农村金融供求特征及均衡供求的路径选择》，《中国农村经济》2001 年第 10 期。

50. 何广文、冯兴元：《农村金融体制缺陷及其路径选择》，《中国农村信用合作》2004 年第 8 期。

51. 何广文：《中国农村金融组织体系创新路径探讨》，《金融与经济》2007 年第 8 期。

52. 何剑伟、罗剑朝：《农业政策性金融支持农业产业化的思考》，《商业研究》2006 年第 20 期。

53. 洪利、梁礼广：《金融民主化视角下我国城乡金融差异及包容性发展对策分析》，

《上海金融》2012 年第 8 期。

54. 洪银兴、陈雯：《城市化和城乡一体化》，《经济理论与经济管理》2003 年第 4 期。

55. 洪银兴：《城乡互动、工农互促的新起点和新课题》，《江苏行政学院学报》2009 年第 1 期。

56. 胡鞍钢、王小鲁、朱恒鹏：《中国市场化指数：各地区市场化相对进程 2009 年报告》，经济科学出版社 2010 年版。

57. 胡浩民、张乐柱：《30 年我国农村金融体系变迁与体制改革的问题：兼论广东农村金融体制改革的深化路径探讨》，《学术研究》2009 年第 7 期。

58. 胡元聪、杨秀清：《农村金融正外部性的经济法激励：基于完善农村金融法律体系的视角》，《农业经济问题》2010 年第 10 期。

59. 黄达：《金融学》（精编版），中国人民大学出版社 2007 年版。

60. 黄茂兴、黄晓芬：《区域经济增长差异的实证研究和 R/S 分析》，《福建师范大学学报》2005 年第 5 期。

61. 黄少安、韦倩：《合作与经济增长》，《经济研究》2011 年第 8 期。

62. 黄燕君：《现有农村金融组织缺陷及创新农村》，《金融研究》2001 年第 4 期。

63. 黄祖辉、王敏、万广华：《我国居民收入不平等问题——基于转移性收入角度的分析》，《管理世界》2003 年第 3 期。

64. 黄祖辉、刘慧波、邵峰：《城乡区域协同发展的理论与实践》，《社会科学战线》2008 年第 8 期。

65. 江曙霞、罗杰、张小博、黄君慈：《中国金融制度供给》，中国金融出版社 2007 年版。

66. 江源、谢家智：《我国城乡二元金融结构形成机制的区域差异：基于变截距模型的影响因素研究》，《财经研究》2013 年第 7 期。

67. 姜磊、季民河：《中国区域能源效率发展演变趋势的 R/S 分形分析》，《中国人口·资源与环境》2011 年第 11 期。

68. 焦必方、林娣、彭婧妮：《城乡一体化评价体系的全新构建及其应用：长三角地区城乡一体化评价》，《复旦大学学报》（社会科学版）2011 年第 4 期。

69. 金鹏辉：《中国农村金融三十年改革发展的内在逻辑：以农村信用社改革为例》，《金融研究》2008 年第 10 期。

70. 金晓彤、闫超：《我国不同区域农村居民消费：收敛还是发散？》，《管理世界》2010 年第 3 期。

71. 李安勇、王小兴、刘丹：《金融功能、金融发展与中国金融体制改革》，《广东金融学院学报》2006 年第 3 期。

72. 李冰：《城乡一体化：二元经济结构理论在中国的延续》，《人文杂志》2014 年第 2 期。

73. 李博：《农村金融的结构性问题及政策建议》，《理论探索》2007 年第 4 期。

74. 李昌明、王彬彬：《中国城乡二元经济结构转换研究》，《经济学动态》2010 年第 10 期。

75. 李敬：《中国区域金融发展差异研究：基于劳动分工理论的视角》，中国经济出版社 2008 年版。

76. 李敬、冉光和：《中国区域金融发展差异调控：模型、范式与政策》，《开发研究》2008 年第 2 期。

77. 李文星、徐长生、艾春荣：《中国人口年龄结构和居民消费：1989—2004》，《经济研究》2008 年第 7 期。

78. 李晓澜、宋继清：《二元经济理论模型评述》，《山西财经大学学报》2004 年第 1 期。

79. 李勋来、李国平：《我国二元经济结构刚性及其软化与消解》，《西安交通大学学报》(社会科学版)2006 年第 1 期。

80. 李燕、韩伯棠、张庆普：《FDI 溢出与区域技术差距的双门槛效应研究》，《科学学研究》2011 年第 2 期。

81. 厉以宁：《走向城乡一体化：建国 60 年城乡体制的变革》，《北京大学学报》(哲学社会科学版)2009 年第 6 期。

82. 梁琪、滕建州：《中国宏观经济和金融总量结构变化及因果关系》，《经济研究》2006 年第 1 期。

83. 林毅夫、刘培林：《中国的经济发展战略与地区收入差距》，《经济研究》2003 年第 3 期。

84. 刘丹、杨启劲、彭中礼：《城乡统筹：规划管理的模式转换与体制创新——基于湖南省的调查和研究》，《中国行政管理》2010 年第 9 期。

85. 刘红梅、张忠杰、王克强：《中国城乡一体化影响因素分析：基于省级面板数据的引力模型》，《中国农村经济》2012 年第 8 期。

86. 刘志仁、黎翠梅：《金融非均衡性发展与城乡居民消费差距研究》，《消费经济》2007 年第 6 期。

87. 卢亚娟、吴言林：《二元金融结构对宏观金融政策的影响分析》，《数量经济技术经济研究》2006 年第 5 期。

88. 卢颖、苏彤、孙岩：《构筑商业性、政策性、合作性三元结构的农村金融体制研究》，科学发展与社会责任(B 卷)(第五届沈阳科学学术年会文集)2008 年。

89. 陆铭、陈钊：《城市化、城市倾向的经济政策与城乡收入差距》，《经济研究》2004 年第 6 期。

90. 陆智强、熊德平、李红玉：《新型农村金融机构：治理困境与解决对策》，《农业经济问题》2011 年第 8 期。

91. 罗知、郭熙保：《进口商品价格波动对城镇居民消费支出的影响》，《经济研究》2010 年第 12 期。

92. 吕伟:《关于民间非正规金融的若干分析》,《西华大学学报》(哲学社会科学版) 2006 年第 1 期。

93. 马晓强、丁沛文、王颂吉:《中国城乡二元经济结构的转化趋势及其解释》,《开发研究》2013 年第 3 期。

94. 孟珏:《农村金融创新面临的问题及路径选择》,《华北金融》2009 年第 1 期。

95. 米运生、戴文浪、罗必良:《金融联结的理论机理与实践绩效:文献梳理的视角》,《金融理论与实践》2011 年第 7 期。

96. 潘彬、徐选华:《资金流动性与居民消费的实证研究:经济繁荣的不对称性分析》,《中国社会科学》2009 年第 4 期。

97. 潘向东、廖进中、赖明勇:《经济制度安排、国际贸易与经济增长影响机理的经验研究》,《经济研究》2005 年第 11 期。

98. 潘晓江:《创新财政金融政策组合融聚城乡金融二元市场》,《农村金融研究》2007 年第 6 期。

99. 庞凤仙:《市场经济与可持续发展》,《经济问题》2004 年第 7 期。

100. 皮天雷:《中国金融制度变迁分析:基于制度变迁的路径依赖视角》,《经济与管理研究》2009 年第 9 期。

101. 钱德元、滕福星:《中国二元经济结构的区域差异化分析》,《当代经济研究》2013 年第 4 期。

102. 秦建群、吕忠伟、秦建国:《农户分层信贷渠道选择行为及其影响因素分析:基于农村二元金融结构的实证研究》,《数量经济技术经济研究》2011 年第 10 期。

103. 曲兆鹏、赵忠:《老龄化对我国农村消费和收入不平等的影响》,《经济研究》2008 年第 12 期。

104. 饶国平:《西部开发的金融运行模式选择:政策性金融主导》,《河北金融大学学报》2002 年第 6 期。

105. 任保平:《城乡发展一体化的新格局:制度、激励、组织和能力视角的分析》,《西北大学学报》(哲学社会科学版)2009 年第 1 期。

106. 石忆邵:《关于城乡一体化的几点讨论》,《规划师》1999 年第 4 期。

107. 史晋川:《论经济发展方式及其转变:理论、历史、现实》,《浙江社会科学》2010 年第 4 期。

108. 苏少之、常明明:《新中国成立初期中南区乡村个体农民融资途径与结构研究》,《当代中国史研究》2009 年第 4 期。

109. 孙亮、尹杰:《金融发展与居民收入差距的互动传导机制研究:以上海为例》,《经济管理》2009 年第 11 期。

110. 孙颖:《金融发展理论的演进及我国学者的创新》,《黑龙江金融》2010 年第 1 期。

111. 唐双宁:《尽快解决城乡金融的八大不平衡》,《中国经济周刊》2006 年第

31 期。

112. 田杰、刘勇、陶建平：《社会经济特征、竞争优势与农村金融机构网点布局：来自我国 278 家村镇银行的经验证据》，《西北农林科技大学学报》(社会科学版)2012 年第 6 期。

113. 田霖：《基于统筹联通的农村金融体系重构》，《财经研究》2008 年第 5 期。

114. 田霖：《金融地理学视角：城乡金融地域系统的演变与耦合》，《金融理论与实践》2009 年第 4 期。

115. 田霖：《我国金融排斥的城乡二元性研究》，《中国工业经济》2011 年第 2 期。

116. 田青、马健、高铁梅：《我国城镇居民消费影响因素的区域差异分析》，《管理世界》2008 年第 7 期。

117. 田泽永、江可申、谢忠秋：《固定资产投资对经济增长贡献的比较研究：基于东、中、西部面板数据的分析》，《预测》2008 年第 1 期。

118. 完世伟：《城乡一体化评价指标体系的构建及应用：以河南省为例》，《经济经纬》2008 年第 4 期。

119. 汪宇明、刘高、施加仓、蔡萌：《中国城乡一体化水平的省区分异》，《中国人口·资源与环境》2012 年第 4 期。

120. 王定祥、李伶俐：《发达国家农村金融市场发展的经验与启示》，《上海金融》2009 年第 7 期。

121. 王定祥、李伶俐、王小华：《中国农村金融制度演化逻辑与改革启示》，《上海经济研究》2010 年第 11 期。

122. 王定祥：《农村金融市场成长论》，科学出版社 2011 年版。

123. 王千六：《基于城乡经济二元结构背景下的城乡金融二元结构研究》，西南大学博士学位论文 2009 年。

124. 王少国：《金融发展理论的渊源与发展概述》，《学习与探索》2007 年第 4 期。

125. 王少平、欧阳志刚：《中国城乡收入差距对实际经济增长的阈值效应》，《中国社会科学》2008 年第 2 期。

126. 王曙光：《新型农村金融机构运行绩效与机制创新》，《中共中央党校学报》2008 年第 2 期。

127. 王曙光：《大型商业银行在构建多层次农村金融体系中的作用和创新机制》，《中国农村金融》2011 年第 7 期。

128. 王颂吉、白永秀：《中国城乡二元经济结构的转化趋向及影响因素：基于产业和空间两种分解方法的测度与分析》，《中国软科学》2013 年第 8 期。

129. 王霄岩、钱海刚、于遨洋：《促进我国民间金融规范化发展的对策研究》，《经济研究参考》2009 年第 22 期。

130. 王永龙：《城乡金融的非均衡性及其后续效应》，《改革》2009 年第 10 期。

131. 王永龙：《城乡金融统筹的制度抑制与对策分析》，《经济学家》2009 年第

10 期。

132. 王志鹏、李子奈:《外商直接投资对国内投资挤入挤出效应的重新检验》,《统计研究》2004 年第 7 期。

133. 王志强、孙刚:《中国金融发展规模、结构、效率与经济增长关系的经验分析》,《管理世界》2003 年第 7 期。

134. 王志强、孟丽莎:《我国城乡二元金融与二元经济关系的实证研究》,《中南财经政法大学学报》2014 年第 4 期。

135. 卫兴华、侯为民:《中国经济增长方式的选择与转换途径》,《经济研究》2007 年第 7 期。

136. 魏丽莉、马晶:《双重滞后型区域城乡金融非均衡发展对城乡收入差距影响的实证分析》,《兰州大学学报》(社会科学版)2014 年第 1 期。

137. 温源:《如何改变城乡金融发展的不平衡》,《光明日报》(经济周刊)2010 年 9 月 7 日。

138. 吴新博:《我国二元经济结构的特征、测度及对策》,《华中师范大学学报》(人文社会科学版)2008 年第 6 期。

139. 武力:《中华人民共和国经济简史》,中国社会科学出版社 2008 年版。

140. 武翔宇:《我国农村金融联结制度的设计》,《金融研究》2008 年第 8 期。

141. 夏永祥:《政府强力推动与城乡一体化发展:"苏州道路"解读》,《农业经济问题》2011 年第 2 期。

142. 徐磊、黄凌云:《FDI 技术溢出及其区域创新能力门槛效应研究》,《科研管理》2009 年第 2 期。

143. 徐理结:《城乡税制统一的必要性及可行性思考》,《经济问题探索》2006 年第 11 期。

144. 徐小怡、卢鸿鹏:《我国城乡二元金融结构及其原因探析》,《农村经济》2007 年第 8 期。

145. 徐晓萍、李猛:《我国三十年来农村地区金融改革的逻辑轨迹:基于新比较经济学分析框架的研究》,《财经研究》2008 年第 5 期。

146. 徐璋勇、郭梅亮:《转型时期农村非正规金融生成逻辑的理论分析:兼对农村二元金融结构现象的解释》,《经济学家》2008 年第 5 期。

147. 严金明、王晨:《基于城乡统筹发展的土地管理制度改革创新模式评析与政策选择:以成都统筹城乡综合配套改革试验区为例》,《中国软科学》2011 年第 7 期。

148. 杨爱民、胡继连、黄保亮:《山东城乡基础设施建设的统筹机制与政策研究》,《山东社会科学》2005 年第 5 期。

149. 杨德平、张俊岩:《农村金融新范式研究》,《经济学动态》2010 年第 12 期。

150. 杨德勇、初晓宁:《我国城乡金融发展不平衡与城乡收入差距拉大的实证研究》,《经济与管理研究》2009 年第 11 期。

151. 杨涤:《金融资源配置论》,中国金融出版社 2011 年版。

152. 杨福明:《金融生态环境视角的非正规金融生态状况研究》,《经济学家》2008 年第 5 期。

153. 杨继瑞:《城乡一体化:推进路径的战略抉择》,《四川大学学报》(哲学社会科学版)2005 年第 4 期。

154. 杨军:《农村金融市场规范化发展研究》,《农业经济问题》2001 年第 7 期。

155. 杨庆、秦伟良:《R/S 和修正 R/S 方法的实证分析》,《统计与决策》2003 年第 11 期。

156. 杨荣南:《关于城乡一体化的几个问题》,《城市规划》1997 年第 5 期。

157. 杨顺湘:《论川渝政府合作助推统筹城乡发展:科学发展、和谐社会新视角》,《重庆大学学报》(社会科学版)2008 年第 2 期。

158. 杨小玲:《对新时期中国农村金融改革的思考:基于农村金融问题的共性与个性的探讨》,《新疆财经大学学报》2010 年第 2 期。

159. 姚树洁、冯根福、韦开蕾:《外商直接投资和经济增长的关系研究》,《经济研究》2006 年第 12 期。

160. 姚耀军:《农村金融理论的演变及其在我国的实践》,《金融教学与研究》2005 年第 5 期。

161. 尹优平:《中国区域金融协调发展研究》,中国金融出版社 2008 年版。

162. 应雄:《城乡一体化趋势前瞻》,《浙江经济》2002 年第 13 期。

163. 应寅锋、赵岩青:《国外的农村金融》,中国社会出版社 2009 年版。

164. 余怒涛、沈中华、黄登仕:《公司规模门槛效应下的董事会独立性与公司价值的关系》,《数理统计与管理》2010 年第 5 期。

165. 俞伯阳、沈庆劼:《金融自由化条件下我国非正规金融问题研究:兼论二元金融之间关系及其经济影响》,《财经问题研究》2012 年第 4 期。

166. 禹钟华:《从汇率的财富效应看现行国际货币体系的不公正性》,《中国外汇管理》2005 年第 6 期。

167. 袁铖:《二元经济结构转型:国外理论与中国实践》,《学海》2011 年第 4 期。

168. 袁青峰:《农村金融体制现存弊病探究》,《河北金融》2010 年第 6 期。

169. 袁政:《中国城乡一体化误区及有关公共政策建议》,《中国人口·资源与环境》2004 年第 2 期。

170. 袁志刚、朱国林:《消费理论中的收入分配与总消费及对中国消费不振的分析》,《中国社会科学》2002 年第 2 期。

171. 袁志田、刘厚俊:《两种非均衡分析方法及其在中国的应用》,《当代经济研究》2007 年第 9 期。

172. 曾康霖:《农村金融制度安排必须审时度势》,《管理世界》2008 年第 1 期。

173. 曾康霖:《二元金融与区域金融》,中国金融出版社 2008 年版。

174. 曾学文、彭凛凛：《中国农村金融改革30年进程及其评述》，《南方金融》2008年第11期。

175. 詹花秀：《农村金融资源配置问题研究综述》，《湖南行政学院学报》2004年第3期。

176. 张桂文、袁晖光：《中国二元经济转型的难点及其破解思路》，《当代经济研究》2012年第11期。

177. 张杰：《中国金融制度的结构与变迁》，中国人民大学出版社2011年版。

178. 张荔、姜树博、付岱山、李红梅：《金融资源理论与经验研究》，中国金融出版社2011年版。

179. 张培刚：《发展经济学教程》，经济科学出版社2007年版。

180. 张鹏、梁辉：《城乡金融资源非均衡对我国城乡收入差距影响的实证分析》，《大连理工大学学报》（社会科学版）2011年第2期。

181. 张前程、范涛：《城乡金融非均衡发展与城乡收入差距：基于1978—2007年数据的实证分析》，《铜陵学院学报》2008年第5期。

182. 张天顶：《外商直接投资、传导机制与中国经济增长》，《数量经济技术经济研究》2004年第10期。

183. 张孝岩、陈霞：《农村金融改革思路新探》，《中国农村信用合作》2005年第8期。

184. 张延良、鲁有臣、薛欣欣：《我国农村金融市场的三缺口分析》，《山东财政学院学报》2005年第5期。

185. 张应禄、陈志钢：《城乡二元经济结构：测定、变动趋势及政策选择》，《农业经济问题》2011年第11期。

186. 张永升、冉霞、谷彬、马九杰：《二元金融体制金融资源配置的定量分析》，《金融理论与实践》2014年第4期。

187. 赵丙奇、冯兴元：《基于局部知识范式的中国农村金融市场机制创新》，《社会科学战线》2011年第1期。

188. 赵旭、吴冲锋：《证券投资基金业绩与持续性评价的实证研究：基于DEA模型与R/S模型的评价》，《管理科学》2004年第4期。

189. 赵宇杰：《中国金融体系型态演进：以金融市场为驱动力》，《金融研究》2006年第7期。

190. 赵学军：《略论"一五"时期信贷资金的计划配置》，《中国经济史研究》2010年第4期。

191. 甄峰：《城乡一体化理论及其规划探讨》，《城市规划汇刊》1998年第6期。

192. 郑洋、魏国江：《中国银行业市场结构对城乡金融发展的影响研究》，《山东科技大学学报》（社会科学版）2014年第1期。

193. 郑有贵：《新中国"三农"政策的四次重大选择》，《中国经济史研究》2009年第

3 期。

194. 钟田丽、王用生、秦捷:《开发性金融在辽宁棚改项目中的创新实践》,《经济管理》2009 年第 8 期。

195. 周昌发、周宏璐:《城乡金融服务均等化保障机制研究》,《湖南科技学院学报》2014 年第 4 期。

196.《周恩来选集》(下卷),人民出版社 1984 年版。

197. 周建、杨秀祯:《我国农村消费行为变迁及城乡联动机制研究》,《经济研究》2009 年第 1 期。

198. 周立:《三次农村金融改革评述》,《银行家》2006 年第 3 期。

199. 周立:《农村金融市场四大问题及其演化逻辑》,《财贸经济》2007 年第 2 期。

200. 周立、周向阳:《中国农村金融体系的形成与发展逻辑》,《经济学家》2009 年第 8 期。

201. 周天芸、李杰:《中国农村二元金融结构的实证研究》,《中国软科学》2005 年第 7 期。

202. 周业安、赵坚毅:《我国金融市场化的测度、市场化过程和经济增长》,《金融研究》2005 年第 4 期。

203. 周业安、章泉:《财政分权、经济增长和波动》,《管理世界》2008 年第 3 期。

204. 朱超:《农村金融体系发展中的政府干预:以印度为例》,《经济与管理研究》2007 年第 1 期。

205. 朱金鹤、崔登峰:《新疆城乡一体化进程的影响因素与评价研究》,《干旱区资源与环境》2012 年第 12 期。

206. 朱信凯、刘刚:《二元金融体制与农户消费信贷选择:对合会的解释与分析》,《经济研究》2009 年第 2 期。

207. 朱志萍:《城乡二元结构的制度变迁与城乡一体化》,《软科学》2008 年第 6 期。